제Ⅱ부 미당 서정주 대표작 해설 50편

未堂評傳

연꽃 만나고 가는 바람같이

송하선

푸른사상

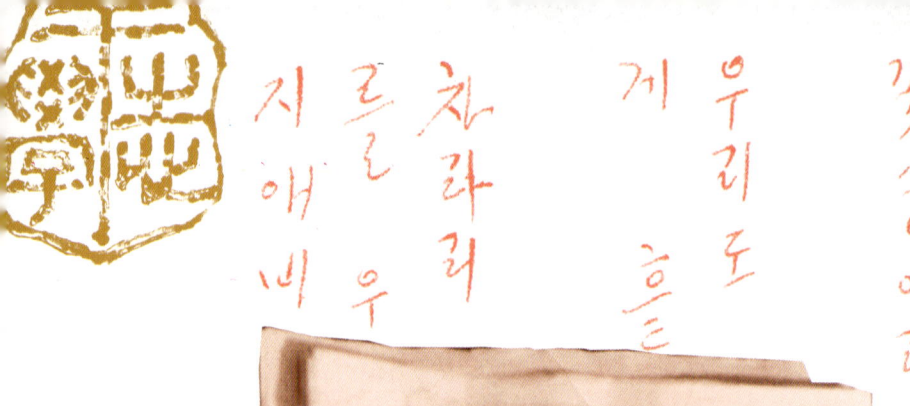

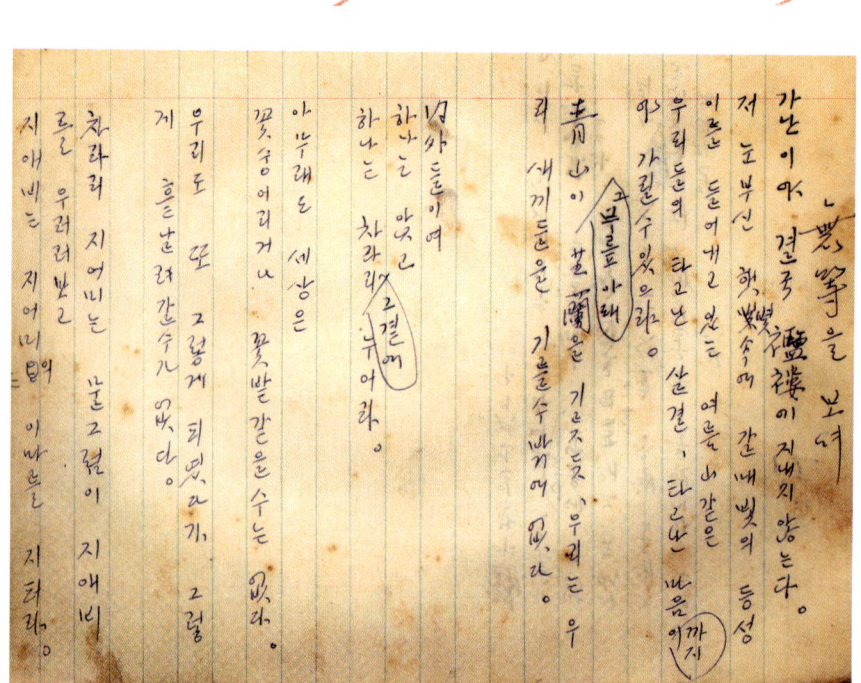

시작노트 1권(1950년대 초반) 중 「무등을 보며」 초고 부분

미당 서정주

『서정주문학전집』(일지사) 출판기념회에서 김동리와 함께

팔순 기념식장에서(1994년 12월 2일, 인터콘티넨탈호텔)

1. 미당 자신의 좌상을 바라보며 2. 고창 선운사 앞 시비 제막식에서, 답사하는 모습
3. 성철 스님과 함께(해인사 백련암 염화실 앞에서)

『화사집』 출간 50주년 기념식장에서(1991년 10월 24일 동숭아트센터)

송하선 시집 『겨울풀』 출간기념회 때

박재소가 헌정한 자신의 흉상 옆에서(남현동 자택 2층 거실)

경주 감은사 터에서

서정주의 시 「무제」를 송하선이 쓴 글씨. 2005년(영인문학관 소장)

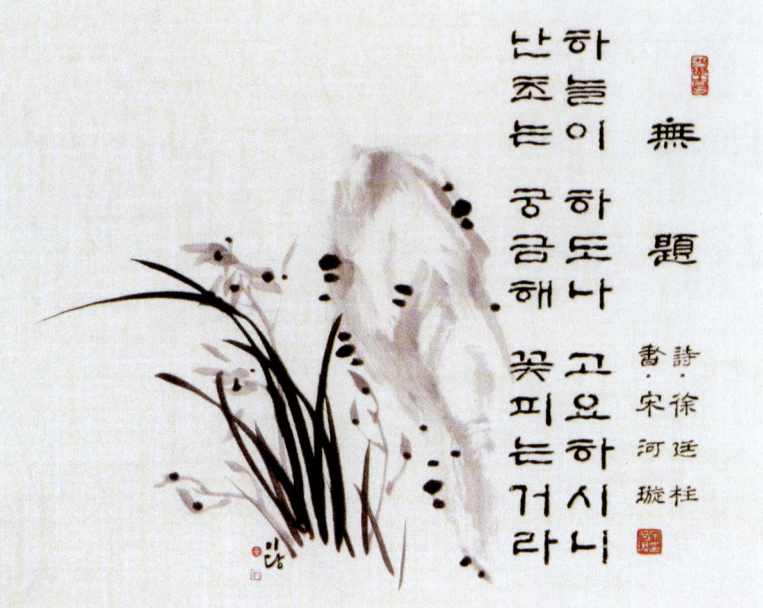

서정주의 시에 대한 송하선의 화답시. 2005년(영인문학관 소장)

未堂評傳
연꽃 만나고 가는 바람같이

■ 머리말

　그동안 나는 未堂에 관한 저서를 두 권 낸 바 있다. 그 하나는 『未堂 徐廷柱 硏究』라는 表題의 저서인데, "『花蛇集』에서 『鶴이 울고간 날들의 詩』까지"라는 副題를 달아 1991년에 간행한 책이다. 또 다른 하나는 『서정주 예술언어』라는 표제의 저서인데 "그의 삶과 문학, 그리고 대표작 해설"이라는 부제를 달아 2000년에 간행한 바 있다.
　이들 두 권의 저서는, 주로 대학 학부과정이나 대학원 석·박사과정 교재로도 사용되었고, 석·박사 학위논문 참고서로도 비교적 많이 활용된 것으로 알고 있기 때문에, 나름대로 성과를 거둔 책이었다고 말할 수도 있겠다.
　그러나 이들 저서들을 내고난 뒤 어쩐지 아쉬운 느낌도 없지 않았다. 그 이유는 연구서라는 것이 우선 학술적 논문으로서의 구조를 갖추어야 되고, 좀 더 학문적 천착을 해야함도 물론이며, 그리고 거기 걸맞는 취향의 용어들을 구사해야 하기 때문에, 그런 그물망 속에서 쓰여진 글이 딱딱한 틀을 벗어날 수 없었고, 그로 인한 독자들의 독서취향에도 걸맞지 않은 글이 될 수밖에 없었기 때문이다. 말하자면 미당의 삶과 문학에 대한 좀 더 자상하고 진솔한 내용들을 담아낼 수 없었기 때문에 느끼는 아쉬움이었던 것 같다.
　그래서 이번 『미당 평전』에서는 특히 다음과 같은 점에 유념하여 저술했음을 밝힌다.

첫 번째로, 무엇보다 먼저 말하려고 하는 것은, 이 책을 "담론" 형식의 글로 썼다는 점이다. '작가가 글 뒤에 숨는' 소설적 기술보다는, '작가가 글의 전면에 나서는' 담론 형식의 기술이어야만 『미당 평전』의 경우 더욱 유익하다고 생각되었기 때문이다.

가령, "미당의 '친일시'에 대한 담론" 문제나, "'종천순일파'라는 말의 내력" 등, 비교적 민감한 사안에 대하여 보다 더 확신에 찬 논리로 말하고 싶은 의도에서 그리했음을 밝혀두고 싶다. 자칫 어물어물 뒤에 숨어버리는 글이 될 경우, 그 책임을 회피하는 일이 될 수도 있고, 그리고 그것은 독자들에 대한 예의가 아니라는 생각을 했기 때문에 "담론" 형식의 글로 밀고나간 것이다.

두 번째로, 『미당 평전』의 '본론' 격인 평설의 경우, 미당의 20대 문학청년적 시기에서부터, 70대 그 이후, 『80소년 떠돌이의 詩』에 이르기까지, 각 시기별로 접근했음을 밝힌다. 미당의 詩歷 60여 년에 걸친 삶과 문학을 검토하는 일은, 무엇보다 시기별로 나누어 검토하는 것이 가장 적합한 방법이라고 판단되었기 때문이다. 즉, 그의 첫 시집 『花蛇集』을 낼 때부터 마지막 시집 『80소년 떠돌이의 詩』를 낼 때까지, 각각 10년 간격으로 그의 삶과 시정신의 변화과정을 짚어가며 접근하는 것이 가장 타당한 방법이라고 판단되었기 때문인 것이다. 따라서 그의 시정신 변화과정을 진단하기 위해서는 孔子가 말한 "인간정신 발전과정"의 논리에 의존했음을 아울러 말해

두고 싶다. 말하자면 20대('志于學')에서부터 70대('不踰矩')에 이르기까지의 공자의 정신 발전과정은, 비단 그만의 것이 아니라, 인류의 보편적 정신 발전과정과도 일맥상통한다고 믿었기 때문에 그리한 것이다. 그리고 또한 희한하게도 미당의 시정신 발전이 거기 합치되어 나타나기 때문에도 그리한 것이다.

세 번째로, 제Ⅱ부에 실린 「미당 서정주 대표작 해설」은 독자들이 되도록 쉽게 접근할 수 있는 글을 만들려고 노력하였음을 밝힌다. 말하자면 이성적 접근보다는 감성적 접근을 꾀했고, 학문적 접근보다는 대중적 접근을 꾀함으로써, 일반 대중 독자들의 미당시 이해에 보다 더 기여하는 해설을 하려고 노력한 것이다. 따라서 이 책의 해설을 읽으면 누구나 미당시를 쉽게 이해하는 행운을 얻으리라 믿는다.

네 번째로, 제Ⅲ부 "부록"에 수록된 『『미당담론』에 대한 담론』은, 이 글이 맨 처음 어떤 문예지에 발표되었을 때, 상당히 많은 반향을 일으킨 평론이라고 할 수 있다. "글 잘 읽었다. 정말 통쾌하다", "가슴 속이 정말 후련하게 트이는 것 같다" 등등, 경향 각지로부터 전화를 너무 많이 받은 글이다. 이도 또한 미당의 삶과 그 문학의 이해에 한 지름길이 될 수 있으리라는 생각에서, 그리고 '시적 아버지'(poetic father)를 배반한 그의 반인륜적 자세는 당연히 비판받아야 된다는 생각에서 여기에 재수록하였다. 또한 그 다음에 수록한 「『질마재 神話』의 토속성과 설화성」이라는 평론도,

미당의 문학세계를 좀 더 가까이 느끼게 할 수 있는 글이라는 점에서 수록하였음을 밝힌다.

한편 제Ⅲ부 "부록"의 마지막에 수록된「독자적 관점의 세심한 미당 연구서」(李甫永, 문학평론가·전북대 명예교수)라는 評論이나,「서정주 문학 연구의 한 결정」(趙明濟, 시인·문학평론가)이라는 評論, 두 편의 書評들을 여기 수록하였다. 그 이유는, 그동안 연구해온 내 '미당론'에 대한 객관적 평가들을 보여준다는 의미에서, 그리고 미당에 대한 관심을 꾸준히 보여왔다는 점을 확인받기 위해서 여기에 참고자료로 수록한 것이다.

사실 이번『미당 평전』을 내면서 교차되는 감회가 없지는 않다. 무엇보다 먼저 생각되는 것은, 미당과의 인연이다. 내 첫 시집『다시 長江처럼』(금강출판사, 1970)의 '서문'을 미당이 써주셨는데, 바로 그 '서문'이 훌륭한 '추천사'가 되어《現代文學》으로 문단에 발을 들여놓게 되었다. 그 당시《現代文學》편집장은 김수명 여사(시인 김수영의 누이동생)였는데, 그가 1971년 5월호,《現役詩人 50人集》에 나의 詩「野營」,「日月에」등을 실음으로써, 나는 문단에 발을 들여놓게 되었고, 그 후 미당과의 인연은 소홀찮게 이어졌고, 단 한 번도 그를 배반한 적이 없다.

'親日詩' 등으로 미당에 대한 부정적 여론에도 불구하고, 나는 대학의 학부 강의, 대학원 강의 등에서 미당 문학을 줄곧 이야기했고, TV나 문학

강연 등에서도 그의 삶과 문학을 얘기해왔으며, 숱하게 많은 '미당론'을 잡지나 학술지에 발표해왔다. 이번에 출간하는 이 『미당 평전』은, 그 마지막 결정판이랄 수 있는 것으로써, 미당이 저 세상으로 가시기 전에 내게 보여주신 애정에 대한 보답으로 이 책을 내기에 이른 것이다.

그리고 좀 더 솔직히 말해본다면, 이렇게 하는 것이 내 삶의 방식이기도 하다. 그동안 나는 與世推移 하지도 않고, 어찌 보면 '세상 물정에 둔감하고 미련스럽게' 살아온 것 같기도 하지만, 한 번 옳다고 생각한 일에는 '恒心'을 잃지 않고 살아왔고 또한 살아가려는 것이, 소신대로 '一以貫之' 하려는 것이 내 삶의 방식이라고 할 수도 있다.

이런 나를 일러 어떤 시인은 "한 발 늦게 사는 사람"이라고 말한 바도 있지만, 그 어떤 얘기에도 아랑곳 하지 않고 그냥 소처럼 느린 걸음으로 살아가려는 것이 내 삶의 방식인 것이다. 설사 문학으로는 실패할지라도 '사람'으로서는 실패하지 않으려는 생각에서이다.

끝으로, 출판계의 불황에도 불구하고 내 책을 계속 밀어주시는 푸른사상사 한봉숙 사장님께 깊은 감사의 말씀 드리고, 책의 장정이나 편집 등을 예쁘게 꾸며주신 직원 여러분께도 감사하는 마음을 여기에 적는다.

2008년 9월
송하선

■ 사진화보 • 2
■ 머리말 • 10

제 I 부
"나를 키운 건 팔할이 바람이다"

제1장 파천황破天荒의 상상력,
      그리고 신神이 내린 언어 [개관] • 21

제2장 '從天順日派'라는 말의 내력
      그리고 미당의 '親日詩'에 대한 담론 • 29
   1. '從天順日派'라는 말의 내력 • 29
   2. 미당의 '親日詩'에 대한 담론 • 46

제3장 20대 무렵, 정신적 육체적 방황의 시기,
      그리고 직정적 언어와 순나純裸의 미 • 64
   1. 정신적 육체적 방황의 시기 • 64
   2. 직정적直情的 언어와 순나純裸의 미 • 70

제4장 30대 무렵, 유산 상속과 정서적 안정의 시기
      그리고 전통적 정서와 시적 사유의 세계 • 80
   1. 유산 상속과 정서적 안정의 시기 • 80
   2. 전통적 정서와 시적 사유의 세계 • 86

차례

제5장 40대 무렵, 짭짤한 체험이 '보약'이 된 시기
　　　　그리고 6·25 전쟁의 비극, 그 초극超克의 노래 • 94
　　1. 짭짤한 체험이 '보약'이 된 시기 • 94
　　2. 6·25 전쟁의 비극, 그 초극超克의 노래 • 104

제6장 50대 무렵, 영생적 개안開眼의 시기
　　　　그리고 파천황의 상상력, 혹은 불교적 은유 • 117
　　1. 영생적 개안開眼의 시기 • 117
　　2. 파천황의 상상력 혹은 불교적 은유 • 127

제7장 60대 무렵, 상실한 과거로의 회귀의 시기
　　　　그리고 원형적 고향의 토속성과 설화성 • 153
　　1. 상실한 과거로의 회귀의 시기 • 153
　　2. 원형적 고향의 토속성과 설화성 • 164

제8장 70대 무렵과 그 이후, '떠돌이'와 '自由人'의 시기
　　　　그리고 '曲卽全'과 현실대응, 혹은 영생주의 • 177
　　1. '떠돌이'와 '自由人'의 시기 • 177
　　2. '曲卽全'과 현실대응, 혹은 영생주의 • 185

제Ⅱ부
미당 서정주 대표작 해설

自畵像 • 201
花蛇 • 204
문둥이 • 207
대낮 • 209
壁 • 211
엽서 • 213
正午의 언덕에서 • 215
입맞춤 • 218
水帶洞詩 • 220
復活 • 223
歸蜀途 • 225
거북이에게 • 228
密語 • 231
꽃 • 233
牽牛의 노래 • 235
木花 • 237
行進曲 • 239
푸르른 날 • 241

石窟庵觀世音의 노래 • 243
누님의 집 • 246
菊花 옆에서 • 248
무등을 보며 • 251
鶴 • 253
상리과원 • 256
추천사 • 259
춘향 유문 • 262
내리는 눈발 속에서는 • 265
無題 • 268
나의 詩 • 270
光化門 • 272
冬天 • 275
연꽃 만나고 가는 바람같이 • 279
추석 • 283
내가 돌이 되면 • 286
無의 意味 • 289
禪雲寺 洞口 • 292

차례

내 영원은 • 294
마흔 다섯 • 296
선덕여왕의 말씀 • 298
老人獻花歌 • 301
新婦 • 306
해일 • 308
上歌手의 소리 • 310

신발 • 312
눈들 영감의 마른 명태 • 314
來蘇寺 大雄殿 丹靑 • 316
소X한 놈 • 319
雨中有題 • 321
曲 • 324
福받을 處女 • 326

제Ⅲ부
부 록

1. 『미당 담론』에 대한 담론 • 331
2. 『질마재 神話』의 토속성과 설화성 • 354
3. 독자적 관점의 세심한 미당 연구서 李甫永 • 369
4. 서정주 문학 연구의 한 결정 趙明濟 • 376

■ 미당 서정주 연보 • 388

제 I 부
"나를 키운 건 팔할이 바람이다"

제1장

파천황破天荒의 상상력, 그리고 신神이 내린 언어
〔개관〕

1

시인은 원래 무당이었다. 무당은 신의 음성을 맨 먼저 알아차리는 사람이다. 그리고 그 '알아차린' 신의 음성을 무지몽매無知蒙昧한 백성에게 전달해준다. 시인도 이와 유사한 점이 많이 있는 걸 우리는 알고 있다.

L. 웰렉, A. 워렌이 말한 '씌어딘 者'라는 말이나, '시인은 신과 인간 사이의 존재자'라던 하이데거의 말처럼, 시인은 신의 음성을 맨 먼저 알아차리는 사람이 아닐까 싶다. 영감靈感이 빠른 시인을 일컬어 하는 말이다.

미당시未堂詩를 암송하다보면 석학들의 그런 말들이 너욱 실득력을 얻게 된다. 미당시는 어쩐지 신으로부터 귀띔을 받은 것 같은 언어들이 많다는 것을 알게 된다. 미당의 시가 파천황破天荒의 상상력에서 얻어진 때문일까? 앞에서 말한 대로 신神으로부터 내려 받은 언어이기 때문일까?

아무튼 미당시에는 유독 '귀신 곡하게' 잘 다듬어진 언어들이 널려있는 게 사실이다. 그 가운데서도 우리들의 귓전을 오래오래 맴도는 말들이 많이 '널려' 있지만, 여기서는 "팔할이 바람"(『花蛇集』의 「自畵像」)이라는 말과 "연꽃 만나고 가는 바람"(『冬天』의 「연꽃 만나고 가는 바람같이」), 그리고 노년老年의 시집 이름『떠돌이의 詩』,『80소년 떠돌이의 詩』등의 언어감각을 우선 떠올려 보기로 한다.

우선 여기 쓰인 '바람'이나 '떠돌이'라는 말들은, 누구나 그 뜻을 알 수 있는 평범한 말이다. 그러나 그 앞뒤 말의 조사措辭에 따라, 혹은 시적 의미망意味網의 연결에 따라, 거기 함축된 의미는 사뭇 달라질 수 있다. 때로는 그 '바람'이 정신적 방황이나 육체적 방황을 함축하는 말일 수도 있고, 덧없는 인생을 허위허위 살다가 뒤돌아보니, '바람'같은 일생이었다고 회고할 수도 있다. 또한 '떠돌이'라는 말도 정처없이 이리저리 굴러다니는 사람이나 나그네라는 본래의 뜻 외에, '80소년' 미당과 어울려 만날 때에는 또 다른 묘미를 주는 말로 바뀌는 것 같다.

그러나 한편으로 생각해보면, '떠돌이'나 '바람'은 이웃사촌이라는 것도 우리는 직감할 수 있다. '떠돌이'가 곧 '바람'같은 삶을 사는 사람을 말함이 되고, '바람'같은 삶을 사는 사람을 '떠돌이'라고 말할 수 있기 때문이다.

미당의 시적 인생을 더듬어보면 정말 '떠돌이'요, '바람'이었다고 생각된다. 다음과 같은 미당의 자술自述은 그걸 잘 느끼게 해준다.

> 떠돌이, 떠돌이, 떠돌이……, 아무리 아니려고 발버둥을 쳐도 결국은 할 수 없이 또 흐를 뿐인 宿命的인 떠돌이! 겨우 돌아갈 곳은 이미 집도 절도 없는 할머니 고향 언저리 바닷가의 老松 뿐인 이 할 수 없는 철저한 떠돌이…… 그것이 바로 나다.
>
> ―「文學散策」(《한국일보》, 1975. 8. 29일자)

미당 서정주, 그는 갔다.

떠돌이의 일생을 마감하고, 바람같은 일생을 마감하고, 그는 저 세상으로 갔다. 국민적 애송시 「국화 옆에서」의 시적 모티브가 되기도 했던 그의 부인(방옥숙 여사)이 먼저 떠나자, 곡기를 끊고 부인 뒤를 따라서 저 세상으로 갔다. '친일시' 등의 망론妄論을 확실하게 떨쳐버리지도 못한 채, 그는 2000년 12월 24일 향년 86세로 유명幽明을 달리한 것이다.

그의 영혼은 하늘나라에 살고 있는 '눈썹'(「冬天」의 눈썹)과 해후할 수 있게 됐고, 그의 육신은 고향땅 질마재의 산자락에 고요히 잠들어 있다. 그가 태어난 고향 질마재 마을, 바로 그 질마재 마을의 원형적 설화들을 시적으로 승화시키기도 했던 그는, '떠돌이'의 일생을 마감하고 고향땅으로 귀환한 것이다.

저 인도의 세계적 시인 타고르(노벨문학상 수상시인) 이후, 동양에선 유일하게 노벨문학상에 네 번이나 추천됐던 시인, 단군할아버지적부터 우리 하늘에 살던 그 어떤 영묘靈妙한 시신詩神들이, 유독 미당시에만 사뿐사뿐 내려앉은 것 같은 느낌을 갖게 하던 시인, 정말 미당의 광활한 영혼의 숲을 생각할 때마다, 하늘이 이 땅에 별도로 점지한 것 같은 시인, 이 땅의 큰 시인 한 분을 우리는 잃었다.

그러나 우리는 그를 잃지 않았다. 서정주 문학의 광활한 숲 속으로 산책할 수 있는 우리는, 언제 어디서든지 그의 영혼과 해후할 수 있다. 열다섯 권의 시집에 담겨진 미당시의 명편들, 『서정주 문학전집』에 담겨진 「天地有情」을 비롯한 무수한 산문의 명편들이, 잠자던 우리들의 가슴을 벌떡 벌떡 일어서게 하고, 마늘씨처럼 쓰라린 감동을 가져다주는 한, 우리는 그를 잃지 않았다.

서정주의 영혼은 언제 어디서든 부활할 것이다. 언제 어디서든 우리는 서정주라는 이름의 시의 무당과 문득 문득 만나게 될 것이다. 우리는 오랫동안 아니 영원히, 서정주라는 시의 귀신과 만나게 될 것이다. 우리는 그를 절대로 잃지 않았다. 아니 오히려 그의 시는, 우리의 가슴 속에 크나큰 감동으로 살아남아, 그와 함께 20세기 동시대를 살았다는 행복과 자긍심을 두고두고 누리게 될 것이다. 정신주의가 자꾸만 매몰돼가는 시대 풍조 속에서, 잠깐만이라도 서정주라는 시 무당의 신들린 언어에 귀를 기울이게 되면, 꺼져 들어가는 우리들 영혼의 심지에 불을 붙이게 될 것이다.

솔직히 말해서 시를 쓰는 일에 있어서의 미당은, 이 나라 문학인들에게 정말 외경스런 대상이었다. 이 나라에서 문학하는 사람들은 정말 기막히게 잘 쓰는 서정주라는 시 무당 앞에선 맥을 못췄던 것이 사실이다. '귀신이 곡한다'는 말이 있는데 정말 '귀신 곡하게' 잘 쓰는 시인이 바로 서정주이다.

작고作故한 시인 초정艸丁 김상옥 선생은 "미당은 그가 나라를 팔아먹는 잘못이 없는 한, 그는 그의 문학으로 모든 잘못을 용서 받아도 좋다"고 말한 바 있다. 그를 두고 일부 몰지각한 민족주의자(?)들이 '친일시' 등을 지적하며 미당을 흔들려고 하는 것은, 이를테면 거목巨木의 잔가지 하나를 흔드는 격이라 할 수 있다. 우리들, 특히 문학하는 사람 누군들 흠이 없고 실수가 없다고 할 수 있으랴. 일제시대를 건너오는 동안, 그리고 6·25 공산주의 시대, 군사통치 시대를 건너오는 동안, 누군들 떳떳하게 죄 없다고 말할 수 있으랴. 서슬 퍼런 칼날 밑을 지나오는 동안 누군들 살아남기 위한 '이존책以存策'이 없었으랴.

우리는 모름지기 거목의 가지 하나라도 흔들지 말고, 거목의 전경全景을 볼 줄 알아야 한다. 서정주 문학의 우주를 볼 줄 아는 안목을 지녀야

할 줄로 믿는다.

  영국이 셰익스피어를 받들듯이, 우리의 역사는 앞으로 미당 문학을 기리고 받들어야 할 것이다. 서정주는 그냥 서정주가 아니다. 우리 한국인의 시정신의 우주에는 한용운이나 김소월과 같은, 혹은 윤동주 같은 별들이 있지만, 그들 시의 우주는 서정주라는 이름의 광활한 우주와는 비교의 대상이 될 수가 없다. 요절하지 않은 최초의 장수長壽 시인이라는 점에서 그렇고, 1,000여 편의 시를 생산해냈다는 점에서 그렇다.

  우리 예술마당 사람들은, 미당 문학이야말로 20세기 이 나라 정신문화의 핵核이요, 가장 정채精彩있는 예술이요, 가장 절정을 이룬 보배로운 문화유산이라는 것을 깊이 깨달아야 한다. 단군할아버지의 손자들이 정말 세계에 긍지로 내세워야 될 자랑거리가 있다면, 그것은 바로 미당의 시이다. 미당시는 지구촌에 던지는 한국인의 메세지요 향기로운 꽃이다. 미당시가 있어 이 나라의 20세기는 풍요롭다. 이것은 절대로 과장이 아니다. 눈을 뜨고 미당시를 읽어야 한다. 눈을 뜨고 미당의 시세계에 함몰돼야 하고, 눈을 뜨고 하늘이 내린 시인과 동시대를 살았던 행복을 만끽해야 한다.

  어떤 평론가는 그를 두고 '부족방언의 요술사이자 이 나라 시인부족의 족장'이라 했고, 또 어떤 평론가는 '시 쓰는 일에 있어서 백년에 하나 나올까 말까한 인물'이라 했고, 또 어떤 평론가는 '인간이 만든 것 가운데서는 모차르트 음악과 미당의 시가 가장 아름답다고 생각한다'고 말한 바 있다. 사실 미당시에 대한 이러한 찬사들은, 미당시의 신들린 듯한 마력에 비하여 오히려 모자란 표현들일지도 모른다.

  시인이 감당해야 할 몫이 과연 무엇인가를 알게 해주는 그의 영혼의 숲 속으로 초대를 받으면, 그의 시는 우리에게 정말 시간과 공간을 초월하는 자유인으로 탄생되는 행복을 만끽하게 한다. 그의 시에 대한 흠앙과 타매와 아울러 분명히 인식해야 되는 것은, 정신주의가 자꾸만 소멸돼가는 시대에 가장 높은 질의 정신주의를 그의 시에서 만난다는 사실이다. 그의 파천황의 상상력, 그리고 신이 내린 언어에 우리 모두가 경탄하게 된다는 사실이다.

A. 워렌과 L. 웰렉은 시인을 말해 '인스피레인션을 받은 者', '씌어딘 者' 혹은 '만들어 내는 힘이 있는 狂人', '이미지를 창조해 내는 마술사' 등으로 표현한 바 있다.

이들의 이러한 말들은 마치 미당시를 두고 한 말 같이만 생각된다. 미당의 시는, 그야말로 '인스피레이션'을 받은 시요, 귀신 '씌어딘' 시요, '狂人'의 시요, 언어의 '마술사'로서의 시라고 감히 말할 수 있다.

2

너무 익히 알고 있으므로, 그리고 뒤에서 자상하게 얘기하게 될 것이므로, 그의 이력을 본 장에서 굳이 살필 필요는 없다 하겠으나, 독자의 이해를 돕기 위하여 그의 문학 역정을 우선 간략히 더듬어 보기로 한다.

미당 서정주 선생, 그는 1915년 5월 18일, 전북 고창군 부안면 선운리, 속칭 질마재 마을에서 서광한徐光漢의 장남으로 태어났다. 어린시절 서당에서 공부한 바 있고, 16세 때 고창고보 시절에는 광주 학생운동 주모자로 구속되기도 했다. 18세 때(1933년)에는 중앙불교전문강원에 들어가 박한영朴漢永 대종사 밑에서 불전佛典을 공부했으나, 오히려 이곳은 그의 문학적 지향의 장소가 되기도 했다. 1936년 그가 21세 되던 해에는, 《동아일보》 신춘문예에 시 「壁」이라는 작품이 당선 됐고, 바로 그 해 《詩人部

落) 동인지를 발행하며 문단에 첫 발을 내딛었다. 이른바 '生命派(人生派)'라는 호칭과 함께 문학사에 큰 획을 그으며 화려하게 등장한 것이다.

이후 그는, 정신적 육체적 방황, 혹은 보들레르적 방황 속에서 얻은 첫 시집 『花蛇集』(1941년)을 출간했고, 그 다음으로는 동양적 전통적 정서를 가라앉은 톤으로 다듬은 제2시집 『歸蜀途』(1948년)를 출간했으며, 삶과 죽음의 고빗길을 넘은 뒤에 얻은 달관達觀의 시집 『徐廷柱 詩選』(1955년), 조상들의 슬기를 낱낱이 섭렵하며 얻은 시집 『新羅抄』(1960년), 언어예술가로서의 진수를 보여준 시집 『冬天』(1969년), 한국인의 원형적 모습을 추적한 시집 『질마재 神話』(1975년) 등 모두 15권의 시집을 출간했고, 1972년에는 『서정주 문학전집』(全 5권), 1983년에는 『미당 서정주 시선집』이 출간되기도 했다.

사실, 이러한 미당의 시집과 산문들을 모두 섭렵하고 나면, 한 편의 긴 인생 드라마를 본 듯한 느낌을 갖게 만든다. 20대 문학청년 시절부터 출발하여 그의 나이 80대에 이르는 동안, 정말 그의 문학은 그의 연치年齒와 함께 발전했고, 그의 연치와 함께 깊어지고 넓어졌다. 말하자면 공자孔子가 말한 인간 정신 발전의 단계를 그의 문학을 통하여 확인할 수 있게 해주는 것이다.

그가 처음 문단에 데뷔할 때 붙여진 이름 '生命派(人生派)'라는 이름처럼, 그는 무엇보다 그의 인생을 노래했고, 인생의 진실을 노래하기 위해 불태운 삶이었다. 그러나 그의 시는 지상적 삶에 머무르지 않는다. 현세를 초월하여 이승과 저승, 영원과 찰나, 지상과 천상을 아우르며 점철되는 시세계를 보여준다. 다시 말하자면, 그의 육신은 지상적 현세적 삶을 살았지만, 그의 영혼은 우주적 삶을 살았고, 이승과 저승을 꿰뚫는 삶을 살았으며, 찰나와 영원을 바라보는 삶을 살았다는 말이다.

그러므로 그의 시는 현세적 삶을 노래한 것만이 아니라 영원의 삶을 노래한 것이고, 영원을 꿰뚫어보는 오달悟達한 자의 노래인 것이다. 정말 그는 한국문학 역사상 오직 한 평생을 시문학 예술만을 위해서 산 최초의 시인, 어떤 폄훼에도 아랑곳 하지 않고 우직하고도 치열하게 시문학만을 위해서 산 시인이었다. 그의 생애는 정말 고려청자나 이조백자를 탄생시키기 위해 우직하고도 치열하게 산 도공陶工의 생애를 연상시킨다.

20세기 한국문학을 대표하는 시인 서정주, 온 생애를 예술혼으로 불태운 시인 서정주-, 서양에 괴테가 있고 보들레르가 있듯이, 동양에 이백李白이 있고 두보杜甫가 있듯이, 한국에는 '서정주'라는 이름의 큰 별이 있었다.

실로 우리는, 저 인도의 세계적 시인 타고르 이후, 천부적이고 동양적인, 그러나 정말 한국적인 시인 한 사람과 20세기 동시대를 살았다.

물질주의가 판을 치고 정신주의가 매몰돼가는 시대 풍조 속에서, 가장 높은 질의 정신주의 산물인 미당시를 우리는 앞으로 영원히 잊을 수는 없을 것이다. 권력은 쉽게 사라지고 시인의 영혼의 산물은 천추에 남는다. 흠앙과 폄훼와, 그리고 미당에 대한 그 어떤 논의에도 불구하고, 미당 선생의 시는 이 나라 역사와 함께 영원히 남으리라 믿는다.

제2장

'從天順日派'라는 말의 내력
그리고 미당의 '親日詩'에 대한 담론

1. '從天順日派'라는 말의 내력

앞에서 필자는, 미당未堂의 시력詩歷 60여 년에 걸친 광활한 시의 세계를 개관해 보았다. 60여 년 동안 시만 써온 소회所懷를 물었을 때 '소처럼 미련한 탓'이라거나, '나는 영생을 꿈꾸는 미련한 소여……' 등의 말을 하며 한 평생을 시만 써온 최장수의 시인, 그동안 그는 1,000여 편의 시를 생산해냈다. 가장 한국적인 시인이었던 그의 시세계는, 이승과 저승, 지상과 천상, 영원과 찰나를 아우르며 펼쳐졌고, 숱하게 많은 명작시들을 탄생시켰다. 그리고 한평생 동안 그는 정신적 육체적으로 '떠돌이'였고, 장자莊子의 표현을 빌리면 '소요유逍遙遊'의 삶을 살았으며, 아마 지금도 '소요유'를 즐기며 하늘나라에서 시를 쓰고 있을 것이다.

그러나 그는, 사회의식·역사의식·정치의식 면에서는 낙제생이었다고 말할 수밖에 없다. 앞의 장에서도 말한 바와 같이, '이 나라 역사와 함께 영원히' 남을 문학 업적에도 불구하고, 정치적으로는 정말 문외한이었으며, 사회적으로도 정말 물정 모르는(?) 천진스런 삶을 살았다고 볼 수밖에 없기 때문이다.

그리고 그 '물정 모르는' 삶의 반증으로 나타난 것이 '親日詩'를 남기는 등의 실수를 저지른 일이다.

이는, 그가 천상 시인일 수밖에 없었고, 그의 말대로 '소처럼 미련한 탓'도 있었겠지만, 무엇보다 시대의식이 성숙되지 못한 탓이었다고 볼 수밖에 없다.

그는 1943년 여름부터 겨울까지, 최재서崔載瑞(문학평론가, 친일파)가 경영하던 '인문평론사'에서 일본잡지 《국민문학》을 편집했으며, 이 과정에서 시 4편, 수필 3편, 평론 1편 등을 발표한 바 있다. 그리고 1944년 12월 9일 《매일신보》에 게재한 '마쓰이오장송가' 등을 포함, 이른바 '친일시' 계열의 글을 씀으로써, 그의 일생에 흠결을 남기는 실수를 저지른 것이다.

그러나 이 무렵 나온 그의 시집 『화사집』(1941년 간행)의 어디에도 '친일시'는 들어있지 않을 뿐만 아니라, 열다섯 권의 시집 어디에도 '친일시'는 없다. 이는 '친일시'가 미당시의 본령本領이 아니라는 뜻이다. 본령이 아닐 뿐만 아니라 실수를 자인自認한 방증傍證이라고 볼 수도 있겠다.

기나긴 인생을 살면서 '실수'는 누구인들 없겠는가? 더구나 일제하의 질곡 속을 건넌 우리 민족의 누구인들 '실수'가 없었겠는가. 정말 세계사에 그 유례가 없는 혹독한 탄압 속에서, 입에 풀칠하고 살아남기 위해 어쩔 수 없었을 것이라는 생각을 해보지 않았단 말인가? 흔히 '친일'하지 않은 일제시대 저항 시인으로 한용운이나 이육사를 예로 들지만, 한용운은 대처자자帶妻子者가 아닌 승려였고, 이육사는 만주 등지로 유랑하며 세계정세를 알았던 주인공이라는 것을 알아야 하리라.

하지만 필자는 「『미당담론』에 대한 담론」(《문예운동》, 2001. 가을호)이라는 글에서 "미당의 '친일시'나 '80년대의 실수'를 두둔할 생각은 추호도 없다"고 말한 바 있다. 실수는 어디까지나 실수이기 때문이다.

그리고 일제하의 질곡 속을 건넌 '놀리운 者'의 '以存策'을 돌로 치듯이 극단적으로 몰아붙일 생각도 없는 사람이다. 그리고 또 한편으로는 일제의 강압 속에 살았던 우리 민족의 대부분이 약한 자의 면모로 살았다는 점을 믿고 있는 사람이다. 가령 저간에 솔솔 불거져 나오는 일제하에서의 우리 언론의 행태를 보라. 막강한 위력을 지닌 언론이, 그렇게 약하게 부일附日했던 것을 보면, 하물며 원초적으로 약한 존재인 인간들이야 어떠했겠는가?

가까이는 6·25 전쟁 때 공산치하에서 살았던 3개월간의 우리 민족의 '以存策'을 생각해보라. 공산치하에서 살아남기 위하여 첫 번째의 부류는 '부역'을 했고, 두 번째의 부류는 '협조'를 했고, 세 번째의 부류는 '적응'을 했다고 믿는다. 그 어느 누가 공산치하에서 그 체제를 거부하고 저항했었는가? 이 모두가 굴곡 많았던 우리의 역사가 치유하기 어려운 죄罪를 만들었고, 아픈 벌罰을 만들었을 뿐이다.

일제시대, 창씨 개명하고 '친일'하고 '협조'하고 '적응'하고 살았던 할아버지의 후손들이, 과연 누가 누구에게 돌을 던질 수 있단 말인가? 따지고 보면 굴곡 많았던 역사 속에서 어느 누구도 자유로울 수 없을 것이라고 믿고 있다.

그렇다고 '친일시'를 쓴 미당의 '실수'를 물타기하자는 말은 절대로 아니다. 앞에서도 말했지만 실수는 어디까지나 실수이기 때문이다.

미당 자신도 그 '실수'를 부인하지 않고, '창피한 이야기들'이라고 고백한 바도 있으며, '친일 문제는 분명히 잘못된 일이며 깨끗하게 청산되어야 마땅하다는 것을 밝혀두고 싶다'고 말한 바도 있다.

그리고 계간 시 전문지 《시와 의식》 봄호(1992. 3. 1일자), 김재홍 교수(문학평론가)와의 대담에서도 '나도 남들처럼 창씨 개명도 했다'고 밝히고, 당시 최재서崔載瑞(문학평론가, 친일파)가 종군했을 때, 민족적 인간적 갈등으로 비통하게 흐느끼던 사실을 환기하며, '그 시절 살기 위해 어쩔 수 없었던 그것이 새삼 아픔으로 다가온다'고 반성한 바도 있다.

그럼 여기서 다음 작품을 인용하고 얘기를 이어가기로 한다.

    덧없이 바라보던 壁에 지치어
    불과 時計를 나란히 죽이고

    어제도 내일도 오늘도 아닌
    여기도 저기도 거기도 아닌

    꺼져드는 어둠속 반딧불처럼 까물거려
    靜止한 〈나〉의
    〈나〉의 시름은 벙어리처럼…….

    이제 진달래꽃 벼랑 햇볕에 붉게 타오르는 봄날이 오면
    壁차고 나가 목매어 울리라! 벙어리처럼,
    오— 壁아.

                             —「壁」 전문

위의 작품은 1936년 《동아일보》 신춘문예에 당선작으로 뽑힌 작품이다. 그러니까 '친일시' 보다 7년 전에 쓰여진 작품임을 알 수 있다. 시인 자신의 말에 의하면 이 작품은 신춘문예에 응모하기 위해서가 아니라 그냥 독자투고 작품으로 보낸 것이었다고 한다. 그런데 뜻밖에도 신춘문예 응모작으로 처리되어 당선의 영예를 얻은 작품이라는 것이다.

어떻든, 《동아일보》가 이 작품을 당선작으로 뽑은 것은 매우 잘한 일이었다고 생각된다. 왜냐하면 이 작품에 나타나 있는 시대의식도 그러하거니와, 작품의 질로 보아도 당연한 것으로 받아들여지기 때문이다.

그리고 이 작품은 시적 정서의 면에서나 표현기법의 면에서 『화사집』(1941년 발행)에 실린 다른 작품들(「花蛇」, 「대낮」, 「문둥이」 등)과는 사뭇 다른 면모를 보여주고 있다. 말하자면 다른 작품들에 나타나는 보들레르적 육정적 호흡이나 원색적 육성을 이 작품에선 찾아볼 수 없다는 말이다. 시가 사뭇 내면화되어 있다거나 시인의 강한 시대의식을 엿보게 해준다는 면에서도 『화사집』 무렵의 다른 시들과 동떨어져 있다.

이 점은 시인의 시적 편력에 있어 매우 중요한 일이다.

솔직히 말해서 『화사집』 무렵의 어떤 시들은 시인의식이 덜 성숙된 것 같은 면모도 보이고, 시대의식을 보이는 작품도 없었다. 그런데 이 작품은 그런 면모를 의연히 떨쳐버리고 있으며, '壁차고 나가 목메어 울리라! 벙어리처럼' 과 같은 시행에 이르면 암울했던 시대의 의식세계가 엄숙하게 다가온다.

    일어났으면……
    일어났으면……
    나도 또한 이 새벽을 젊은 나인 걸

    ……이 荒蕪地여
    앉은뱅이 목우름을 누가 듣는가.

    深夜의 殺戮은 보리밭머리

>   오오 太極의 하늘은 다시 푸르러도
>   (中略)
>   일어났으면……
>   일어났으면…… 오오 일어났으면……
>
>   ―「앉은뱅이의 노래」부분(《子午線》1집, 1937)

문학평론가 송희복宋喜復씨는 『화사집』 발간 50주년을 맞아 《現代詩學》(1991. 7월호)이 마련한 특집에서, 『화사집』이 발간된 1941년 이전에 쓰였으나, 시집에 실리지 않았던 미당의 초기시 13편을 공개한 바 있다. 그리고 「서정주 초기시의 세계」를 통하여 '이들 미수록 시가 시대현실에 대한 증언적 메시지를 담고 있다'고 분석하고 있다.

위의 「앉은뱅이의 노래」에서 알 수 있듯 시적 화자 자신을 '앉은뱅이'로 자처하고, 암울한 시대현실 속에서 '목우름'을 울고 있다. "太極의 하늘"은 다시 푸르지만 일어나지 못하는 한恨의 '목우름'을 울 수밖에 없는 '앉은뱅이'가 화자인 것이다.

즉 위의 시들에서도 일제 질곡의 시대에 나타난 의식세계나 혹은 내밀한 저항의식을 볼 수 있다. 정말 꽉 막힌 '壁에 지치어'(신춘문예 당선시 「벽」) 있었던 시대, 어디 의탁하거나 뚫고 나갈 그 어떤 빛도 보이지 않던 시대, 그리고 '深夜의 殺戮'(미수록시 「앉은뱅이의 노래」)이 벌어지는 시대의 '앉은뱅이'의 일어나고 싶은 절규, 식민지시대의 지식인의 의식이 절절하게 느껴지는 시들이다. 절절하게 느껴질 뿐만이 아니라, 이런 암울한 의식세계를 드러냈던 시인이 왜, 그로부터 7년 뒤에는 '친일시'를 쓴 것일까 하는 의문이 뒤따르지 않을 수 없다.

그러나 이런 '의문'에 대한 대답은 너무나 자명하다.

이 무렵 한국의 대표급 문인들은 일제에 의해 회유당하기 일쑤였고,

'한국어말살정책'은 심화됐으며, 미당의 고백처럼 '그 시절 살기 위해 어쩔 수 없었던' 상황이 빚어지고 있었기 때문이라는 것이 정설이다.

1939년 만주에 있었던 일본군은 몽고와의 국경지대인 노몬한에서 소련군에 맞서다가 무려 일만 팔천여 명이 전사당하는 일이 벌어졌다. 이러한 전쟁 분위기에 일제는 전시체제를 강화했고, 창씨 개명에 이어 징병제까지 실시하는 등, 이른바 국민정신 총동원령을 내린 상태였다. 물론 이 때, 문단도 예외일 수는 없었다. 일제의 '한국어말살정책'의 일환으로 《文章》등 문학지들이 모두 폐간됐고, 친일파였던 최재서가 주관하는 《국민문학》만이 살아남았다. 그해 10월 29일 문인들은 이러한 극한 상황 속에서 살아남기 위해, 이른바 '내선일체' 內鮮一體를 외치며 '조선문인협회'를 결성하기에 이른다. 회장에는 물론 이광수李光洙(창씨 개명한 이름 香山光郞 : 가야마쓰로오)가 선출되었다. 그는 취임사에서 "우리는 새로운 국민문학의 건설과 내선일체의 구현에 있다……"고 강조한 바 있으며, 심지어는 "천황폐하 만세"까지 외치는 상황에 이르고 만 것이다. 그리고 이런 시대상황 속에서 살아남기 위해 미당의 '친일시'도 쓰여진 것이다.

그러나 여기서 분명하게 짚고 넘어가려는 것은, '살아남기' 위해 '以存策'으로 '親日詩'를 남기는 실수를 저지르기는 했지만, 그가 '親日派'는 절대로 아니라는 점이다. 우리가 잘 알고 있는 바와 같이, 그 당시 '친일파'는 대체로 지주地主(富者)이거나 명망가名望家였다. 지주地主들은 일제에 착취당하지 않기 위해 친화親和할 수밖에 없었고, 명망가는 일제에 핍박당하지 않기 위해 친화할 수밖에 없었다.

그러나 그 당시 미당은 지주도 아니요(그의 父親이 仁村宅 書生 겸 農監이었을 뿐) 명망가는 더구나 아니었다. 앞에서 말한 '인문평론사'에 빌

붙어 「朝鮮農村 얘기」 같은 번역일 등을 유일한 호구책糊口策으로 맡아서 하는 처지였을 뿐이다.

그런데 참여정부 시절 이른바 '과거청산' 분위기를 틈탄 일부 세력들이, '친일시' 등의 거론을 넘어 '친일파'로까지 왜곡하려 하자, 미당은 그 특유의 물정 모르는(?) 늘어지는(?) '변명'을 함으로써, 또 한 번 세상 사람들의 입방아에 오르게 된다.

　　그러나 이 무렵의 나를
　　'친일파'라고 부르는 데에는 이의가 있다.

　　친하다는 것은
　　사타구니와 사타구니가 서로 친하듯 하는
　　뭐 그런 것도 있어야 할 것인데
　　내게는 그런 것은 전혀 없었으니 말씀이다.

　　'부일파'란 말도 있긴 하지만
　　거기에도 나는 해당되지 않는 걸로 안다.
　　일본에 바짝 다붙어 사는 걸로 이익을 노리자면
　　끈적끈적 잘 다붙는 무얼 가졌어야 했을 것인데
　　나는 내가 해준 일이 싼 월급을 받은 외에
　　그런 끈끈한 걸로 다붙어 보려고 한 일은
　　단 한번도 없었기 때문이다.

　　나는 이때 그저 다만
　　좀 구식의 표현을 하자면……
　　'이것은 하늘이 이 겨레에게 주는 팔자다' 하는 것을 어떻게 해서라도 익히며 살아가려 했던 것이니
　　여기 적당한 말이라면
　　"종천순일파" 같은 것이 괜찮을 듯하다.

이 때에 일본식으로 창씨개명까지 하지 않을 수 없었던 우리 다수 동포 속의 또 다수는 아마도 나와 의견이 같으실 듯하다.

— 『팔할이 바람』 담집에서

앞에서도 말했지만 이는 정말 '물정 모르는' 미당식 '변명' 이었다. 미당시의 전경속景은 고사하고 단 한편의 미당시도 제대로 이해할 줄 모르는, 몰지각한 민족주의자(?)들이 어떻게든 미당을 곱씹으려는 판에, 대응치고는 정말 허술한 대응이었으며, 그들에게 전혀 설득될 가능성이 없는 대응이었던 것이다. '자기 자신을 육체로만, 일상과 현실에 묶인 몸뚱어리로만 보지 말고, 영원한 정신적 생명으로 봐야 한다' 며 '永生觀' 을 펼치던 미당의, 정말 미당다운 천진스런 단순성이 내비치는 대응, 그런 것이었다.

그리고 그의 그런 '천진스런 단순성' 은 그런 부분에서만 찾을 수 있는 것만도 아니다.

80년 당시 이른바 '전두환 지지연설' 에 대해 묻자, '잘 아는 한 기자가 와서 2대째 군인정권이 되는데 큰일났다. 예전같이 국민이 당하게 되었는데, 그럴 바에야 차라리 전두환을 회유해 좋은 대통령으로 만드는 게 낫지 않겠는가? 라고 권유해서' 라고 말하던 그였다.

또 다른 유력한 제보에 의하면, '그 당시 시절이 하수상해 미국에 있는 큰아들 집으로 가려고 여권 신청을 했는데, 비자가 나오지 않았다. 그러던 중 당시 군부정권으로부터 '지지 연설' 을 하거나 '찬양시' 같은 것을 쓰면, 비자를 내주겠다' 는 회유(?)를 접하게 되었다 한다.

이러한 '제보' 의 진위眞僞 여부에 대해서 필자로서는 속단할 수 없으나, 이러한 '제보' 는 작고한 어떤 소설가로부터 전해들은 것은 분명한 사실이다.

아무튼 여기서 우리에게 중요한 것은 '한 기자의 권유'나 '어떤 소설가 제보'의 진위 여부가 아니다. 정치의식도 낙제생이고 역사의식도 낙제생이며 시대의식도 낙제생일 수밖에 없는 미당의 천진스런 단순성을 얘기하려는 것뿐이다.

어린이 같은 천진성이나 순수성을 요구 받는 것이 시인이다. 정말 미당은 그냥 그런 시인일 뿐이다. 그는 정말 세상 물정에 둔감하고, 시대감각 뒤떨어지고, 정치에도 둔감한 그냥 '시인'일 뿐이다. 한 때 미당을 '시의 정부'라고 칭송하기도 했던 고은 시인이 미당시를 두고 '돌아쳐 맞서는 산짐승의 태세'가 없다고 지적한 바 있다. 미당시에 저항성 있는 시가 없다는 말일텐데, 일단 그 말은 맞는 말이다. 그리고 한 때 '시적詩的 아버지'(Poetic father)이기도 했던 미당을,『미당 담론』(창작과 비평)에서 '의도적 왜곡과 폄훼'를 한 것도, '시적 아버지'를 배반한, 배반의 정당성을 획득하려는 의도도 있었겠지만, 미당시의 '정상頂上'을 탈환해보려는 '어두운 욕구'에서 비롯되었던 것도 또한 사실이다. 이점에 대해서는「『미당 담론』에 대한 담론」(《문예운동》, 2001. 가을호)에서 소상昭詳하게 밝힌 바 있으므로 여기서는 줄이겠지만, 아무튼 미당시에 '돌아쳐 맞서는 산짐승의 태세'가 없다는 그의 지적은 맞는 말이다. 미당시는 정말 한국적 토속성과 전통성에 바탕을 둔 서정시일 뿐이다. 그리고 바로 그런 시인이기 때문에 천진스런 단순성도 거기서 찾을 수밖에 없지 않겠는가?

이쯤 얘기하다보니, 본래의 의도와는 달리 얘기의 흐름이 좀 울타리 밖으로 튀어나간 것 같은 느낌이 없지 않다.

그러면 여기서 다시 '종천순일파'라는 말의 내력에 대해 얘기를 집중

해보기로 한다.

솔직히 말해서 '종천순일파' 라고 말하던 앞에서의 미당의 '변명' 은 설득력이 없었다. 필자가 보기에 미당의 '從天順日' 의 자세는 좀 더 먼 곳에서 찾아야 되고, 그리고 그것은 미당에게 있어 거의 '숙명적인' 것이었다고 생각된다. (*그런데 미당은 그 무렵 너무 당황한 나머지, 대중적 화해를 시도하는 그런 어줍잖은 '변명' 을 했던 것 같다.)

그러면 그 숙명적인 '從天順日' 의 자세는 어디에서 온 것인가?

그것은 6·25 전쟁 무렵으로 거슬러 올라가 그 연원淵源을 찾아야 한다. 미당은, 6·25 전쟁의 동족상잔의 비극을 어느 누구보다도 짭짤하고 강렬하게 체험한 주인공이다. 그리고 그 짭짤하고 강렬하게 체험한 것이 '補藥' 이 되어서, 삶에 대한 비극적인 인식을 지양할 수 있었고, 담담히 인생과 사물을 바라볼 수 있는 관조觀照의 눈을 마련할 수 있었으며, 바꾸어 말하면 '順命의 자세' 를 익힐 수 있었다. 말하자면 그의 '불혹不惑' 은 '저 마약과 같은 봄을 지내어서 / 저 무지한 여름을 지내어서' 도달할 수 있었던 것이다.

> 요새 나는 새로운 座右銘 하나를 마음속에 새겨 갖고 있어. 세상이 술렁일수록, 인생이 不運할수록 그것은 오히려 補藥이 된다는 사실. 詩人이라고 뭐 별나게 태어났긴간디? 죽으면 흙이되긴 마찬가지 아닌가? 그러니까 시인일수록 사는 동안 좀더 짭짤하게, 좀더 벅차게 살아가야 하지 않겠어? 세상이 강렬하게 돌아갈수록 詩人에게는 그것이 補藥이 되는 거지 ……
>
> ―「詩人詩精神」(《서울신문》, 1976. 1. 29일자)

위의 인용문은 미당이 회갑 무렵에 술회한 내용이다. 그리고 미당의 전 인생살이 가운데 가장 '짭짤하게' 불운不運을 겪었던 시기가 바로 『서

『정주 시선』(6·25 전쟁을 겪은 뒤 1955년 발행) 무렵이 아니었나 싶어서 인용한 것이다. 사실 이 무렵 이 시인의 정신적 육체적 고생살이는, 앞에서도 말한 바와 같이, '저 無知한 여름'으로부터 비롯된 것이었다.

다음의 도표(미당의 居處 이동의 順)는 미당의 이 무렵의 쓰라린 역정歷程을 잘 말해준다.

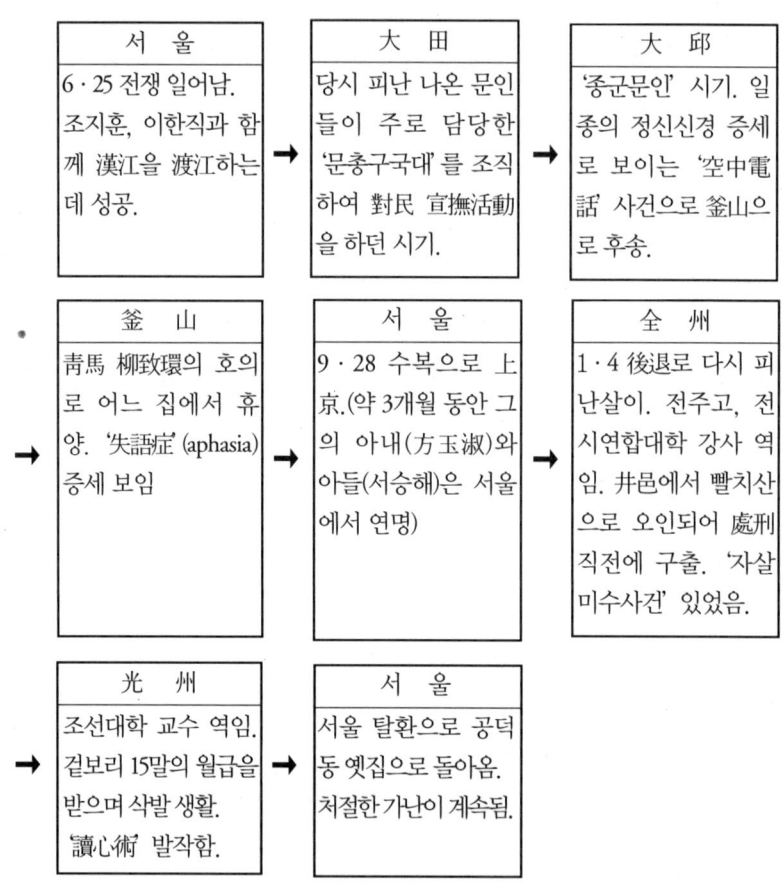

위의 도표는 6·25 전쟁이 일어난 직후부터, 미당이 거처居處를 옮긴

순서대로 그때 그때 있었던 중요한 사건들을 정리해본 것이다. 이 도표를 참고해보면, 그는 마치 6·25 전쟁이라는 동족상잔의 비극을 하나의 상징적 존재처럼 옮겨져 다녔고, 보편적인 인생살이에서는 어느 누구도 겪을 수 없는, 삶과 죽음 사이의 뼈저린 고빗길을 많이 체험한 것으로 파악된다.

그러나 그는 그러한 비극적 상황들을 '강렬하게' '짧짤하게' 체험하였음에도 불구하고, 그의 문학은 오히려 그러한 비극적 상황들에 대한 표현보다는, 그것을 잘 극복한 자로서의 노래, 혹은 잘 여과시키고 있는 자로서의 노래를 보여주고 있다는 점이 이 무렵 그의 문학적 특징을 이루고 있다. 다시 말하면, 때로는 '자살' 하려 하고, 동족의 무수한 피를 보고 그 충격으로 '실어증'(失語症 : aphasia)과 '공중전화' 의 정신신경 증세에 빠지기도 하고, 빨치산으로 오인되어 죽음 일보전-步前의 상황을 겪었는데도, 그의 이 무렵의 문학(詩)은 오히려 담담하고 생명에 대한 환희에 차 있으며, 긍정적 자세, '순명順命의 자세'로 서 있는 것을 볼 수 있다.

말하자면 그에게 있어 이 무렵 '짧짤하게' '강렬하게' 겪었던 인생살이는, 오히려 생의 본질적 가치에 대한 신념과 함께, 삶에 대한 긍정적인 자세를 마음속에 새기는 계기가 되어주었다고 말할 수 있을 것 같다. 그리고 또 한편으로는 그러한 체험들이 그의 내부에서 잘 여과되었고, '인생' 그것에 대한 달관達觀의 눈을 마련하게도 되었으며, 그의 문학(시)으로 승화될 수도 있었던 것이다.

다음과 같은 이 무렵의 작품은, 한恨의 강물 속에 빠져있는 자의 모습이 아니라, 이미 그것으로부터 헤어나온 자의 모습, 바로 그 '순명順命의 자세' 를 보여준다.

괜, 찮, 타, ······
괜, 찮, 타, ······
괜, 찮, 타, ······
괜, 찮, 타, ······
수부룩히 내려오는 눈발 속에서는
까투리 매추래기 새끼들도 깃들이어 오는 소리, ······
괜찮타, ······ 괜찮타, ······ 괜찮타, ······ 괜찮타, ······
포근히 내려오는 눈발 속에서는
낯이 붉은 처녀아이들도 깃들이어 오는 소리······

울고
웃고
수그리고
새파라니 얼어서
큰놈에겐 큰 눈물 자죽, 작은놈에겐 작은 웃음 흔적,
큰 이야기 작은 이야기들이 오보록히 도란거리며 안기어 오는 소리······

괜찮타, ······
괜찮타, ······
괜찮타, ······
괜찮타, ······

끊임없이 내리는 눈발 속에서는
산도 산도 청산도 안기어 드는 소리, ······

— 「내리는 눈발 속에서는」 전문

　　이 시는 우선 시인의 긍정적인 세계관과 삶에 대한 진정성, 그리고 우주적 포용력까지 느껴지게 하는 작품이다. 즉, 사람냄새 나는, 인간적 온기溫氣가 가득하게 느껴지는 작품이라는 말이다.
　　이런 작품이 탄생되기까지는, 그냥 수월하게 얻어지는 것만은 결코 아닐 것이다. "큰 눈물 자죽", "작은 웃음 흔적"을 짭짤하게 겪은 자만이 가질 수 있는 세계이다. 말하자면 인간세상에서 겪을 만한 것을 모두다 겪고 난 뒤의 긍정적 세계관이요, 우주적 포용력이요, 인간적 온기溫氣라는 말이다.

따라서, 위의 시 「내리는 눈발 속에서는」에서는 여러 가지 중요한 단서를 볼 수 있게 된다. 이 시의 화자는 한恨의 강물 속에 빠져 있는 자의 모습이 아니라, 이미 그것으로부터 헤어나온 자로서의 모습을 보여준다. 다시 말하면 시의 화자는, 이미 삶 그것을 달관達觀한 자이거나, 관조觀照하는 자로서의 포즈를 보여주고 있는 것이다. 이것이 제일 중요한 단서로 시인의 '順命의 자세'를 볼 수 있게 해준다.

즉, 한 시대의 비극, 혹은 그 자신의 비극의 강물 속에 빠져 버둥대는 위치에 서 있는 게 아니라, 그것을 담담히 바라보는 자리에 서 있으며, 또 한편으로는 그런 비극적 상황을 어쩔 수 없이 받아들일 수밖에 없는 숙명宿命이라는 점을 이해하게 된다.

그러므로 이 시의 화자에 있어서는 "큰 눈물 자죽", "작은 웃음 흔적" 이러한 것들은 모두다 인간의 조건 속에, 업고業苦 속에 있을 수 있고 치를 수밖에 없는 당연한 것으로 파악되며, 그리고 바로 그렇기 때문에 허공에 대고 가느다랗게 "괜찮타, …… 괜찮타, …… 괜찮타, ……"를 외치는 것이다.

아니 오히려 '괜찮'을 뿐만이 아니라, 그러한 '눈발 속'에 존재하는 "까투리 매추래기 새끼들"이나 혹은 "낯이 붉은 처녀아이들", 그리고 특히 산 가운데서도 '청산' 들과 같은 나이 어린 우주내적宇宙內的 존재들이 "새파라니 얼어서"일망정 그 운명적 현실을 거역할 수는 없으며, "오보록히 도란거리며" 생의 환희 속에 존재할 수밖에 없다. 그리고 그것이 인간의 참다운 삶의 모습이라는 것을 이 작품은 시사해주고 있다고 하겠다.

앞에서도 누누이 얘기했지만, 미당은 6 · 25 전쟁이나 1 · 4 후퇴 무렵, 정말 천운天運으로 살아남은 사람이다. 그리고 그 시절 피난살이의 내상內傷을 깊게 앓은 주인공이다. 앞에서 인용한 「詩人 詩精神」(《서울신문》, 1976. 1. 29일자)에서 그가 말한대로, '인생이 不運할수록 그것은 오히려 補藥이 된다는 사실'을 위의 시에서도 느끼게 한다. 그리고 그런 '補藥'은 바로 '順命의 자세'를 탄생시키기는 보약이기도 했던 것이다.

'從天順日派'라는 말은 하늘 뜻에 따르며 사는 사람을 말한다. 어찌 보면 운명론자처럼 보이는 이 말은 '天運'으로 살아남은 그에게 당연한 것일 수도 있다.

그리고 이 말은 '順命의 자세' 속에 사는 사람을 말하기도 한다. '天運'으로 살아남아 주어진 현실에 순응하며 사는 자세, 즉 '이것이 내 팔자려니' 하고 사는 자세나, '이것은 하늘이 이 겨레에게 주는 팔자'(친일시에 대한 '변명'에서)려니 하며 받아들이는 자세가 바로 '順命의 자세'요, '從天順日'의 자세가 아니겠는가?

그리고 그의 그러한 '순명'의 자세나 혹은 삶에 대한 긍정적 자세는, 그의 또 다른 시 「無題」에서나 「上里果園」, 「無等을 보며」 등 『서정주 시선』 무렵의 작품들 속에서 무더기로 볼 수 있게 한다.

그리고 또 한편으로는 이 시기를 기점으로 하여 그는 불교적 "연기설 緣起說"이나 유교적 "소요유", 혹은 『삼국유사』나 『삼국사기』 등의 슬기를 섭렵하기도 하며, 따라서 그의 시세계는 이 무렵부터 유교적, 불교적, 도교적인 세계로 넓어지고 깊어지기도 한다. 말하자면 형이상학적形而上學的인 사유의 공간으로 확대되어 나타나는 것이다.

그만큼 위의 시 「내리는 눈발 속에서는」은 시인의 시세계 변모에 중요한 단초를 제공해주고 있는 시라고 볼 수도 있으며, 그의 시세계가 심화되는 계기를 만들어 주고 있다고 볼 수도 있다.

한편, 그보다 훨씬 뒤의 다음과 같은 「곡曲」(제7시집 『떠돌이의 詩』)이라는 작품에서도 그런 '종천순일' 적인 시인의 자세를 엿볼 수 있다.

> 곧장 가자하면 갈 수 없는 벼랑 길도
> 굽어서 돌아가자면 갈 수 있는 이치를
> 겨울 굽은 난초잎에서 새삼스레 배우는 날
> 無力이여 無力이여 안으로 굽기만 하는
> 내 왼갖 無力이여
> 하기는 이 이무기 힘도 대견키사 하여라.
>
> ―「曲」 전문

그 고결한 기품이 '君子' 같다는 뜻에서 '四君子' 가운데 하나로 일컫는 '蘭'. 한낱 풀이긴 하지만 사철 푸르고 그 생명력이 매우 끈질기어서 예로부터 선비들의 사랑을 받아온 '蘭'. 검劍같이 뾰족하나 거기 알맞게 구부러진 그 곡선의 꺾이지 않는 힘을 일러서 '曲卽全' 이라 했던가.

'曲卽全', 적당히 굽을 줄 아는 풍류의 선비, 한국적 절개와 끈기도 분명 한 인간이 사는 방법인 것 같다.

이 시는 바로 그 '曲卽全' 의 선비들의 지혜를 말해주고 있는 것이어서, 우선 교시성이 강한 작품이라고 할 수 있다. 그러나 여기서 한 가지 간과해서는 안 되는 점이 있다면 그것은 이 시의 화자가 "無力이여 無力이여"라고 그 자신을 질타하고 있다는 점이다. 그리고 그 질타는 마지막 연 '이무기' (용이 되려다 어떤 저주에 의해 못 되고 물속에 산다는 전설적인 큰 구렁이)의 힘과 무관하지 않다.

한편, 그 '이무기'는 이 시인의 초기시집 『화사집』에 나오는 일련의

「뱀」과도 전혀 무관한 것만은 아니다. 그러나 그「뱀」은 『화사집』무렵의 강렬한 육정적 호흡의 뱀이 아니라, 이제 '파란곡절을 많이 겪은' 지칠 만큼 지친 '저주 받은 뱀'(구렁이)이라는 사실이다. 그렇기 때문에 "안으로 굽기만 하는 / 내 왼갖 無力"을 질타하고 있는 것이다.

하지만 그 늙고 저주받은 '뱀'의 힘, 즉 '이무기의 힘' 마저도 '대견' 하다고 자위하고 있다.

그러나 좀 더 화자의 마음의 안섶으로 들여다보면, '無力' 하나마 꺾이지 않는 그 힘, 즉 '曲卽全'의 슬기를 '대견' 하다지만, 이 다난한 현실 속에서의 대응논리가 허약한 그 자신에 대한 질타가, 그 안섶으로 깔려있는 것도 또한 사실이다.

하지만 또 한편으로 생각해보면, 바로 그 '曲卽全'의 대응자세야말로 이 다난한 현실에서의 도피가 아니라, 현실대응의 한 방법이라는 점을 우리는 또한 간과해서는 안 되리라 믿는다. 그리고 그것은 '종천순일從天順日'의 자세와도 한 맥락으로 이어지는 것이라고 또한 믿는다.

2. 미당의 '親日詩'에 대한 담론

좀 엉뚱한 얘기부터 시작해보겠다.

미당이 타계했을 때, 언론사마다 뉴스보도가 넘쳤지만, 그중 한 신문(《조선일보》, 2000. 12. 25일자)에서는 미당을 일컬어 '국민시인' 이라는 호칭을 한 것을 본 적이 있다. 항용 '국민가수' 라는 말은 많이 들었지만, 시인을 '국민시인' 이라고 지칭한 경우는 이 나라에서는 별로 본 일이 없었기 때문에, 그 신문의 제목이 새삼스럽기도 했지만, 한편으로는 당연하게 느껴지기도 했다. 그 때 신문의 제목을 정확하게 적어보면, "우리들 가슴 속에 한 송이 국화꽃을 심어놓고 떠난 '국민시인'"이었던 듯하다. 아마 이런 제목을 뽑은 것은, 우리나라 국민이면 그 누구라도 미당시 「국화옆에서」를 잘 알고 있을 것이기 때문에, 그런 제목을 선택했을 것이라고 생각된다.

경우는 많이 다르고 또 '국민가수'로 불리는 것 같지도 않지만, 조영남이라는 가수가 '친일' 발언을 했다하여 한바탕 나라가 '들끓은' 적이 있다. 그때 필자는 뭔가 '왜곡' 됐을 것이라는 직감이 들었지만, 그냥 관망할 수밖엔 별 도리가 없었음도 물론이다. 그 후 그는, 그 곤혹스런(?) 시간을 슬기롭게 잘 극복한 것으로 알고 있고, 들끓던 이 나라 사회는 다시 잠잠해졌고, 그는 이제 떳떳하게 사회생활을 하고 있는 걸 볼 수 있다. 그리고 그 잠잠해진 배경에는, 미국에서의 그의 인터뷰 발언이 '왜곡' 된 것으로 판명됐기 때문으로 알고 있다.

흔히 지적하는 말이지만, '한국인의 냄비 근성' 때문일까? 너무 빨리 반응하고 너무 빨리 식어버리는 그런 국민의 성정은 아닌게아니라 있는 것도 같다. 무슨 문제만 생기면 한바탕 온통 나라가 들끓는 일들을 우리는 많이 겪어왔다. 그러나 한 순간이 지나면 또 언제 그런 일이 있었느냐는 듯이 잊어버리고 마는, '국민적 망각증세'도 있다는 것을 또한 생각하게 된다. 가령 지난 대선 때에도 이른바 '동영상 파문'으로 또 한바탕 나라가 '들끓은' 적이 있었다. 그런데 그런 주인공이 무난히 대통령으로 당선되는 걸 보면, 우리 국민들의 '냄비 근성'과 아울러 '망각 증세'도 있다는 것을 생각하게 되는 것이다.

그러나 여기서 본고가 지적하려는 것은 그런 '냄비 근성'이나 '망각 증세'를 얘기하려는 것이 아니다. 그런 국민의 성정을 이용하여(?) 숱하게 많은 진실들이 '왜곡' 되고, 그리고 그 '왜곡' 된 잣대에 의하여 '졸속'

처리되고 있는 현상을 얘기하려는 것이다.

　이 나라에 진정한 의미의 '스승'이 없기 때문일까? 정신적 '지도자'가 없기 때문일까?

　한용운 시인의 표현, "해 저문 벌판에서 돌아가는 길을 잃고 헤메는 어린양이 기루어서 이 시를 쓴다"(『님의 침묵』(시집)에서의 '군말')고 할 때의 그 '길을 잃고' 헤메는 '어린 양'(민중, 중생)들에게 갈 길을 밝혀주는 진정한 '스승'이 없어서일까?

　어떤 문제가 사회적 이슈나 관심사로 떠올랐을 때, 우리는 모름지기 옷깃을 여미고 '정관靜觀', '정시正視' 하는 자세가 필요할 것이다. 그리고 정말 '길을 잃고' 갈 길 몰라 방황하는 '어린 양'(愚衆)들에게 갈 길을 밝혀주는 지도자가 필요할 것이다.

　그런데 지난 '참여정부' 시절에는, '정관', '정시'가 아니라, 오히려 삐딱하게 '사시斜視'와 '편견偏見'이 판을 쳤고, 진실들이 '왜곡'되고 그리고 그 '왜곡'된 잣대에 의하여 '졸속' 처리된 일들이 많이 있었던 것을 부인할 수는 없을 것이다. 정말 '길을 잃고' 방황하는 '어린 양'들을 위한, 정말 '어린 양'이 '기루어서' 갈 길을 밝혀준 것이 아니라, 아집我執과 편견에 사로잡혀 코드 맞추기에 열중한 것은 아닐까 하고 생각해본다. 그리고 그런 결과로 스스로 무너지는 길을 자초한 것이 아닐까 하고 생각을 해보는 것이다.

　흔히 '좌파정부'라고 말하는 참여정부 시절, 유독 눈길을 끌었던 말 중의 하나가 '과거사 청산'이라는 말이었다. 그리고 그 '청산'의 대상으로 삼았던 것이 또 유독 '친일파'였던 것을 우리는 잘 알고 있다. 또한 '친일파' 중에서도 유독 '친일문인'들을 많이 부각시켰고 또 많이 거론했던 것도 사실이다. 이른바 '名士'들이어서 그랬을까? 그러나 한편으로 생각해보면 '과거사 청산'의 대상이 어찌 '친일문인' 뿐이겠는가? 오천년 동안의 굴곡 많은 역사가 모두 '과거사'라는 것을 생각하면, 그리고 대한민국 정부 수립 후 50여 년 동안 유예돼왔던 문제를 왜 하필이면 참여정부 때 '졸속' 처리해야만 했는가를 생각하면, 어떤 논리로 풀어야 할지, 정말 필설筆舌이 모자랄 뿐이다.

'좌파정부'는 '좌파'만의 정부가 아니라는 것은 두말할 나위도 없다. 대통령은 나라를 대표하는 상징적 존재이다. 그리고 대통령이라는 자리는 지역과 계층, 당파와 종교를 초월한 통합의 상징이어야 함도 물론이다.

그런데 '편견'과 '아집'에 사로잡혀 '과거사 청산'도 '친일문인'을 유독 많이 거론하고 표적을 삼은 것은 정말 납득하기 어렵다고 하겠다.

가령, 6·25 공산치하에서 '부역'한 사람들에 대하여는 '좌파' 정부이기 때문에 '면죄부免罪符'를 준 것인지 정말 알다가도 모를 일이다. 물론 부역한 문인들을 척결(?)하지 않았대서 혹은 '청산'의 대상으로 삼지 않았대서 하는 말은 절대로 아니다. 당시 정부의 편협성을 지적하는 말일 뿐이다.

> 국가의 수장으로서 미래의 큰 그림을 제시하고 원칙과 방향만 정해주는 것으로 충분하다. 대통령은 존재함으로써 가치가 있는 그런 자리다. 존재 자체로 정의를 기대하고, 평화를 가져오고, 꿈을 주는 그런 자리여야 한다. 그의 말 한마디에 감동이 있고, 그의 손길 하나로 위로를 받을 수 있어야 한다. 그에 의해 나라의 이미지가 바뀐다. 그가 시선을 어디에 두느냐에 따라 나라의 미래가 달라진다.
>
> ─《중앙일보》칼럼에서 (2008. 3. 25)

위의 글은 물론 MB정부를 향해서 쓴 칼럼이긴 하지만, 이런 글을 읽으면서도 지난 정부의 편협성을 또 다시 생각하게 되고, '친일문인'에 대한 '과거사' 문제도 너무 졸속으로 처리했다는 생각을 지울 수도 없다.

우리 한국의 시인들이 가장 좋아하는 시인은 미당 서정주이고, 가장 좋아하는 시는 김춘수의 「꽃」을 뽑고 있다. 이는 시 전문지 《시인세계》(계간)에서 현역 시인 246명을 상대로 '좋아하는 시' 3편씩을 뽑아달라고 설문조사에서 나타난 결과이다.

미당의 시는 모두 72명의 시인으로부터 추천을 받았으며 「자화상」, 「동천冬天」 등 1회 이상 추천 받은 시는 모두 23편이었다. 그리고 미당에 이어 백석(40명), 김수영(46명), 김소월(34명), 윤동주(32명), 김춘수(30명), 정지용(27명), 박목월(23명), 김종삼(16명), 신경림(16명) 등의 순으로 나타났다.

이런 결과에 대해 고려대 이남호 교수(문학평론가)는 "지난 10여 년간 정치적 관점에서 문학활동을 하는 사람들 사이에 미당 폄하 분위기가 짙었고, 대중들이 그런 매도 분위기에 쉽게 휩쓸렸다"며, "그러나 시인들 사이에서 미당이 여전히 '한국 현대시의 최고봉'이라는 사실은 그의 시가 정당한 평가를 받는 토대가 될 것"이라고 말한 바 있다.

그런데 이 설문조사 '결과'에서 한 가지 눈길을 끄는 것은, 신경림 시인을 제외하면 민중 민족계열 시인들이 10위권 안에 들지 않았고, 거의 추천되지 않았다는 사실이다. 그리고 특히 『미당담론』(창작과 비평)에서 '시적 아버지'(poetic father)이기도 했던 미당의 시를 의도적으로 왜곡하고 폄훼하기도 했던 고은 시인의 이름이 거기 없다는 사실이다. 떠들썩한 그의 성가聲價에 비해 10위권 안에도 들지 못한 것은, 결국 그의 성가聲價가 허명虛名이 아니었나 하는 생각을 갖게 하는 대목이다.

한편, 오봉옥 시인은 『서정주 다시 읽기』(도서출판 박이정)라는 저서에서, "미당 문학은 근·현대의 고전으로 삼을 만하다"고 말하고 있다. 미당의 1,000여 편의 시 중 미당이 스스로 골라 엮은 시선집 『푸르는 날』의 시 80여 편을 감상하고 해석한 이 책에서, 오씨는 "동시대 시인 중 미당 시로 공부하지 않은 사람이 어디 있느냐"며 "미당시를 고전으로 받아들이자"고 주장한 것이다. 그리고 그런 주장을 한 그는 민족문학작가회의 사무도 본 적이 있는 진보적 시인이라는 점도 눈길을 끌기에 충분하다고 하겠다.

한편 일제에 의해 신문들이 강제 폐간당하자 미당이 1940년에 쓴 시 '행진곡行進曲'을 여기 인용하고 그의 얘기를 계속 들어보기로 한다.

> 잔치는 끝났더라. 마지막 앉아서 국밥들을 마시고
> 빠알간 불 사루고,
> 재를 남기고,
>
> 포장을 걷으면 저무는 하늘
> 일어서서 주인에게 인사를 하자.
>
> 결국은 조금씩 취해가지고
> 우리 모두다 돌아가는 사람들.
>
> 목아지여
> 목아지여
> 목아지여
> 목아지여
>
> 멀리 서 있는 바닷물에선
> 亂打하며 떨어지는 나의 종소리.
>
> ―「行進曲」 전문

위의 시는, 그 당시 《조선일보》 학예부장이던 김기림金起林의 청탁을 받고 쓴 미당의 「朝鮮日報 廢刊記念詩」이다. 김기림으로부터 써달라는 전보를 받은 것은 이미 그 '記念號가 나온 뒤였고, '그래도 늦은대로 안 쓰고는 있을 수가 없어' 썼다는 시이다. '招請 받고도 너무 늦게 가서 이미 끝난 잔치 자리에 혼자 불사른 재나 밟고 서 있는 꼴이 되어' 썼다는 시가 바로 위의 「행진곡」이다.

아무튼 위의 「행진곡」을 감상하는 대목에서도 오봉옥 시인은 다음과 같이 말한다. "잔치는 끝났더라"고 체념조로 이루어진 도입부에서는 최영미 시인의 「서른, 잔치는 끝났다」가 생각난다고 했고, "결국은 조금씩 취해가지고 / 우리 모두다 돌아가는 사람들"에서는 신경림 시인의 「파장」이 떠오르고, "목아지여"라며 절박했을 때 단순하고 직접적인 표현들이 반복적으로 터져나오는 데에서는 김지하 시인의 담시 「비어」가 떠오른다고 그는 말한다.

오봉옥 시인은 이어서 말한다. 「행진곡」은 "비관적 세계인식을 담고 있으면서도 그것을 넘어서는 열망을 안으로 가지고 민족현실의 구체성을 부여했다"고 평가하고 있는 것이다. 그리고 그는 동시대 시인들에게 직접적인 영향을 끼친 미당의 시를 정치적·이념적 잣대로 더 이상 폄하하거나 외면하지 말자고 결론짓고 있다.

오봉옥 시인의 이런 지적들은 정말 당연하고도 진정성이 있는 지적이라고 생각된다. 그리고 그가 그의 저서에서 '미당의 시세례'를 받았다고 지적한 최영미, 신경림, 김지하 등의 시인들이 공교롭게도 모두 참여문학 쪽의 시인들이라는 점도 눈길을 끈다.

그러나 문제는 참여문학 쪽의 시인들(한국작가회 시인들)이나 한국문인협회 쪽의 시인들 모두가 이 나라 시인들이라는 점이다. 남·북 분단도 서러운데, 하물며 남쪽 시인들끼리 정치적·이념적 잣대로 물고 뜯고 왜곡하고 폄훼하고, 심지어는 특정인의 작품을 매몰시키려 해서야 되겠는가?

그리고 한편 『그리고 신은 시인을 창조했다』(문학동네)는 평론집에서 남진우씨(문학평론가)는 "미당학교 우등생"이라고 고은씨를 지칭한 일이 있다. "미당학교 우등생"인지 아닌지 그건 차치且置하고라도, 여기서 중요한 것은 '미당학교'라는 말이다. '미당학교'라고 그가 지칭한 데에는 미당이 곧 '한국시의 스승'이라는 사실이 전제되어 있기 때문이다.

톡 까놓고 얘기하지만, 미당은 이 나라 시인들에게 있어 정말 외경畏敬스런 대상이었다. 앞에서 말한 바도 있지만 이 나라에서 문학(시)하는 사람들은 정말 기막히게 잘 쓰는 서정주라는 시무당 앞에선 맥을 못췄던 것이 사실이다. 미당시를 폄훼하고 왜곡했던 고은씨마저도 "명작은 많고 졸작은 많지 않다"고 말하지 않았던가.

정말 진정으로 바라건대, '한국시의 스승'인 미당시를 매몰시키려 하지 말기를 바란다. '실수'는 실수대로 인정하고 작품은 작품대로 기려야 하지 않겠는가? 일제 말기 그들의 '문화말살정책'도 서러움이요 한恨인데, 하물며 훌륭한 문화유산인 미당시를 우리 스스로 '말살'하려는 것은 있을 수 없는 일이요, 이 나라 역사가 그걸 용서치 않으리라 믿는다.

항간에 떠도는 우스개 말로 "내가 하면 사랑"이요, "남이 하면 불륜"이라는 말이 있다.

이런 말을 떠올릴 때면, '한 때는 원수라고까지 불렀던 인민복을 입은 최고 권력의 사람과 와인 잔을 부딪는 장면'(고은 시인에 대한 문정희 시인의 표현)이 아른아른 떠오른다. 그리고 지난 대선 때, 참여정부(흔히 좌파정부)가 무너져 내리는 듯한 순간에, 그 꺼져가는 불길을 되살려 보려고 안간힘을 쓰던 백낙청 교수의 TV의 모습도 아른아른 떠오른다. 이러한 모습들은 결코 아름다운 모습만은 아니었다.

무릇 모든 문인들에게는 '野人' 이기를 원하는 '멍에' 가 하나 드리워져 있다는 사실을 명심해야 한다. '행동하는 지성' 이라는 말도 있지만, 그 '행동' 은 문인(시인)에게 있어 '언어' 로서의 행동을 말하는 것이어야 한다. 문인들이 함부로 정치 일선에 뛰어들지 말라는 얘기다. 그리고 "내가 하면 사랑"이요 "남이 하면 불륜"이라는 말을 떠올림으로써, 남을 함부로 폄훼하거나 왜곡하지 말아야 된다는 말이기도 하다. 정치적 실수 등을 들어 미당시를 폄훼하고 왜곡한 장본인이 바로 그들이기 때문에 하는 말이다.

한편, 이 문제를 되돌려 놓고 생각해 보아도 그렇다.

앞에서 본고는 '아른아른 떠오르는' 장면들을 얘기했는데, 바로 그 '장면' 들을 흠결로 삼아 그들을 폄훼하고 왜곡하려 든다면 어찌할 것인가?

미당의 '친일시' 는 지난 1985년 《실천문학》(계간 여름호)에 실리면서부터 알려지게 되었다. 그리고 그 후 다른 문인들의 작품과 함께 『친일문학선집』에 묶여 나오면서 일반인에게까지 널리 알려지게 되었다.

이 선집에서는 이광수 · 최남선 · 김동인 등 한국 현대문학의 개척자들은 말할 것도 없고, 주요한 · 박종화 · 박영희 · 김팔봉 · 이효석 · 유치진 · 모윤숙 · 노천명 · 조연현 등 1920~30년대 한국문학사에서 빼놓을 수 없는 이름들이 담겨져 있으며, 당시의 한국문학사를 '통째로 옮겨다 놓은 것처럼' 내로라하는 인물들이 수록되어 있는 것을 볼 수 있다. 그리고 바로 그런 쟁쟁한 문인들이 '친일문학' 을 할 수밖에 없었던 일제 식민지시대를 다시금 떠올리게 되며 오직 '살아남기 위해' 얼마나 많은 한국인들이 전전긍긍하던 시대였는가를 또 한번 생각하게 된다.

다음에 인용하는 작품은 이른바 미당의 '친일시'에 해당되는 작품이다.

아아 레이테만은 어데런가
언덕도
산도
뵈이지 않는
구름만이 둥둥둥 떠서 다니는
멫천 길의 바다런가

아아 레이테만은
여기서 멫만리런가……

귀 기울이면 들려오는
아득한 파도소리……
우리의 젊은 아우와 아들들이
그 속에서 잠자는 아득한 파도소리……

얼굴에 붉은 홍조를 띄우고
'갔다가 오겠습니다'
웃으며 가드니
새와 같은 비행기가 날아서 가드니
아우야 너는 다시 돌아오지 않는다

마쓰이 히데오!
그대는 우리의 오장 우리의 자랑,
그대는 조선 경기도 개성 사람
인씨의 둘째 아들 스물 한 살 먹은 사내

마쓰이 히데오!
그대는 우리의 가미가제 특별공격대원
귀국대원

귀국대원의 푸른 영혼은
살아서 벌써 우리게로 왔느니
우리 숨쉬는 이 나라의 하늘 위에
조용히 조용히 돌아왔느니

우리의 동포들이 밤과 낮으로
정성껏 만들어 보낸 비행기 한 채에
그대, 몸을 실어 날았다간 내리는 곳
소리 있이 벌이는 고흔 꽃처럼
오히려 기쁜 몸짓 하며 내리는 곳
쪼각쪼각 부서지는 산더미 같은 미국 군함!

(중략)

장하도다
우리의 육군항공 오장 마쓰이 히데오여
너로 하여 향기로운 삼천리의 산천이여
한결 더 짙푸르른 우리의 하늘이여.

— 「마쓰이 오장 송가松井五長 頌歌」 부분

『안잊히는 일들』이라는 미당의 시집이 있다는 건 이미 잘 알려진 일이거니와, 그 스스로 "내 생애의 가장 창피한 일들"이라 기술한 대목에 대하여서도 아는 이는 알고 있을 것이다. 그리고 그가 '창피한' 일로 여겼던 일은, 바로 그가 일제 말엽에 발표한 몇 편의 '친일시'와 '산문 등을 말하는 것이라는 점도, 더 설명하지 않아도 알 만한 일일 것이다.

위의 시는 태평양 전쟁이 막바지로 치닫고 있을 무렵, 1944년 12월 9

일 《매일신보》에 게재된 미당의 시 「마쓰이 오장 송가」이다. 일본의 진주만 공격이 절정에 이르렀을 때, 일본 군국주의 가미가제 자살 특공대를 찬미하고 있다는 점에서, 그의 '친일시' 중에서도 주목을 받고 있는 시라고 볼 수 있다.

이 시에서 "경기도 개성 사람 / 인씨의 둘째 아들"이라 표현된 내용으로 볼 때, 그 '인씨'는 분명 조선 사람이요 '무모한 전술'에 동원될 수밖에 없었던 젊은 목숨이었음은 두 말할 나위도 없다. 그리고 그 '인씨'는 분명 1938년부터 시행된 국가총동원법과 육군특별지원병령 등 발악적인 전쟁분위기의 희생물이었다는 것도 우리는 잘 알 수 있다.

그런데 20대의 젊은 미당은, 그가 자서전에서 밝힌 대로 "정치와 전쟁 세계에 대한 내 무지와 부족한 인식" 탓으로 '가미가제 자살 특공대'를 찬미하는 글을 쓰고 말았다는 얘기다.

이는 정말 시인의식이 성숙되지 않은 20대에 저지른 실수라고는 할지라도, 너무도 순진하고도 무모한 전쟁에 대한 인식이었고, '무지'의 소치라고 말할 수밖에 없는 그런 것이었다.

말하자면 '물정 모르는' '순진한' 미당의 시인적 판단이 저지른 실수였고, 그의 생에, 역사에 씻기 어려운 오점을 남기고 만 결정적인 실수라고 말할 수 있다.

그런데, 문학평론가 김상일金相一씨는 「徐廷柱의 排日文學」(《계간문예》, 2007. 여름호)이라는 평론에서, 「航空日에」('친일시'로 지목되는 작품)라는 미당의 작품이 오히려 '저항으로서의 선택'이었다고 날카롭게 지적함으로써 주목을 받고 있다. 이에 대한 이해를 돕기 위해 평론의 중요한 대목을 여기 인용해본다.

실천문학사에서 발행한 "친일문학선집"은 포스트컬로니얼 비평을 시도하기 위한 귀중한 텍스트가 될 줄안다. 김규동 김병걸 이문구 등이 수집 번역 편집한 책으로 시기적으로는 일본 식민지시대 예의 국가총동원법 실시에 이어 眞珠灣 기습 이래 조선식량관리령, 國民徵用令, 학도근로령, 여자정신대령 따위 제령을 공포 실시하던, 그러니까 1941년부터 44년까지의, 일문전용 잡지 "국민문학"과 조선총독부 기관지(따라서 일문 전용) "매일신문"에 발표된 글쓰기를 주로 수집 번역한 것이다. 일본 식민지시대에 생존했던 작가들의, 두 셋을 제외한 거의 모든 글쓰기가 망라적으로 수록돼 있다. (중략) 아무튼 거의 모두를 일절 검토한 바 없이 '친일문학'이라는 범주 속에 묶어 처리했다는 데 문제가 있는 것이다.

— 《계간문예》, 2007년 여름호

문화는 원래 식민주의적이요 따라서 잡종적일 수밖에 없다. 더욱이 폭력에 따라 이미 모국어는 커뮤니케이션의 구실을 할 수 없게 되었고, 예의 국가총동원법을 위반하거나 식민지 체제는 감시의 네트워크가 전국토를 점령하고 있었으니 만일 이 감시망에 걸려들기만 하면 '제국신민'으로서 자격이 박탈되어 양곡배급이 중단되거나 '국민징용령'에 따라 규슈九州나 홋카이도(北海島) 혹은 태평양의 이름도 없는 섬에 유배되어 멸사봉공 석탄을 캐거나 포탄을 운반하는 따위 노동에 종사하지 않으면 안 되는 것이다. 당시 지정적으로는 국토를 떠난다는 것은 죽음을 의미하고 있었다. 死地 외에 다른 선택의 가지는 없었다. 미상불 글쓰기 가운데는 '친일적' 요소가 있었다. 그러나 그러한 경우에도 모든 가능성이 배제된 식민지에서 선택한 受苦(파토스)가 더 이상 견딜 수 없는 인내 끝에 끝없는 저항으로서의 선택이었고 만일 그렇다면 그러한 아포리아를 결벽 일변도로 매도할 수 없는 것이다.

— 《계간문예》, 2007년 여름호

앞에서 얘기한 「항공일에」라는 미당의 작품은 《국민문학》(1943년 10월호, 日文)에 발표한 작품이다. 이 작품을 발표할 당시 미당은 국민문학사의 기자였다. 따라서 국민문학사의 사주社主인 최재서崔載瑞의 청탁을 거절할 수는 없었을 것이다. 왜냐하면 "戰時下 문학잡지 따위는 귀금속과 같은 사치품 취급을 받고 있어 언제 폐간을 당할지 전전긍긍하지 않을 수 없는 형편인데다 더욱이 문화 일반을 사갈시하는 사회분위기 속에 늘 빈둥대고 있는 듯이 보이는 잡지사 기자 따위는 모름지기 징발 전선에 동원하여 포탄이나 운반하는 것이 皇國臣民으로서 마땅했을 것이었다." 그리고 "당국에선 기회만 있으면 기자놈들을 몽땅 잡아다가 九州나 北海島 탄광에 보내고자 호시탐탐 노리고 있는 실정이었을 테니 징용에만 끌려가지 않는다면 신분보장을 위해서 쓸개라도 내줄 수 있다는 의태를 보여줄 요량"으로 최재서의 청탁을 당연히 거절할 수는 없었을 것이라는 것이 김상일의 지적이다.

아무튼 그런 시대적 개인적 상황 속에서 쓰여진 미당의 작품이 바로 「항공일에」이다. 다음에 인용해보기로 한다.

여린 숨을 폭폭 내쉬며
내 귓가에서 자그마한 西雲女가
일곱 살 서투른 고향 말씨로
아이 하늘은 서울이래야
속삭이던 그 하늘이구나

마늘이랑 파랑 고추를 먹고
기름때 절은 하이얀 옷을 입은
뜨겁디 뜨거운 가슴을 안은 이들이
산비둘기 울던 노오란 길을
가고 가던 진초록
바로 그 하늘이구나

아아 애달파라 아직은 감을 수 없는 눈과 눈이여
잊을 수 없는 파아란 정
해 저물어 밤이 되면

별똥은 반짝거려
아아 애달파
지금은 사랑하는 사람들
스러져 나날이 하늘은 깊어만 가고

여기 있는 건 내 덧없는 몸짓과 말뿐
메아리와 파도소리와
해맑은 좁은 마당에
꽃축제 울리는
쇠가죽 북소리만 은은해

아아, 날고프구나 날고 싶어
부릉부릉 온 몸을 울려
사라진 모든 것
파랗게 걸린 저 하늘을
힘차게 비상함은
내 진작 품어온 바램!

　　　　—「航空日에」 전문(《國民文學》, 1943년 10월호, 日文)

　　한편, 위의 시에 대해 김상일金相一의 해석은 극명하게 이어진다. 앞에서 '排日文學'이라고 지칭한 바와 같이 위의 시 「항공일에」는 '저항으로서의 선택'이었고, '전율적 공포 속에서도 대일본 제국을 저주하고 그 멸망을 소망하고 축원'하는 시라는 해석이다.
　　그는 시의 전문을 한 행 한 행 해석해 내려갔는데, 그중에서도 가령 "여린 숨"이라든가 "西雲女", "하늘은 서울이래야", "마늘", "기름때 절은 하이얀 옷", "뜨겁디 뜨거운 가슴을 안은 이들", "잊을 수 없는 파아란 정", "여기 있는 건 내 덧없는 몸짓과 말뿐", "꽃축제" 등등의 언어들이 안고 있는 의미체계를 상세하게 해석해내고 있는 것이다.

글쎄, 이러한 해석에 대해 이의를 제기할 사람이 있을 수도 있다. 그러나 시는 일단 발표되면 독자들의 것이 된다. 김상일의 해석이 어느 만큼 설득력을 얻을 지는 미지수다. 다만, '생지옥 같은 식민지 현실이 지긋지긋 하게 싫어서,' '그걸 타고 한시라도 빨리 이승에서 해방되고' 싶음을 노래했다는 시를 '친일시' 일변도로 딱지를 붙여 매도하고 있는 현실이 안타까울 뿐이다. 이제는 그런 현실을 지양하고 좀 더 거시적인 입장에서 미당을 평가해야 하지 않을까 하는 생각이다.

'정치와 전쟁세계에 대한 내 무지와 부족한 인식' 때문에 저지른 실수였다고 참회한 미당, 그러나 그는 바로 그 '친일시'에 대한 '아픔'과 '회한悔恨'을 확실하게 떨쳐버리지도 못한 채 저 세상으로 갔다.

> 허허, 국민 여러분, 잘 봐주세요. 이 나라 잘 되려면 미래의 꿈나무인 어린이를 잘 키워야 합니다. 국민 여러분 모두 화합해 살아가야 합니다.
>
> —「유언」중에서

미당의 주치의(김부성 가톨릭대 교수)가 회장으로 있는 인간성회복운동협의회는, 위와 같은 '유언'이 담긴 인터뷰 필름을 공개했다. 2000년 12월 25일 미당의 빈소가 마련된 서울 일원동 삼성병원 영안실에서의 일이다. 이 '유언'을 접하면서 필자는, "잘 봐주세요"라는 대목이 목에 와서 가시처럼 딱 걸리는 걸 느꼈다. 왜 저 세상으로 돌아가시는 분이 "잘 봐주세요"라고 했을까? 이른바 '친일시'에 대한 '아픔'과 '회한'이 죽음 일보전의 순간까지도 남아있어서였을까?

한 시인의 정치적인 입장은 전혀 자유스러운 것이다. 강압에 굴한 것이 아니고 치부나 지위를 탐한 것이 아니라면 그로서는 『정직』이었을 것이다. 소신일 수 있다. 시를 팔지도 않았다. 그의 시정신은 항상 맑았다. 설령 시인의 자세를 꼿꼿하게 보지 못하는 눈이 있다고 하더라도 그것이 민주화를 위한 갈등이었다면 지금은 민주화의 시대다. 적과도 공존하는 것이 민주주의다. 화해 없이 민주주의는 없다.

— 金聖佑(《한국일보》 상임고문, 논설위원)의 논설문 중에서
(《한국일보》, 1991년 6월 3일자)

『화사집』 50년 기념 시제詩祭에 즈음하여 쓴 김성우 논설위원의 글이다. 가슴을 내려치는 듯한 시원스러움을 주는 문장이다.

그는 이어서 말한다. "이제 우리의 노시인을 더 이상 서럽게 하지 말자. 이 땅의 생존 시인 이름 하나만 들라면 서정주 말고 누구를 내세울 것인가. 그가 우리의 시인이 아니라고 우겨도 우리 시사詩史는 낯빛 하나 변하지 않고 태연할 수 있겠는가. 오늘의 우리나라 시인치고 미당의 시 그늘 아래서 자라지 않은 시인이 단 한사람이라도 있는가. 그는 "청산이 그 무릎 아래 지란芝蘭을 기르듯"(미당시 「무등을 보며」) 이 나라의 시인을 길러왔다. 시인뿐 아니라 시를 사랑하는 모든 사람이 그의 음운音韻에 적셔져 있다. 우리의 국민적 정조情調는 그의 시 없이 이만큼의 물기가 없었을 것이다. 미당이 아직 살아있다는 것은 노모가 살아있다는 것이나 다름없다. 그의 기침소리를 곁에서 들을 수 있다는 것은 동시대의 열복이다."

그러나 우리는 이제 그의 기침소리를 들을 수 없게 되었다. 그의 '기침소리'를 들을 수 없게 된 지금, 우리는 다시 그의 공功과 과過에 대해 생각해봐야 한다.

때마침 이명박 대통령은 "친일문제는 공과功過를 균형있게 봐야 한다"고 말한 바 있다. '친일인명사전 수록인물' 명단이 사회적 화제에 오르자 그는 '친일문제는 국민화합 차원에서 봐야 한다. 우리가 일본도 용서하

는데……'라며, 특히 미당에 대해서는 "서울시장 재직시절 미당 서정주 선생의 후손들이 생가를 매각해 빌라를 지으려던 것을 서울시에서 사들여 복원했다"며 "우리의 대표적인 시인인데 …… 잘못은 잘못대로 보고 공은 공대로 인정해야 한다"고 말한 바 있다.

 말하자면, 과거 정부(노무현 정부)에서 시행한 '과거사' 문제에 대하여, 정면으로 배치背馳되는 시각으로 'MB정부'는 말한 것이고, 공과功過를 균형있게 봐야 한다는 점을 강조한 것이다. 그리고 이명박 대통령의 그러한 지적은 적절한 것이고, 당연한 귀결로 받아들여지기도 한다.

 아무튼 미당이 떠나간 지금, 그가 죽음 일보전까지도 지니고 있었던 '아픔'과 '회한'들을 이제 영원한 시간 속으로 밀어내 버리고, 이제부터 우리는 미당의 시와 인생을 다시 얘기해야 된다.

 1941년 그의 첫시집 『화사집』을 낼 때부터 시작하여, 그의 마지막 시집 『80소년 떠돌이의 시』를 낼 때까지, 60여 년 동안의 그의 시와 인생을 차근차근 얘기해가야 한다.

 '실수'는 실수이고, 그가 남긴 명작시들은 두고두고 애송해야 되고, 그리고 자자손손子子孫孫 영원히 그의 업적을 기려야 하기 때문이다.

제3장

20대 무렵, 정신적 육체적 방황의 시기, 그리고 직정적 언어와 순나純裸의 미

1. 정신적 육체적 방황의 시기

앞에서 본고는, 미당의 일생을 '떠돌이'요 '바람'이었다고 말한 바 있다. '떠돌이'라는 말은 어쩐지 그의 일생 동안의 방랑을 지칭하는 표현 같고, '바람'이라는 말은 어쩐지 그의 20대적 방황을 좀 더 지칭하는 표현 같기도 하다.

따라서 본고는 그의 20대적 '바람'(방황)을 이제부터 따라가보기로 한다.

『화사집』무렵의 20대적 방황, 우리들 인간에겐 이 20대 무렵의 방황이 어쩔 수 없이 있기 마련이지만, 주체할 길 없는 정열로 어쩌지 못하던 청년 서정주도 역시 예외는 아니었다.

아니 오히려 다른 어떤 사람보다도 더욱 거칠고 끈끈하기만 했던 그의 젊은 질주는, 차라리 이 세상 끝까지 치달으려는 '바람'(「자화상」의 '八

割이 바람')의 질주 그것이었다고 해도 과언은 아니다. 물론 정신적인 방황이 공간적인 방황(혹은 방랑)을 낳는 것이긴 하지만, 그의 20대의 불길 같았던 방황의 발길은, 만주 벌판으로 혹은 절간으로 혹은 지귀도地歸島로, 그리고 때로는 넝마주이가 되어보기도 하고, 톨스토이나 보들레르의 흉내를 내며 곳곳을 누비거나 기웃거리거나 하며 어떤 지향의 걸음을 멈추지 않는다.

그리고 그런 지향의 걸음이 때로는 그리스 신화적 육정적 방황의 모습으로 나타나기도 하고, 때로는 아담과 이브와도 같은 원초적 윤리로 나타나기도 하며, 보들레르와도 같은 '밑바닥 참여'의 방황으로 나타나기도 한다.

사실 따져놓고 보면 20대의 그런 방황은, 그것이 치열하면 치열할수록 좋은 열매(결과)를 가져오는 연원淵源이 될 수도 있다. 석가의 방황이나 예수의 방황, 그리고 공자의 방황 등을 떠올려 보면, 어쩌면 청년 서정주의 치열한 방황도 큰 시인의 그릇을 예감케 해주는 젊은 날의 방황이었다고 얘기될 수도 있을 것 같다.

그의 20대적 방황은 여인에 대한 그리움으로부터 출발한다.

> 또 떠오르는 것은 樂園洞의 찌부러져 가는 지붕 밑에서 한 상에 10盞짜리 상밥을 지어 팔고 있던 그 고마운 상밥집의 딸이다. 나는 이틀동안 쓰레기통을 뒤지고 다닐 때 해 어스름 굴풋하여 지나가다가 이 집을 발견하고 들어갔던 것인데, 거기 하얗게 소복한 계집애 하나가 말뚝처럼 꼿꼿이 서서 마치 나 또는 나 같은 사람 누구를 여러해 기다리고 있었던 것 같은 눈을 하는 것이다. (중략) 그래, 나는 여기 이 계집애를 발견한 뒤 혼자 배고프면 더러 이 집을 드나들었지만, 단 한 번도 거기 그 애한테 말을 건네 본 일은 없고 말았다. 이것이 나다. 마음 속으로 가깝게 느끼면 느낄수록 여자 앞에서 오금을 바로 펴지 못하는 것이 나다. (중략) 그러나, 인제 시간이 오래 되어 돌아다보니 내 이 못난 氣質은 그런 대로 내게 한 힘을 주어 온 건 사실인 것 같다. 그것은

말도 않고 한 번 끌어안아 보지도 않았기 때문에, 이 계집애의 影像은 그대로 고스란히 살아 남아서 女性의 바다를 아직도 神秘한 것으로 비추고 있으니 말이다.

　나는 이보다 앞서 내가 나서 生長한 마을의 한 계집애의 옆에서도 꼭 똑같은 태도로 떠나왔었다. 그 애는 나와 같이 어린 때를 이웃에서 자란 한 살 위로, 내가 열 예닐곱 되어 마을에 들러 지나가면 모시밭 사잇길로 물동이를 이고 지나가다간 멈춰서서 엿보기도 더러 해주었고, 나도 마음 속으로 많이 그리했다. 그러나, 이 눈치를 알아채고 그 집 할머니가 안 찾던 우리 할머니를 자주 찾아다니는 걸 보고도 나는 내 할머니에게까지도 내가 그 애를 좋아한다는 것을 못 알리고 말았다.

—『서정주 문학전집』 3권, p.172

　보들레르도 사바체 부인夫人이라는 여자 앞에서 '오금을 바로 펴지 못하는' 그런 모션을 보이다가, 여자가 송두리째 대들자 도망쳐 버렸다는 얘기가 있다. 이 무렵 보들레르를 사숙私淑했던 문학청년 미당에게 있어서는 보들레르의 그런 모습이 어쩌면 친밀감을 주었을지도 모른다. 아무튼 이 무렵의 '상밥집 소녀'나 '모시밭 사잇길로 물동이를 이고' 가던 계집애의 영상影像은, 그에게 매우 강한 인상으로 남아 있었던 것은 분명한 사실인 것 같다. 이보다 먼 뒷날 50대까지도 '그 계집애들의 영상'이 강하게 살아남아서 「冬天」이나 「秋夕」 등의 시에 '그 길던 눈썹'이 영상으로 떠오르는 것을 보면 그렇다.

　그러나 그의 20대적 방황은 여인에 대한 그리움만으로 멈추지는 않는다.

　그가 그의 자서전 「天地有情」에서 밝히고 있는 것을 보면, 그의 문학적 지향(방황)은 대단했던 것으로 파악된다. 그의 부친 서광한徐光漢은 일제 시대 억눌려 살았던 자신의 처지를 자식들에게만은 이어받지 않도록 하기 위해, 큰 아들인 미당을 법관이 되었으면 하고 기대했던 것으로 보인다. 그러나 그는 부친의 그런 뜻과는 정반대로 '18세의 톨스토이 팬'이 되어 빈민촌으로, 제주도로, 합천 해인사로 방황하고 다녔다고 술회하고 있으며, 그보다 더 어렸을 때인 13세 때(소학교 3학년 때)에는 일본인 여선생 요시노로부터 귀여움을 독차지하기도 했고, 그리고 그것이 첫사랑(?)과도 같은 연모의 정으로 남아서, 먼 훗날 그의 시에 오르기도 한다. 그리고 그 무렵 요시노의 사랑을 독차지하게 된 배경에는, 그 때 썼던 「아침 안개」라는 시작품이 계기가 되었던 듯하며, 그 후 17, 18세 때에는 그의 형제자매간의 동인지인 《무지개》를 만들어 낼 만큼 어린 날의 문학적 지향이 대단했던 것 같다.

또한 그의 부친도 지방현에서 베푸는 백일장에 '장원壯元'을 할 만큼 문장가였던 것을 참고로 한다면, 그는 어쩌면 시적 천품을 타고난 사람으로 생각되며, 20대에 이미 그가 문단의 주목을 받으며 데뷔한 일이나 시집을 펴낸 일들은, 그같은 시적 천품이나 문학적 지향(방황)의 필연적 귀결이라고 볼 수 있다.

서정주의 첫 시집 『화사집』이 나온 것은 1941년, 그의 나이 26세 되던 해의 일이다. 이 시집은 그가 1936년 《동아일보》 신춘문예에 시 「벽」이 당선되고, 같은 해 11월에 동인지 《시인부락》을 통하여 '세상에 그 찬란한 비늘을 번뜩인 지' 5년 만에 내놓은 그의 처녀 시집이다.

이 무렵 그는, 우리 시단에 첫 얼굴을 보이기 시작하면서부터 이미 두각을 내기 시작하였으며, 그 자신의 시의 경향을 '人生派(生命派)라고 규정하기도 했다.

  1936년 11월에 간행된 『시인부락』誌는 필자의 창간한 바로서, 우리들의 중심 과제는 늘 '生命' 탐구와 이것의 集中的 표현에 있었다. '人間性' ― 그것은 늘 우리들의 뇌리와 심중에서 떠날 수 없는 것이었다.
  吳章煥의 저 모든 육성의 통곡이나 부족한대로 필자의 고열한 생명상태의 표백 등은 모두 상실되어 가는 인간원형을 돌이키려는 의욕에서였던 것이다.
  회고컨대, 이것은 鄭芝溶流의 감각적 기교와 경향파의 이데올로기 ― 어느 쪽에도 안착할 수 없는 심정의 필연한 발현이었던 듯이 기억된다. 하여간 우리가 잠복한 세계는 언어기교도 아니요, 자연도 아니요, 외래사조도 아니요, 다만 '사람' 그것 속이었다.

― 서정주,「現代朝鮮詩略史」(『現代 朝鮮 名詩選』, p.266)

이러한 서정주 자신의 말은, 그 당시 한국시단에로 향한 청년시인으로서의 패기와 그 어떤 저돌성을 보여주고 있으며 상당한 설득력을 지니고 있는 말로도 생각할 수 있다.

즉, 이 말은 '人生派(生命派)의 성격에 대한 설명으로 볼 수 있는데, 1930년대 초 주로 언어의 조탁彫琢에 치중했던 시인들이나 혹은 기교주의적인 모더니즘 시들, 특히 1920년대의 경향파傾向派의 시들에 대한 대립적 입장을 그 내용으로 하고 있다. 그만큼 그는 이 무렵의 언어기교에만 치중했던 시들이나 모더니즘 시, 그리고 경향파(프로문학파)의 시들에 이미 식상해 있었던 듯이 보이며, 따라서 "'사람' 그것속"에 직핍直逼하고자 하는 '인생파生命派'의 시를 우리에게 보여주고 있다고 할 수 있다.

사실 이 무렵, 그의 시들 속에서 인간의 원죄의식이나 원색적 육정肉情, 그리고 언어기교를 도외시한 직정적直情的 언어 등을 찾아내기는 그리 힘든 일이 아니다. 가령 이 무렵 그의 시「花蛇」나「자화상」,「문둥이」,「대낮」,「正午의 언덕에서」,「麥夏」,「입맞춤」,「부엉이」등을 보면 바로 그런 육정적 호흡이나 직정적 언어를 실감하게 된다.

그리고 이러한 경향의 시들은, 말하자면 그 당시로서는 새로운 시적 지향이랄까, 아니면 새로운 시적 질서를 찾아보려는 방황이랄까, 아무튼 그에게 있어서의 이 무렵은 새로운 의욕에 넘치는 문학청년적 방황의 시기였다는 점만은 부인할 수 없을 것 같다.

그리고 또 한편으로는 이 시인의 그러한 '방황'을 우리는 유념하지 않을 수 없으며, 어쩌면 걷잡을 수 없었던 그런 방황을 추적하는 일이 이 시인의 이 무렵의 시를 이해하는 단초가 될 수 있으리라고 믿는다.

아무튼 이 '방황'의 시기, 20대의 정신발전의 과정을 공자는 '志于學'이라 했다. 즉 '일생을 학문에 바치기로 결심하고 학문으로 인생에 이바지하려는 뜻을 가지게 되는' 나이라고 말한 것이다. 그리고 이러한 정신발전과정(공자는 스스로의 정신과정을 말한 것이지만, 모든 인류에게 통용되는 논리로 받아들이고 있음)은 시인과 그 작품을 이해하는 데에도 한 참고가 되리라고 믿는다.

특히 시인 서정주의 경우, 정신발전의 과정이 시집마다 극명하게 집히는 시인이기 때문에 그렇기도 하거니와, 궁극적으로는 시라는 것이 시인의 정신(정서)의 산물이고, 정신의 중핵中核 속에서 얻어지는 산물이기 때문에 더욱 그러한 것이다.

다음의 내용은 이 같은 정신과정의 한 단서가 될 것으로 보인다.

1935년 4월 나는 石顚스님의 권고를 다시 받아 그 분이 교장으로 계셨던 中央佛敎專門學校에 입학했다. (중략) 학교에 들어가니, 몇 문학청년이 거기 끼여서 기다리고 있었다. 그 중에도 咸亨洙라는 청년이 좋은 아래턱 수염을 달고, 투르게네프 풍의 느린 웨이브가 고운 장발을 아주 길게 늘이고 (중략) 조선일보에 趙澤元 무용평의 반페이지 특집도 내고, 또 무엇도 쓰고 해서 일찌감치 교내 학생명사가 되어 있었지만, 내가 시단에 정식으로 들어선 것은 그보다 한 걸음 늦게 1936년 新春 東亞日報에 내 작품 〈壁〉이라는 것이 당선된 뒤부터였다. 그것도 이 현상에 응모해 된 것이 아니라 몇 해 전부터 여기

가끔 기고해 왔던 관계로, 1935년 늦가을 어느때 심심해 이걸 기고해 둔 것이 신문사 책상 위에서 어쩌다가 현상 응모 원고와 혼동된 것인지, 뜻하지 않게 뽑힌 것이다.
    그해 1936년 가을 咸亨洙와 나는 둘이 같이 통의동 보안여관이라는 데에 기거하면서 金東里 金達鎭 吳章煥 등과 함께, 《詩人部落》이라는 한 시의 동인지를 꾸며내게 되었다. 그 때 내가 기초한 창간호의 편집후기에 보이는 것과 같이, 우리는 한 정신의 편향을 바라지 않고, 여러 지향들을 합해 이루는 한 심포니를 만들어보려 했던 만큼, 동인들의 정신지향은 자세히 보면 여러 갈래였지만, 사람의 기본자격 그것을 주로 생각한 점에서는 누구나 모두 일치했던 걸로 본다. 이 기본자격을 향한 짙은 향수, 기본자격을 박탈 당하는 이들의 울부짖음과 몸부림, 이 기본자격을 향한 벅찬 질주, 이것은 이 때 우리들에겐 한 불치의 숙명처럼 되었던 것이다.

—「天地有情」(『서정주 문학전집』 3권, p.176)

    그는 이 20대를 전후하여 문학청년들과 어울려 문학적 지향을 하였으며, 《동아일보》의 독자 투고란에 투고한 것이 인연이 되어 「벽」이라는 작품이 신춘문예에 당선되었고, '기본자격을 향한 벅찬 질주를 하며' 동인지 《시인부락》을 탄생시켰다고 진술하고 있다. 말하자면 미당 서정주의 '시의 한 생애'가 이 20대를 전후하여 시작되었으며, 이른바 공자가 말한 '志于學'의 정신과정에 있었던 것이다. 그리고 그만큼 그 무렵 그의 시적 지향과 몸부림은 대단했던 것으로 파악할 수 있다.

2. 직정적直情的 언어와 순나純裸의 미

    미당 서정주 — 그가 태어난 곳은 고창군 부안면 선운리, 속칭으로는 '질마재' 마을이다.
    선운사禪雲寺의 소요암逍遙庵이 있는 소요산의 중허리, 이 모퉁이에서

서쪽으로 내려가면 변산반도 안으로 감돌아든 서해바다의 한 자락이 나오고, 그 개浦를 두르고 있는 소요산 밑으로 드문드문 인가人家가 보이는데 그곳이 바로 질마재 마을이다. 이 마을과 통하는 길은 인촌仁村 김성수金性洙 선생의 출생지이기도 한 '인촌'이란 마을을 거쳐서 줄포茁浦로 가는 방향과, 고창 해안선으로 가는 방향, 두 갈래 방향이 있으나, 두 갈래 길이 모두다 갯나루를 건너야만 갈 수 있는 그런 곳, 지리적으로는 매우 구석진 마을이라고 할 수 있다.

　원래 이 '질마재'라는 마을 이름은, '길마'(수레를 끌 때 마소의 등에 안장같이 얹는 제구, '질마'는 구개음화가 안 된 상태)와 같은 형국으로 된 고개, 즉 '길마' + '재'(고개) → '질마재'가 된 것이다. 이 고개는 큰 준령은 아니지만, 미당의 부친이 밤길에 이 고개를 넘다가 호랑이한테 '모래벼락'을 맞았다는 얘기가 전해질 만큼, 비교적 준엄한 산세이다. 그리고 그 산줄기는 소요산으로 이어지고, 바로 그 소요산 아래 드문드문 자리한 마을이 질마재 마을인 것이다.

　그는 이 마을에서 부친 서광한徐光漢과 '어부 남편을 잃은 과부의 딸'인 그의 모친 사이에 5남매 중 장남으로 태어났다.

　그의 부친 서광한—그는 일제 36년 동안 대다수의 우리 아버지들이 그랬듯이, 농사를 짓는 일방, 심지가 굳은 선비생활로 일관하다가 타계한 사람으로 보인다. 그는 처음 심원면 고전리高田里라는 마을에서 몽학훈장蒙學訓長을 한 적도 있으며, 그의 부친이 술과 노름으로 탕진한 가산家産을 일으키기 위해 '농감'(農監, 舍音, 마름)을 한 적도 있어서, 그 덕택으로 어느 만큼의 재산도 모았고, 장남인 미당을 인촌仁村이 경영하는 중앙고등보통학교에 입학시킬 수도 있었다. 또 아들이 법관이 되어주기만을 기대했으나 부친의 그런 기대와는 달리 미당은 '식민지 노예교육 반대운동'의 주모자로 퇴학당했고, 다시 1931년 고창보통학교에 입학시켰으나 자퇴했으며, 그 후 중앙불교전문강원에 다시 입학시켰으나 오래잖아 다시 자퇴했다. 앞에서 얘기한 바와 같은 문학청년적 방황의 시기로 접어들면서, 만주 등지의 방랑생활을 거쳐 동대문여학교의 촉탁 훈도로 있을 때, 그의 부친 서광한은 1942년 여름 타계하고 만다.

다음과 같은 미당의 회고는 좋은 참고가 될 것 같다.

> 내 아버지만은 그래도 一生 동안에 그 굳은 바위 속에서 나와 단 한 번이지만 내게 양보를 한 일이 있다. 그것은 내가 中央學校에서 퇴학 맞고, 잠깐 동안 집에 있다가 다시 서울 西大門 감옥을 들러 나온 뒤였는데, 내가 그 仁村宅의 농감을 그만두라는 데에 동감해 실행한 일이다. 仁村은 그 때에도 그분이 부리는 사람들도 나이로만 상대해서, 仁村 그보다 나이 위인 내 아버지한테는 꼭 존대말을 썼지만, 그의 양아버지 — 동복영감(*金祺中을 그렇게 부르며, 이 同福영감에겐 아들이 없어 仁村이 양자 들었음)의 小室 胎生의 아우는 그보다 훨씬 나이가 위인 내 아버지한테도 항시 반말을 써서, 내 아버지도 그걸 집에 오면 가끔 한탄했었고, 나도 그게 어려서부터 마음에 걸려서 지내오다가 (중략) 그걸 아버지는 전해 듣고 즉시 仁村宅의 일보는 걸 一切 다 그만 두고 우리 식구들을 이끌고 高敞 읍내로 이사해 버린 것이다.
>
> —『서정주 문학전집』 5권, p.20

위의 인용을 참고로 하면, 미당은 그의 부친이 '農監'을 하던 것을 늘 불만스레 생각하고 있었던 듯하다. 잘 알려졌다시피 인촌仁村 김성수金性洙 선생댁이 전북 고창군 줄포에서 살다가 서울로 이거移居하게 됨에 따라, 미당의 부친(徐光漢)이 농토 관리인('농감', '舍音', '마름')을 하게 된 것인데, 동복영감의 아들(小室의 아들, 이름은 김재수)은 그의 '부친보다 10살 아래인데도 부친에게 늘 반말'을 하는 점들이 특히 '마음에 걸려' 있었던 듯하다.

더구나 그는 초기작 무렵에 '直情言語' 나 '純裸의 美' 의 형성을 일종의 시적 수사의 방법으로 채택하고 있었다고 볼 수 있기 때문에, 그런 일련의 요인들이 '애비는 종이었다' 는 구절을 탄생시킨 동기가 된 것으로 보인다.

　　애비는 종이었다. 밤이 깊어도 오지 않았다.
　　파뿌리같이 늙은 할머니와 대추꽃이 한 주 서 있을 뿐이었다.
　　어메는 달을 두고 풋살구가 꼭 하나만 먹고 싶다 하였으나 …… 흙으로 바
　람벽한 호롱불 밑에
　　손톱이 까만 에미의 아들
　　甲午年이라든가 바다에 나가서는 돌아오지 않는다 하는 外할아버지의 숱
　많은 머리털과 그 크다란 눈이 나는 닮았다 한다.

　　스물 세 햇 동안 나를 키운 건 八割이 바람이다.
　　세상은 가도 가도 부끄럽기만 하드라.
　　어떤 이는 내 눈에서 罪人을 읽고 가고
　　어떤 이는 내 입에서 天痴를 읽고 가나
　　나는 아무것도 뉘우치진 않을란다.

　　찬란히 티워오는 어느 아침에도
　　이마 위에 얹힌 詩의 이슬에는
　　몇방울의 피가 언제나 섞여 있어
　　볕이거나 그늘이거나 혓바닥 늘어뜨린
　　병든 수캐마냥 헐떡거리며 나는 왔다.

　　　　　　　　　　　　　　　　　　—「自畵像」전문

　굳이 미당의 출신 혈족을 따지자면, 그는 양반계 혈족이다. 그는 달성 서씨徐氏요, 조선 왕조 때 성균관 대제학을 지낸 사가四佳 서거정徐居正의 후예이다. 그리고『國史大事典』(李弘稙 편, 대영출판사, 1976)을 뒤적거

려 보면 서거정徐居正이 그의 혈족인 것을 확인할 수 있고, 달성 서씨 족보에는 그의 고조부(徐致輔)가 조선왕조 때 부호군(副護軍 : 從三品)이었던 것도 확인할 수 있다. 그런데 위의「자화상」첫줄에서 그는 "애비는 종이었다"고 노래한 것이다.

T. S. 엘리어트는 '가끔 시인은 우연한 기회에 그 시대의 감정과 거리가 먼 자신의 감정을 표현할 때, 동시에 그 시대의 감정을 표현한다'고 말한 바 있다. 위의 시「자화상」은 그러한 엘리어트의 말을 떠올리게 하는 작품이라고 할 수 있다. 특히 허두의 '애비는 종이었다' 는 구절에서 우리는 시적 자아의 현실과 당시의 시대적 현실(식민지시대)이 서로 일치되는 것을 볼 수 있다. 그러나 여기서 분명히 짚고 넘어가려는 것은 미당의 '애비' = '종'(下人輩)의 논리를 적용시키려는 뜻은 전혀 아니다.

잘 알려졌다시피 '農監'이라는 자리는, 지주地主를 대신하여 소작인小作人들을 지도 감독하는 사람이다. 흔히 옛스런 말로 '마름'이라고도 불렀고 '舍音'이라고 부르기도 한 그런 자리였다.

그런데 문학평론가 백철白鐵은 그의 평론『新文學思潮史』에서 미당을 일컬어 '나면서부터 특수한 혈족'(이병기·백철 공저,『國文學全史』(新丘文化社, 1972) p.440 참조)의 사람이라고 표현함으로써, 마치 미당이 하인배下人輩 계통의 혈족인 것처럼 이해하고 있는 것 같으나, 그것은 전혀 근거도 없을 뿐만 아니라, 시 해석상의 오류라고 단정해도 좋을 것 같다.

다시 말하면, 미당의 아버지(徐光漢)가 '仁村宅의 農監'을 했다는 사실이 '애비는 종'의 시적 모티브는 되었다고 할지라도, 그걸 지나치게 직서直敍적으로 받아들여서 아예 '종'이라는 신분(종래의 하인배 혈족)으로 해석해 버린다는 것은 가당치 않다는 말이다. 그리고 만약 그런 식으로 시를 해석하기로 한다면 다음에 인용하는 미당의 시 「엽서」는 어떻게 해석해야 될지 의문이 아닐 수 없다.

> 머리를 상고로 깎고 나니
> 어느 시인과도 낯이 다르다.
> 꽝꽝한 이빨로 웃어보니 하늘이 좋다.
> 손톱이 龜甲처럼 두터워가는 것이 기쁘구나.
>
> 소쩍새 같은 계집의 이얘기는, 벗아
> 인제 죽거든 저승에서나 하자.
> 모가지가 가느다란 李太白이 처럼
> 우리는 어째서 兩班이어야 했더냐.
>
> 포올·베르레느의 달밤이라도
> 복동이와 같이 나는 새끼를 꼰다.
> 巴蜀의 울음소리가 그래도 들리거든
> 부끄러운 귀를 깎아버리마.
>
> ―「엽서―東里에게」 전문

1936년, 미당 자신의 하숙집에 《시인부락》의 간판을 내걸고 함형수咸亨洙, 김동리金東里, 김상원金相瑗 오장환吳章煥 등과 더불어 동인지 《시인부락》을 펴내게 된 것은 잘 알려진 일이다. 위의 작품 「엽서」는 이 무렵부터 깊어진 김동리金東里와의 교우관계를 느끼게 해주는 작품이라고 할 수 있다. "소쩍새 같은 계집의 이얘기는, 벗아 / 인제 죽거든 저승에서나 하자"와 같은 구절을 통하여 그들의 돈독한 교우관계를 확인할 수 있게 해준다.

얼마나 많은 시간 동안 그들의 청춘의 대화 속에 "계집의 이얘기"가 있었길래, "巴蜀의 울음소리가 그래도 들리거든 / 부끄러운 귀를 깎아버리마"라고 했을까. 여기서 물론 "巴蜀의 울음소리"는 저승에 간, 혹은 저승처럼 멀리 있는 '계집'의 울음소리를 말하며, 그것은 바로 시인의 다른 작품 「귀촉도」에도 보이는 '巴蜀三萬里'의 그 '巴蜀'과도 궤를 같이 하고 있다.

한편, 이 시에서 "우리는 어째서 兩班이어야 했더냐"는 구절은, 미당의 다른 작품 「자화상」의 "애비는 종이었다"는 구절과 서로 상치되는 것으로 읽을 수 있는 구절이다.

그러나 앞에서 얘기한 것처럼 미당은, 성균관대제학成均館大提學을 지낸 서거정徐居正의 후예로서 '兩班'의 가계에서 태어났음이 분명하다. 그러므로 '農監'을 했다는 사실은, "애비는 종이었다"는 표현의 시적 모티브로서 작용하고 있을 뿐, 이 작품을 쓴 1936년 무렵의 시대적 상황을 감안한다면, 또 다른 확대 해석을 가능하게도 한다. 그리고 그 점에 대하여는 미당 자신도 "아니야 그건 상징적인 작품일 뿐이지. 이 「자화상」은 내가 스물세 살 때에 쓴 것인데, 우리네 농촌 산골에서 흔히 볼 수 있는 옛 조선 사람들의 자화상이야"라고 말함으로써 그러한 확대 해석을 밑받침해주고 있다.

하지만, 또 다른 한 편으로는 시작품이 일단 발표되고 나면 그것은 이미 독자의 것이 되어버린다는 점을 잊어서는 안 될 것이다. 따라서 이 「자화상」도 작자 자신의 술회의 내용 여하에도 불구하고 직서적 의미로 받아들여질 수 있는 대목이 상당히 많다는 것도 간과할 수만은 없는 사실인 것이다.

가령, "甲午年이라든가 바다에 나가서는 돌아오지 않는다하는 / 外할아버지" 같은 구절도, 실제의 사실과 합치되고 있다. 미당의 자술自述에 의하면 그의 외할아버지는 어부로서, 바다에 나가 영영 불귀의 객이 됐다는 것이다. 그리고 이보다 훨씬 뒷날 쓰여진 시 「외할먼네 마당에 올라온 海溢」(제5시집 『동천』)이나, 혹은 제6시집 『질마재 신화』에 수록돼 있는 '海溢' 등의 내용이 모두 그런 미당의 자술自述과 합치되고 있는 것이다.

또한 실제의 사실에 근거하고 있는 구절이 그뿐 만도 아니다. 가령 "스물세 해 동안 나를 키운 건 八割이 바람"이라는 구절도, "자화상"은 내가 스물세 살 때에 쓴 것"(미당의 自述)이라는 말과 합치되고 있어서, 바로 직서적 내용으로 받아들여질 수 있는 요소들이라고 할 수 있는 것이다.

특히 그 중에서도 "八割이 바람"이라는 구절은, 그 추상성의 표현에도 불구하고 오히려 놀라운 솔직성으로 어필해오는 말이라고 할 수 있다. 말하자면 이 "八割이 바람"이라는 구절과 시집 『화사집』 무렵의 일군의 시들 사이에는, 연역과 귀납의 논리가 성립된다. 즉 『화사집』에 수록돼 있는 시의 대부분이 문학청년적 방황의 시절에 쓰여진 작품이랄 수 있기 때문에, 그 무렵의 작품들은 "八割이 바람"이던 날의 산물이랄 수 있고, 또 그것을 바꾸어 생각해 『화사집』에 수록된 시들을 각각 미시적으로 들여다보면, 그 낱낱의 작품들에는 예의 그 '바람'이 스며 있다고 말할 수 있다.

그러므로 이 무렵의 작품들에는 그 '바람'이 거의 모든 시를 점유한다고 볼 수 있다. 그리고 그 '바람'(방황)의 수위水位를 가늠하는 일이 이 무렵 그의 시를 이해할 수 있는 지름길이 되지 않을까 싶다.

가령, 그 '바람' 가운데에는 "병든 수캐마냥 헐떡거리며" 치달리던 바람(『자화상』)도 있고, "石油 먹은 듯 …… 石油 먹은 듯 …… 가쁜 숨결"의 바람(『화사』)도 있으며, "땀 흘려 땀 흘려", "아편 먹은 듯" 취하던 바람(『대낮』)도 있고, "짐승스런 웃음"(『입맞춤』)을 웃으며 "윙윙거리는 불벌"로 달려들던 바람(『正午의 언덕에서』)도 있다.

또 다른 '바람'으로는 "괴로운 서울 여자를 / 아조 아조 인제는" 잊어 버리고 "눈썹이 검은 금女동생"을 얻어서 수대동에 살고자 하는 바람(「水帶洞 詩」), "길은 항시 어데나 있고 / 길은 결국 아무데도 없는" 바다 한 가운데 망연한 위치에 서서, 세계의 어느 곳이든 치달려 가고자 하는 바람(「바다」)도 있지만, 좀 더 시선을 달리해 보면 이승 저편의 "한 번 가 선 소식 없던 그 어려운 住所"로 가버린 '睫娜'까지도 찾아 헤메는 바람(「復活」)도 있는 것이다. 말하자면 이 무렵의 그의 시에는, 육체적 방황(바람)도 있지만 정신적 방황(바람)도 있다. '놀라운 솔직성'으로 말하는 육정肉情도 있고, '원시적 생명성'의 추구도 있으며, 보들레르에게서 배울 것은 다 배운 '나르시즘의 한 절정'을 보이는 방황도 있고, '두뇌의 무게보다는 오히려 심장의 무게'가 실린 그런 방황도 있다.

그런가 하면 '운명적인 業苦'를 생각하는 방황(「문둥이」)도 있고, '일제 암흑기에 대한 뜨거운 분노'가 '응결'(「壁」)되어 있는 그런 방황도 있다.

아무튼 이 『화사집』 무렵의 시에서 보여준 그러한 솔직성이나 방황들이 어디에서 산출된 것인가를 우리는 생각해볼 필요가 있다(우리네 일반 사람들은 보통 자기를 미화시키거나, 아니면 솔직한 자신의 모습을 은폐 시키는 경우가 많이 있음). 그리고 그런 점에서 이 무렵의 그의 시적 특성을 찾아야 하리라고 믿는다. 말하자면 "八割이 바람이다"라는 그의 시 구절처럼, 젊었던 진실로 젊었던 정신적 육체적 방황의 시기, '병든 수캐마냥' 헐떡거리며 왔던 방황의 모습을 적나라하게 작품 속에 투영시키고 있고, 그리고 그것은 바로 시적 리얼리티를 더욱 확실하게 각인시켜 주는 요소가 되고 있다.

그리고 그것은 '직정적 언어'나 '純裸의 美'의 형성을 노렸던 그의 시작 의도에서 비롯된 산물이었다고 생각해야 된다. 또한 이 무렵의 그의 작품이 가치가 있다면, 우리들 인간이 지닌 20대의 방황의 특성이나, 시인 자신의 솔직한 자아가 진실하게 표출되고 있다는 점에서 그 가치를 찾아야 되리라고 믿는다.

제4장

30대 무렵, 유산 상속과 정서적 안정의 시기 그리고 전통적 정서와 시적 사유의 세계

1. 유산 상속과 정서적 안정의 시기

'8할이 바람'이던 시절, 20대의 그의 '잔치'는 끝나고 말았다. 30대 무렵에 쓴 그의 「행진곡」이라는 시의 첫 구절에 "잔치는 끝났더라"라는 표현이 보이는데, 그야말로 불길 같았던 20대의 육정적 잔치는 끝나고, 그의 야생적野生的 고삐는 일단 얽어매어지게 되고 말았다. 물론 그의 '떠돌이' 기질이야 영영 잠재울 수 없는 것이기도 하지만, 부친의 타계로 인한 유산 상속과 대처자자帶妻子者로서의 부양 의무감 등이 그의 야생적 고삐를 붙들 수밖에 없었고, 가정적 안정과 동시에 정서적 안정을 강요당하지 않을 수 없었다.

> 1942년 늦가을에 나와 내 아내와 내 아들 升海 세 식구는 돌아가신 내 아버지의 遺産의 일부분으로 漢江 건너 『검은 돌』(黑石洞)에 아주 조그만 새 집 한 채를 마련했다.

구멍탄도 한 목 한 겨울치를 闇去來로 사다 들이고, 김장이라는 것도 제대로 다 해보고, 아내의 여우목도리, 그런 것도 못해보던 것이라 時局에 영 어울리지 않는 대로 하나 사서 두르게도 해 보고— 그 돈이라는 것이 너무 없어서 해 보고 싶어도 도무지 못 해왔던 것은 그래도 골라서 몇 가지쯤은 해 보았다. 이런 일은 제 힘으로 고생해서 번 돈이 아니라, 유산이란 걸로 그걸 손에 잡아보는 사람들이 거의 한동안씩은 해보는 일일 것이다.

그렇지만, 때는 벌써 二次大戰의 고비에 와 있어서 우리 세 식구의 오붓한 새집 살림이라는 것도 제대로 계속될 수는 없었다.

— 「천지유정」 중에서

서정주의 제2시집 『귀촉도』가 나온 것은 1946년, 그의 나이 31세 되던 해의 일이다. 이 시집은 그가 세칭 '人生派'라고 불리우며 내놓은 제1시집 『화사집』 이후 5년 만의 발간이며, 앞에서 말했지만 그의 부친 서광한 徐光漢이 사망함에 따라 그 유산을 정리하고, 서울 흑석동黑石洞에 처음으로 집을 마련한 뒤에 얻은 소산물이다.

말하자면 이 무렵은 그가 인생에 태어나 가장家長으로서의 구실을 처음 시작한 때이며, 처자식을 거느린 무거운 책임이 얽어매어진 때여서, 문학청년적 방황을 일삼던 20대와는 달리 그의 연치年齒는 인생의 또다른 무엇을 맛보고 있었던 때라고 할 수 있다.

그러나 『귀촉도』 무렵의 정서적 안정, 그것이 그렇게 쉽게 찾아들 수 있는 것이었을까? 공자가 말한 대로 그의 나이 30대 '이립而立'의 정신과정에 진입했기 때문이었을까?

아무튼 이 무렵의 그는 20대 무렵의 정열적 육정적 '질주'와는 달리, 기항지寄港地에 들락거리는 여의 배船들과도 같이, 이제는 '한 취직자가 되어' 가솔들을 거느릴 수밖에 없는 처지가 되고 만 것이다.

그러나 또 한편으로 생각해보면, 미당의 30대의 '안정'이 대처자자帶

妻子者가 됐다는 것만이 이유의 전부는 아닐 것이며, 또 갑자기 찾아든 순풍順風만도 아니었을 것이다. "한 송이의 국화꽃을 피우기 위해 / 봄부터 소쩍새는 그렇게" 울었던 것처럼, 그 '안정'을 가져오는 데에는 여러 가지 복합적 요인이 있었을 것임을 짐작하게 된다.

우선 생각할 수 있는 그 하나는, 20대의 정신적 육체적 방황에 대한 강한 회의로부터 비롯됐을 것이라는 생각을 하게 된다. 20대의 불길 같았던 그의 강한 질주(방황)는 결국 본능과 도덕 사이의 심한 갈등을 빚게 되었을 것이고, 내면적 자아와 현실적 자아 사이의 심한 충돌이 있었을 것임을 우리는 어렵지 않게 짐작할 수 있다. 따라서 그는 20대의 그런 강한 정열적 생명현상의 도취로부터 다소나마 수습해야 되겠다는 생각을 할 수 있게끔 되었을 것이며, 그리고 바로 그 점이 우리 고유의 정서 등에 눈을 돌리는 시적 전기轉期를 마련할 수 있었던 것이 아닌가 하고 생각하게 된다.

또 다른 하나는 그의 부친의 타계他界에서 그 이유를 찾고 싶다. 앞에서도 잠깐 얘기했지만, 그의 부친은 몽학훈장蒙學訓長이나 농감農監 등을 하면서까지 가산을 일으키려 애를 쓴 장본인이었고, 장남인 미당만은 '어려서는 학교공부를 아주 잘해서, 帝國大學에 보내 法學을 시킬 작정'이던 부친이었다. 그런데 자식은 엉뚱하게, 貧民窟로 절간으로 어디로 다니다가 하필에 佛敎專門을 골라 들어가더니, 그거마저 놓아두곤 바람처럼 흘러만 다닌다. 집에 어쩌다가 새어 들어와도 안방에 들어와 단 5分을 오붓이 앉아보는 일도 없이 제 방에 두꺼비같이 웅크려 박혀서는 아버지가 어쩌다가 올라가 窓門을 열어봐도, 군불을 지피고 있어도, 영 모른 체 누워만 있다. 아들의 속을 모르는 아버지는 많이 답답하기만 할 수밖에 없었다. 어느 날이던가 窓門을 열어도 영 기척이 없으니까, "이놈아 너는 사람이 아니다. 뻘(진흙)로 만든 놈이지, 사람은 아니여……" 하던 부친이었다.

그의 부친의 호는 석오石悟 이름은 서광한徐光漢이다. 그는 일제 삼십육년 동안 대다수의 우리의 아버지들이 그랬듯이, 어쩌면 '不當한 一生'을 '소 길들여지듯' 산 주인공이었다. 그리고 그런 그가 한 많은 일생을 뒤로 하고 1942년 여름 타계한 것이다.

『효경孝經』에 보이는 유교적 효도관념(*공자의 제자 증자曾子의 문인이 편한 책 『효경』에는 '身體髮膚는 受之父母라, 不敢毁傷이 孝之始也요, 立身行道하고 揚名於後世하여 以顯父母 孝之終也니라'는 효도관이 있음) 속에 아직도 많이 젖어있는 우리 민족, 그리고 그 중의 한 사람인 미당에게도, 부친의 죽음 앞에선 정신의 한 변화를 가져올 수밖에 없었으리라 생각된다. 특히 부친의 타계 뒤에 그 유산 상속으로 한강 건너편(흑석동)에 집을 한 채 마련하기도 했다 하니, 모처럼 얻은 가정과 또 세 식구의 가장家長으로서의 부양 의무감 등이 그 야생적野生的 고삐를 얽어매놓았다고 볼 수 있는 것이다. 다시 말하면 '8할이 바람' 이던 그의 기질이나 혹은 '떠돌이' 기질을, 조금은 잠재우게 하고 붙들어주는 기능을 그런저런 요인들이 담당해주었다는 말이다.

이보다 앞서 그는 1938년 3월 결혼을 했는데, 이른바 '화투패를 떼어보고' 한 결혼 얘기는 이렇다.

> 어머니가 참 오랜만에 내 草堂(*고창 月谷里에 살 때, 마루 한 칸과 방 한 칸의 草堂을 말함인데, 이 초당은 대밭 속에 있었다 함)에 올라오셔서 어떠냐고 물으셨다. 어머니가 내게 이걸 물으러 오시기 전에 나는 앞당겨서 이 눈치를 채고, 옆에 있는 花鬪로 패를 한 번 떼어봤더니 「님」이라는 別名이 붙은 空山은 안 떨어지고 중매장이로 통하는 홍싸리 넉 장이 떨어진 때문이었다. 영 풀길이 없는 문제는 이렇게 풀어버리는 것이 捷徑이라는 眞理는 앞으로도 사람의 세상에서는 오래 통용될 듯하다. 그래서, 1938년 3월엔가 나는 井邑詞

를 낳은 그 井邑이라는 곳으로 장가를 갔는데, 물론 婚禮服이나 儀式은 모조리 舊式으로, 당나귀를 타고 新婦 집에 들어가서 치르는 그런 것으로였다.

―「천지유정」중에서

내 아내는 이 때 서울의 첫 살림살이를 기억해 내곤 시방도 가끔 웃는다.―누가 잡아다가 팔아먹을 까봐 낮에는 방문고리를 안으로 늘 잠그고 있었다고. 이런 아내라서 나는 다시 어디로 불쑥 떠날수도 없이 이어 서울에 눌러붙어 세 식구의 목구멍에 풀칠할 밥을 벌어들이는 한 就職者가 되어 있었던 것이다.

―「천지유정」중에서

"詩란 한 詩人의 自己形成 過程에서 無時로 脫皮해 던지는 낡은 허물과 같은 것"이라는 미당의 표현을 빌리면 앞의 인용문은 우리에게 좋은 참고자료가 된다. 말하자면 "낡은 허물과 같은 것"인 미당의 작품을 이해하게 해주는 배경이 되고 있기 때문이다.

그리고 한편으로는 앞의 인용문과 같은 자전自傳의 기록「천지유정」을 읽어가노라면 우리는 이내 거기 사로잡히기도 한다. 왜냐하면 거기 기록된 내용들이 희한한 것이라기보다는, 너무도 진솔한 표현들이 우리를 압도하기에 충분하기 때문이며, 그를 연구하거나 운위云謂하려는 사람들에게 많은 참고자료를 제공해주기 때문이기도 하다.

아무튼 우리는 우선 앞의 인용문을 통하여 볼 때, 일단 그가 어떤 '안정'의 상태에 찾아들고 있음을 느끼게 된다. 그리고 우리는 이 시인의 그러한 '안정'을 중시하지 않을 수는 없다고 하겠다.

30대의 안정, 보편적으로 우리들 인간은 이 30대가 되면 가정적 안정을 찾게 되는 것 같지만, 유독 바람 같은 방황을 일삼았던 그가, 20대의 '바람'(방황)을 다소 잠재우며 가정적 안정을 찾고 있었던 것을 볼 때, 우리는 그의 그런 정신발전에 대한 긍정과 함께 인간의 삶 그 자체에 대한 긍정을 갖게 되는 것이다.

그리고 또 한편으로는 그의 그런 가정적 안정은 정서적 안정의 모습으로 비쳐지고, 그 정서적 안정은 바로 이 무렵의 작품들에 나타나고 있음을 우리는 어렵지 않게 이해하게 된다. 『화사집』 무렵의 서구적 방황(보들레르나 희랍신화의 영향)에 비하여, 『귀촉도』 무렵의 작품들은 동양적 정신주의나 한국의 전통적 사색의 세계, 혹은 그에 수반되는 정서에로 눈을 돌리고 있다는 점, 『화사집』 무렵의 거센 산문적 리듬에 비하여 『귀촉도』 무렵의 작품들은 대체로 형식이 정비되고 가라앉은 톤(tone)으로 나타나고 있다는 점 등은 바로 그런 안정된 정서의 반영으로 볼 수 있는 요소들이다.

가령, 「견우의 노래」라든가 「석굴암 관세음의 노래」, 혹은 「귀촉도」나 「거북이에게」, 「목화」와 같은 작품들이 안정된 정서의 반영으로 볼 수 있는 작품들이고, 동양적이거나 한국적인 정서의 산물이라고 볼 수도 있는 작품들인 것이다.

말하자면 그는 공자의 표현대로라면 '而立'의 정신과정, 즉 인생살이 면에서나 학문적인 면에서 그 기초를 확립하는 시기에 이르렀으며, 정서적으로도 안정을 얻는 시기를 맞은 것이다.

그리하여 이제 그는 정열을 행동화시키는 그런 격렬성을 차츰차츰 가라앉히고 그것을 연소시킬 수 있는 여유를 갖게도 되었고, 따라서 좀 더 전통적이고 사유적인 쪽으로 그 작품세계가 전환되고 있는 징후를 보이고 있는 것이다. 바꾸어 말하면 『화사집』 무렵의 형이하적形而下的인 작품의 경향으로부터, 형이상적形而上的 작품의 경향으로 이행移行되어 가고 있는 과정을 이 『귀촉도』 무렵에 보여주고 있다는 말이다.

2. 전통적 정서와 시적 사유의 세계

"불우한 시대, 사회인으로서의 자격을 박탈당한 衣裳없는 자연인의 노래, 즉 벌거숭이가 되어 외친 인간 본연의 肉聲이었다." 이 말은 『화사집』 발간 50주년을 맞아 미당이 회고한 진술 가운데의 한 부분이다. 아담과 이브에게서 물려받은 원색적 육정을 그대로 적나라하게 표현한 『화사집』 무렵의 작품세계에 대한 '회고'라고 볼 수 있다.

"내 자신이 전통주의자인 만큼 전통적 관점에서 씌어진" 작품들도 많이 있다. 사회학적 이론에 의해서만 시인의 작품을 평가하지 말고, "정신적인 변화과정을 추적하여 두루두루 넓게 평해줬으면 좋겠다." 이 말은 전통적인 정서와 사유의 세계를 노래한 『화사집』 이후 『귀촉도』 무렵의 작품세계에 대한, 그리고 그 평가에 대한 미당의 주문이라고 볼 수 있다.

앞의 상충되는 미당의 진술 가운데서; 전자前者에 대한 얘기는 대충 했고, 이제 후자後者에 대한 얘기를 하려 한다. 30대의 시집 『귀촉도』 무렵에 대한 얘기 말이다. 시집 『귀촉도』는 비교적 안정된 정서의 소산물이라는 점을 앞에서 강조한 바 있다. 그리고 『화사집』 무렵의 서구적 관심과 방향으로부터 이제 그의 시세계는 동양에로의 회귀를 보이고 있다는 얘기를 한 바도 있다.

결국 그의 정서적 안정은, 동양과 우리 고유의 전통에 눈을 돌리는 계기가 되었던 것이다.

눈물 아롱아롱
피리 불고 가신 님의 밟으신 길은
진달래 꽃비 오는 西城 三萬里.
흰 옷깃 여며 여며 가옵신 임의

다시 오진 못하는 巴蜀 三萬里.

신이나 삼아줄 걸 슬픈 사연의
올올이 아로새긴 육날 메투리.
은장도 푸른 날로 이냥 베어서
부질 없는 이 머리털 엮어드릴 걸.

초롱에 불빛, 지친 밤하늘
굽이굽이 은핫물 목이 젖은 새.
차마 아니 솟는 가락 눈이 감겨서
제 피에 취한 새가 귀촉도 운다.
그대 하늘 끝 호올로 가신 님아.

―「귀촉도」 전문

우리나라 전통적 서정시의 주류를 이루고 있는 정서, 즉 한恨의 한 극치를 표상하고 있는 듯한 이 작품은, 작품의 제목 그대로 제2시집의 제목이 되기도 한 작품이다.

그러나 한 가지 주목해야 할 점은 이 작품이 1936년 『화사집』 무렵의 작품과 함께 쓰였다는 사실이다. 이 점에 대한 미당의 진술을 참고해 보기로 한다.

> 내 불교 전문학교 동창인 崔琴童君이 〈哀戀頌〉이라는 시나리오를 쓰면서 거기에 넣을 詩 한 편을 써달라기에 써 주었던 것이 〈歸蜀途〉이고 崔君의 그 작품이 東亞日報 시나리오 공모에 당선한 해가 1936년이니까 내 作品 연대도 자연히 판명되는 게 아니겠어요.
> ―「未堂과의 對話」(《문학사상》 3호, 1972. 12, p.252)

위의 인용문에 보이는 바와 같이, 이 「귀촉도」는 제1시집 『화사집』 무렵의 시들과 같은 시기에 창작된 것을 알 수 있다. 그러나 『화사집』 무렵의 작품들, 즉 「화사」, 「대낮」, 「맥하」, 「정오의 언덕에서」, 「입맞춤」 등에서 볼 수 있었던 육정적 호흡은 전혀 느낄 수가 없다. 그런 의미에서 이 작품이 1947년 《春秋》에 다시 발표되고, 이어서 제2시집의 비교적 안정된 정서의 작품들과 함께 묶여져 나왔다는 것은 알맞은 배치였다고 생각된다.

다음 두 가지 면에서 이 작품의 의의를 찾으려 한다.

그 하나는, 앞에서 말한 것처럼 전통적 정서의 바탕 위에서 이 시가 창작되었다는 점이다. 즉 젊은 과부의 애절한 한恨을, 동양적 전설을 안고 있는 새 '귀촉도'를 소재로 빌어다가 표현하고 있는 것이다. 잘 알려져 있는 바와 같이 이 '귀촉도'는 고국 촉나라로 돌아갈 수 없는, 한 충신의 원혼이 새鳥로 되었다는 전설 속의 새이며, 두견새, 자규, 소쩍새, 촉혼, 촉백, 망제혼, 불여귀 등의 별칭도 갖고 있는 새이다.

사실 이 '귀촉도'라는 새는 망부한亡夫恨 속에 있는 청상靑孀과부와는 아무런 상관성이 없는 새이다. 그러나 이 작품에서는 양자兩者가 모두 한恨을 안고 있는 존재라는 동질성이 채택됨으로써, 시적 상징이 가능했다고 볼 수 있으며, 새로운 시적 전설傳說의 창조도 가능한 것이었다고 볼 수 있다.

따라서, '귀촉도' = '젊은 과부'라는 시적 논리가 성립되므로, 이 시의 첫째 연과 둘째 연은 망부한亡夫恨에 젖어있는 청상과부의 독백으로 표현되고 있다. 그러므로 "피리불고 가신 님"은 이 시의 화자話者의 '님'이 아니라, 바로 망부한亡夫恨에 젖어있는 청상과부의 님인 것이며, 그리고 그 '님'은 다시는 돌아올 수도 없는 귀환불능점의 '巴蜀'으로 가버린 것이다.

가령 한용운의 '님'이 불교적 윤회사상에 근거를 둔 "다시 만날 것을" 믿는 '님'인데 비하여, 이 시의 청상과부의 '님'은 이제는 영원히 "다시 오진 못하는" '님'이며, 영원한 연모戀慕의 대상으로서의 '님'일 뿐이다.

그리고 그런 의미에서 본다면 김소월의 시 「진달래꽃」에 보이는 "죽어도 아니 눈물" 흘리며 마음속에 간직하고만 있는 '님'과 궤를 같이 한다고 볼 수도 있다. 그러므로 '님'이 없는 청상과부에겐 윤기나는 치렁치렁한 머리털도 '부질없는' 것일 뿐이며, 차라리 그럴 바에야 "이냥 베어서" 육날 메투리를 "엮어나 드릴 걸"과 같은 아쉬움과 한恨으로 남아있기 마련이다.

그러나 이 시가 셋째 연으로 옮겨지면서부터는 독자들을 갑자기 당혹스러움에 빠지게 한다. 왜냐하면 그 당혹스러움은 첫째 연과 둘째 연에 보이고 있었던 청상과부의 독백이, 셋째 연으로 연결되지 않고 느닷없이 화자話者의 진술로 바뀌고 있기 때문이며, 시적 상상력의 단절을 가져오기 때문이다. 그리고 셋째 연의 마지막 행行에서는 다시 그 화자가 청상과부로 바뀌어 "그대 하늘 끝 호올로 가신 님하"라고 서글프게 호소하고 있기 때문에, 독자들은 잠깐 어리둥절할 수밖에 없다고 하겠다.

그런데 이 시가 그런 유기체적 불완전성에도 불구하고 국민적 애송시 반열에 오르고 있다는 점이 또 한번 우리를 어리둥절하게 만든다. 그러나 그 점은 앞에서 얘기한 바와 같이, 이 시가 최금동의 시나리오에 넣었던 작품임을 고려하면, 다소나마 해소되리라 믿는다. 말하자면, 이 시는 청상과부의 진술과 나레이터의 진술이 혼합되어 있는 작품이므로 시나리오의 특성과 맞물려 있는 시일 수밖에 없는 것이다.

한편 이 작품의 두 번째의 의의는, 그 형식이 대체로 정비되어 있다는 점에서 찾을 수 있을 것 같다. 『화사집』 무렵의 작품들에서 볼 수 있었던 거센 산문적 호흡을 이제 찾을 수 없고, 차분하고도 결 고른 가락으로 표현되고 있으며, 사뭇 가라앉은 톤으로 나타나고 있다. 그리고 그 결 고른 가락을 다시 눈여겨보면, 우리 전통적 민요조民謠調의 하나인 7·5조가 그 주조主調를 이루고 있는 것을 볼 수 있으며, 그 음보율音步律에 있어서도 고려 때 속요 「가시리」나, 김소월의 민요조의 서정시에서 볼 수 있는 3음보율三音步律을 유지하고 있음을 볼 수 있다.

이런 측면에서 볼 때, 이 「귀촉도」의 리듬의 주조主調는 우리 한국 전통시가의 주조와 그 맥락을 같이하고 있으며, 또 그런 의미에서 시의 형식이 대체로 정비되어 있다고 할 수 있다. 다시 말하면 『화사집』의 산문적 호흡에 비하여 「귀촉도」는 운문적 호흡을 보이고 있다는 말이다.

이 작품뿐만 아니라 시집 『귀촉도』의 일련의 작품들이 대체로 7·5조의 가락主調을 이루며 형식들이 정비되어 있는 것을 볼 수 있다.

> 거북이여 느릿 느릿 물살을 저어
> 숨 고르게 조용히 갈고 가거라.
> 머언 데서 속삭이는 귓속말처럼
> 물이랑에 내리는 봄의 꽃잎을,
> 발톱으로 헤치며 갔다 오너라.
>
> ―「거북이에게」 부분

위의 작품도 역시 7·5조가 주조를 이루고 있는 것을 볼 수 있다. 그러나 여기서 우리가 눈여겨보아야 할 대목은, 7·5조로 돼있는 글자를 헤아려보자는 데에 있지 않고, "숨고르게 조용히" 갈고 가는 거북이의 걸음걸이에도 눈을 줄 만큼 이 시인의 안정된 정서를 굽어보자는 데에 있다.

"해와 하늘빛이 문둥이는 서러워 / 보리밭에 달 뜨면 애기하나 먹고 / 꽃처럼 붉은 울음을" 울던 『화사집』 무렵의 원죄의식이나, "웃음 웃는 짐승" 속으로 "石油 먹은 듯", "아편 먹은 듯" 뛰어들던 피의 분출은 이제는 멎고, 안으로 조용히 가라앉은 가락, "오늘도 가슴속엔 불이 일어서"와도 같은 내면의 소리를 우리는 귀기울여 들어야 한다.

사실, 이 무렵 미당시未堂詩의 이같은 변화는 소홀히 넘길 수 없는 부분이라고 생각된다. 이러한 일은 어쩌면 『화사집』 무렵의 정열적이고도 정복적인, 서양적 숨결로부터 동양적이고도 정관적靜觀的인 숨결로 회귀하는 듯한 인상을 받게도 되고, 또 한편으로는 순나純裸의 미나 직정언어를 보여 왔던 육체주의로부터, 이제 차츰차츰 내면적이고 사색적인 쪽으로 기우는 정신주의적 조짐을 보게도 된다.

말하자면 30대에 들어서면서 가정적 안정과 정서적 안정을 다소 찾은 그는, 서양 유목민遊牧民의 말馬처럼 '질주'하고만 있을 수는 없었던 것이며, 개인의 성적 탐닉으로부터 헤어나와서 이제는 가정과 사회, 좀 더 나아가서는 시대현실에도 눈을 줄 만큼 그의 시인의식이 성숙되어 가고 있는 조짐으로 볼 수 있겠다.

특히 이「거북이에게」라는 작품이 1942년 6월에 발표된 것이라는 점에서 볼 때, "기우는 햇살" 속에 "말없이 四肢만이 떨리는" 그런 내면의 자세를 읽을 수도 있으며, "발톱으로 헤치며" 갈 만큼 미래지향적인 자세도 엿볼 수 있게 해준다. 이제 "느릿 느릿"하기는 하지만, 그의 시선은 땅에 누워있는 "배암같은 계집"이 아니라, "구름아래", "머언 데"에도 시선을 줄 만큼 다소 여유로워진 것이다.

다시 말하면 그것은 『화사집』 무렵 유독 서구적인 것에 관심을 보이던 그가, 이『귀촉도』 무렵에는 동양적인 것에로 회귀하여 관심을 보이고 있다는 것이다. 다음과 같은 작품들도 바로 그런 동양적 정서와 관련을 맺고 있다는 점에서 예외는 아니다.

눈썹 같은 반달이 중천에 걸리는
七月 七夕이 돌아오기까지는,

검은 암소를 나는 먹이고
직녀여, 그대는 비단을 짜세.

— 「牽牛의 노래」 부분

누님
눈물 겨웁습니다.

이, 우물물같이 고이는 푸름 속에
다소곳이 젖어있는 붉고 흰 木花꽃은,
누님
누님이 피우셨지요?

　(중략)

질경이 풀 지슴길을 오르내리며
허리 구부리고 피우셨지요?

— 「木花」 부분

허나 나는 여기 섰노라.
앉아계시는 석가의 곁에
허리에 쬐그만 향낭을 차고,

이 싸늘한 바윗 속에서
날이 날마다 들이쉬고 내쉬이는
푸른 숨결은
아, 아직도 내 것이로다.

— 「석굴암관세음의 노래」 부분

　위에 열거한 세 작품은 한결같이 동양적 사유思惟와 관련성을 맺고 있는 작품들이다. 즉, 「牽牛의 노래」는 동양의 전설로 내려오는 견우와 직녀의 이야기에서 소재를 얻어온 것이고, 「木花」는 동양적이고도 한국적인 정서 속에서 얻어온 것이며, 「석굴암 관세음의 노래」는 불교적 사유 속에서 얻어진 산물인 것이다.

이러한 일련의 작품들을 살펴보면, 『화사집』 무렵의 서구적 야성적 방황을 보여주던 그의 작품세계가 너무나 많은 변모를 보여주고 있다는 것을 느낄 수 있고, 이 시인이 결국은 동양인일 수밖에 없었구나 하는 생각도 하게 된다. 말하자면 서구적 야성적 방황(방랑)을 보여주던 그가, 시인의식이 성숙되면서부터는 어쩔 수 없이 귀환할 수밖에 없었던 곳이 바로 동양이며, 그것은 어쩌면 필연이었으리라는 생각을 하게 된다.

그는 결국 동양인임을 자각할 수밖에 없었으며, 그리고 그 때 그가 찾은 것이 전통적인 서정시의 세계였던 것이다. 그러나 그가 찾은 전통적 서정의 세계는 한결같은 양태로 나타나는 것만은 물론 아니다.

가령 '직녀'와의 애틋한 이별을 체험한 '나'(화자)임에도 불구하고, "불타는 홀몸"의 자세로 '七月 七夕'이 돌아올 때까지 기다리는 여유를 보여주고 있는 「견우의 노래」, "저 마약과 같은 봄을 지내어서 / 저 무지한 여름을 지내어서 / 질경이 풀 지슴길을 오르내리며" 피운, 그리고 그 한국여성의 인고忍苦의 삶 뒤에 숨겨진 질긴 아름다움을 표현한 '누님'의 「木花」, "앉아계시는 석가의 곁에 / 허리에 쬐그만 향낭을 차고" 어떤 귀의처를 지향하는 몸짓을 보이고 있는 「석굴암 관세음의 노래」 등 그의 전통적 동양적 서정의 세계는 어느 한 곳에 멈추지를 않는다.

그리고 앞에서 누누이 지적한 바와 같이 이 『귀촉도』 무렵은, 그가 안정된 정서의 바탕 위에서 시를 창작하게 된 시기라고 볼 수 있으며, 따라서 가라앉은 톤으로 시세계가 이루어지게 되었다. 이러한 점은 그 무렵에 그의 시인의식과 동양적 사유가 확대되어 나갔다는 점을 말해 준다.

제5장

40대 무렵, 짭짤한 체험이 '보약'이 된 시기
그리고 6·25 전쟁의 비극, 그 초극超克의 노래

1. 짭짤한 체험이 '보약'이 된 시기

40대 무렵부터 미당시는 드디어 꽃이 피기 시작한다. 어찌 보면 20대 무렵, 30대 무렵의 그의 작품들은 이 40대 무렵 이후의 수작秀作들을 낳기 위한 과정이었다고 볼 수도 있다. 마치 '한 송이의 국화꽃'을 40대에 피우기 위해, 봄날(『화사집』 무렵 20대)이나 그의 여름날(『귀촉도』 무렵 30대)들은 예비과정이었다고 볼 수 있는 것이다.

흔히 『화사집』 무렵의 작품 가운데서 「자화상」이나 「화사」 등을 수작秀作의 반열에 올려놓으려 하지만, 필자가 보기에는 직정언어直情言語 수준에 불과한 그런 작품이었다고 생각한다. 물론 그의 재기才氣가 번뜩이는 구절이 있는 것도 사실이기는 하지만, 시적 수사의 면에서나 기교면에서, 그리고 유기체적 구조의 면에서는 아직 문학청년적 수준의 작품이었다고 생각되는 것이다.

그러나 이 40대의 작품『서정주 시선』에 보이고 있는 작품들은, 바로 그 시적 수사의 면에서나 시적 기교의 면에서, 그리고 시의 유기체적 구조의 면에서, 이제 원숙의 경지에 이르른 것으로 보인다.

 그 이유는 무엇일까? 그의 인생살이에서 특히 이 무렵에 '천둥'과 '먹구름'을 짭짤하게 겪은 뒤라서일까? 짭짤하게 겪었기 때문에 인생과 사물을 바라보는 그의 눈이 달관達觀의 경지에 이르러서일까?

 아무튼 미당의 제3시집『서정주 시선』이 나온 것은 1955년, 그의 나이 40세 때이다. 이 시집은 시적 정서의 면에서 비교적 '안정'을 얻었던 시기의 산물이랄 수 있는 제2시집『귀촉도』이후 9년 만에 펴낸 시집이며, 그의 인생 역정歷程 가운데서 가장 짭짤하게 수난을 겪었던 시기의 산물이라 할 수 있는 시집이다.

 다시 말하면 이 무렵은 6·25 전쟁의 동족상잔의 비극이 점철되었던 시기이고, 그는 그 비극을 누구보다도 짭짤하게 강렬하게 체험하였으며, 그리고 그 짭짤하고 강렬하게 체험한 것이 오히려 '補藥'이 되어서, 삶에 대한 비극적인 인식을 지양할 수 있게 되었고, 오히려 담담히 인생과 사물을 바라볼 수 있는 관조觀照의 눈을 마련할 수 있었던 시기라고 할 수 있다. 말하자면 그의 '불혹不惑'은 "저 痲藥과 같은 봄을 지내어서 / 저 무지한 여름을 지내어서" 도달할 수 있었던 것이다.

> 1950년 北韓共産黨의 南侵이 시작된지 이틀 뒤인 27일 저녁 어둑어둑할 무렵까지도 우리 文人들의 一團은 우리 자신들의 장래를 위한 어떠한 一致된 의견의 快定도 없이, 南大門路의 文藝 빌딩 2층에 자리잡은 雜誌「文藝」社에 모여앉아, 國防部에서 하라는 대로, 南으로 南으로 몰려 내려가고 있는 避難民들을 향해「곧 東京 맥아더 將軍의 UN軍 司令部에서 진주해 들어오니 그렇게 겁내 서두르지 말라」는 街頭 스피이커 방송을 번갈아 가며 길거리에 퍼

붓고만 있었다.

  그러나, 「우리 國軍보단 훨씬 優勢한 共産軍이 벌써 議政府를 넘어서 오고 있다.」는 피난민들의 귀띔은, 꼭 언제 올지 모르는 UN軍 진주만을 믿고 여기 그대로 안심하고 있게만 할 수는 없었다. (중략)

  날이 밝기를 가까스로 기다려 문을 열고 나가보니 漢江가는 피난민으로 자욱이 덮였고, 人道橋는 벌써 끊어져 버린 뒤였고, 공산군의 탱크는 두어 언덕을 돌아가면 바로 거기인 麻浦에까지 들어왔다고 사람들이 아우성이었다.

  「어떻게들 할 텐가?」

  나는 趙芝薫과 李漢稷에게 물었다.

― 「천지유정」 중에서

  사실 이 무렵, 미당의 정신적 육체적 고생살이는 다름아닌 "저 無知한 여름"으로부터 비롯된 것이었다.

  다음의 미당의 거처 이동 순서는 이 무렵의 그의 쓰라린 역정歷程을 잘 말해준다.(*이동 순서는 앞의 "제2장 '從天順日派'라는 말의 내력"에서 일차 자세히 정리한 내용이므로 여기서는 그가 이동하여 피난 다닌 도시만을 나열하겠음.)

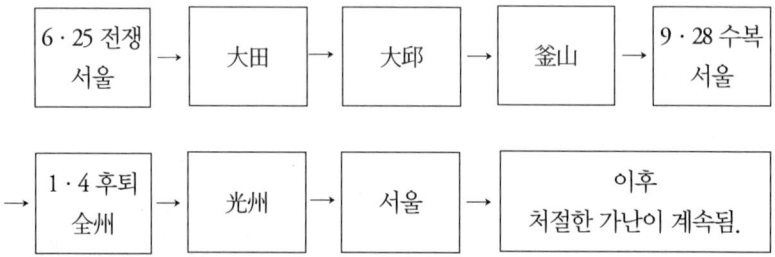

  위의 미당의 거처 이동 순서를 참고해 보면, 그는 마치 6·25 전쟁이라는 동족상잔의 비극을 하나의 상징적 존재처럼 옮겨져 다녔고, 보편적인 인생살이에서는 어느 누구도 겪을 수 없는, 삶과 죽음 사이의 뼈저린

고빗길을 많이 체험한 것으로 파악된다.

좀 더 이해를 돕기 위하여 이른바 그의 '補藥'이 되어준 이 무렵의 짤짤한 체험의 내력들을 대략 더듬어보기로 한다.

1946년 제2시집 『귀촉도』가 나온 뒤부터 6·25 전쟁에 이르기까지, 약 4년간은 비교적 안정된 가정생활을 유지한 것으로 보인다. 그 4년 동안을 미당의 자술自述과, 자전自傳의 기록(「천지유정」), 그리고 미당의 제씨(徐廷太) 등의 술회를 참고로 하여 개략적으로 정리해보면 이렇다.

해방 후 그는 우연히 최재서崔載瑞를 만나 그의 권유에 의해 남조선대학(현 동아대학) 교수를 한 바 있으며, 1947년 봄학기에는 이승만 박사 전기傳記 집필자로 정해짐에 따라 상경하게 되어, 동아대학 교수직을 그만두게 되었다. 1948년에는 대한민국 정부 수립이 되면서, 이박사 전기傳記 일은 중단하게 되며,(*이박사는 그 자신의 傳記 속에 '國父'로 추앙되기를 희망했으나, 미당은 사실 기록만 하게 됨으로써, 이 박사의 욕구에 충족되지 않았으며, 그 후 「李承晚 傳記」는 소각돼 버렸다고 함—미당의 自述), 이어서 남산음악대학의 강의를 맡게 되지만 생계에는 보탬이 되지 않았으므로, 그의 부인(方玉淑)이 자수刺繡를 하여 가계를 꾸려나간 듯이 보이며(*"가난하고 수심스러운 대로의 여지의 木枕을 베고 뒹굴고 있으면, 아내는 그 촘촘한 수의 바늘을 하루에 몇 만 번씩이나 움직이는 것인지"라고 「천지유정」에 술회하고 있음) 그리고 뒤에 쓰여진 그의 시 「鶴」이라는 작품 가운데 "누이의 수를 속의 꽃밭을 보듯 / 세상을 보자"라는 구절의 시적 모티브가 된 듯한 이와 같은 시절을 한동안 보내고, 이어서 동아일보사에 입사하게 되었고, 그 해에 다시 서기관 시험을 통하여 문교부 초대 예술과장 자리에 잠시 머물러 있다가, 병으로 인해 휴직하게 된다.

이상 기술된 바와 같이 한동안은 그가 비교적 안정된 생활을 했던 기간으로 필자에겐 보여진다.

그러나 1950년 6월 25일, (앞에서도 말했지만) 뜻하지 않았던 북한 공산군의 남침은 그에게도 큰 시련의 기간을 안겨다 주었다.

전쟁이 일어나자 조지훈, 이한직, 서정주, 세 사람은 다행스럽게도 한강을 건너는 데는 성공했으나, 그 후 다시 대전으로 피난을 할 수 밖에 없게 되었고, 여기에서 '문총구국대' 라는 것을 조직하여 주로 대민선무활동對民宣撫活動 등을 하게 된다. 이 때 공산군은 물밀듯이 쳐들어 내려왔으므로, 문인들은 다시 대구로 피난하게 되었고, 이른바 '종군문인從軍文人' 이라는 신분으로 군인들과 함께 천막생활을 하게 되었는데, 이때에 받은 여러 가지 충격들로 인하여 발생한 듯한 정신신경증 증세 때문에 미당은, 유치환柳致環이 주선한 부산釜山의 어떤 집으로 가서 휴양을 하게 된다. (*이때 발생한 '정신신경증' 증세란 이른바 '空中電話' 사건을 말하는 것인데, 미당의 제씨 서정태(시인)의 증언에 의하면, '그 당시 서울에 두고 온 가족 생각과 『李博士 傳記』의 판매 금지로 인한 충격이었던 듯' 하다고 진술하고 있음.)

그러나 미당 자신은 「천지유정」에 다음과 같이 진술하고 있다.

「文總 救國隊長 先生, 文總 救國隊長 先生」
이 文總救國隊라는 것은 대전에서 우리가 從軍文人團을 결성할 때 韓國文化團體 總聯合會의 救國隊란 뜻으로 우리가 붙였던 것으로, 그 표면상의 대장은 金珖燮씨를 내세우고 있었지만, 그는 大統領 秘書 노릇 때문에 나오지 못해 내가 실질로는 代行을 하고 있었으니까, 그래서 나를 그렇게 부르는 것이려니 하여,
「예」
하고 마음 속으로 대답하고, 바로 말로 이걸 막 옮기려 했다. 그러나, 말로 채

옮기기도 전에 내 마음속의 대답은 그대로 하늘에서 뚜렷한 음성으로 나타나, 말로까지 옮길 것도 없이 그대로 잘 대답해 내고 있었다.
「文總 救國隊長, 文總 救國隊長, 여기는 人民軍 司令部입니다. 지금 바로 여기 지프車를 대기하고 있으니, 빨리 일어나 도망쳐 나오십시오.」
공중에선지 옆방에선지 그 소리는 다시 말했다. 나는 바로 곧 그것에 대답해서,
「선비는 그렇게는 못하는 것이다. 내가 어떻게 너희들한테로 도망치겠느냐.」
고 했다. 물론 그것도 생각뿐이었는데, 그러나 그건 역력히 공중에서 적지도 않은 소리로 울렸다. 그러고는 나를 誘惑하던 그 소리는 끊어지고, 나를 축하하는 만세소리가 여러 군데서 여러 음성으로 울려 나오기 시작했다.
이것은 自意識의 反映이었는가, 혹은 무슨 機械로 나를 시험하는 공산군측 文化宣傳隊쯤의 장난이었는가. 나는 아직도 그걸 잘 식별하지 못하고 있다.

—「천지유정」 중에서

한편, 그 당시 한국전쟁의 전세戰勢는 유엔군의 참전으로 인하여 급작스레 반전됨으로써, 드디어 9·28 수복을 맞게 되었고 파죽지세破竹之勢로 밀고 가던 유엔군이 드디어는 평양에서 신의주까지 점령하게 되었으나, 맥아더의 해임과 중공군의 참전으로 전세는 다시 반전, 이른바 1·4후퇴를 하지 않을 수 없는 상황으로 또 다시 바뀌고 말았다.
이 때, 미당도 다시 가족들을 이끌고 전주全州로 피난살이를 하지 않을 수 없게 되었고, 그 곳에서 다행스럽게도 문우들(시인 이철균, 하희주 등)의 주선으로 전주고등학교와 전시연합대학의 강사 생활을 한동안 하게 된다. 이 무렵 특기할 만한 일은, 그가 정읍井邑에 있는 그의 처가妻家에 들른 일이 있는데, 거기서 동창생(고창고보 동기생으로 그 당시 중학 교사를 하고 있었던 한태석을 말함)을 만나 술을 마시고 한밤중에 돌아가

다가 '빨치산'(그 당시 이 지역에는 밤에 빨치산이 출몰했음)으로 오인되어('신분증'이 없었다고 함) 죽음 일보전一步前의 곤혹을 치룬 일도 있었다 한다.

　　신분증도 가지지 않은 것을 확인하자, 그 병사들 중의 누군가가
　　「틀림없이 빨치산이지? 이놈!」
하고 고함을 치며 유도 비슷한 걸로 나를 냅다 땅에 쓰르뜨려 눕히고는 군화 발로 질근질근 밟으며 銃대로 마구 후려갈겨 치는 것이다. 그것은 처음엔 아팠으나 연달아 내리치는 동안에는 점점 멍멍해져 갔다. 그건 내가 뭐라고 말한 마디 할 만한 사이도 없이 행해졌다.
　　그들은 나른해져 있는 나를 무슨 축 처진 걸레나 집어 올리듯이 다시 집어 일으켜 세우며,
　　「개울가로 끌고가 쏘아버려라!」
하고 그 중의 누가 명령했다.
　　그러고는 두 사람의 兵士였지 아마, 한 사람이 한 쪽씩 내 양 겨드랑이에 팔을 넣어 되게 죄어 붙들어 잡고는 어둠 속에 나를 끌고 발걸음을 옮겨갔다.
　　몇 걸음인가 걸어가다가 둘 중의 한 兵士가
　　「이 井邑에 누구 保證서 줄 만한 사람 하나도 없나? 有力한 人物로 말이야.」했다.
　　그래, 그 말에 비로소 나는 井邑에 있는 내 친구들 가운데는 내 中學同窓인 現職 警察署長(*중학 동기생 신도종)도 있는 걸 생각해 내고
　　「있소. 여기 警察署長이 내 中學同窓이오.」했다.
　　(중략)
　　「뭐요? 정말이오?」그 두 兵士는 나란히 反問했다.
　　「정말인지 아닌지는 가 보면 알겠지만, 왜 그런 친구가 있었다면 미리 말하지 않았소?」

　　　　　　　　　　　　　　　　　　　―「천지유정」중에서

　　그 뒤, 그는 다시 정신신경증세로 인한 '공중전화'라는 걸 또 받고, 이어서 '자살미수自殺未遂' 사건을 치루고 난 뒤, 1952년 봄 광주光州로 거

처를 옮겨 조선대학교 부교수를 하게 된다. 이 때 여기서 받은 월급(겉보리 열 닷말을 받았다고 함)으로 가난한 살림살이를 꾸려나간 듯이 보이는데, 뒤에 작품이 검토되겠지만 바로 이 무렵이 「무등을 보며」나 「학」과 같은 명편들을 탄생시킨 배경적 요소가 된 것이 아닌가 생각된다. 그리고 이 무렵, 그는 다시 '독심술讀心術'이라는 것이 발작됐다고 하니, 또 하나의 참고로 해두고 넘어가기로 한다. 왜냐하면 이것도 또한 그의 표현대로 '강렬하게' 돌아갔던 체험 가운데의 하나이기 때문이다.

다음에 인용하는 구절은, 예의 그 독심술讀心術이라는 것이 발작 했을 때, 그의 부인을 의심해서인지는 알 수 없는 일이지만, 다음과 같은 소리가 공중에선지 어디에서 들려왔다는 것이다.

"삐오는 고록삐나 네 아내다. 에헤헤헤헤헷"
"공중에서는 누가 보내는 것인지 이런 뜻의 소리가 울려와 내 귀에 들린다."

― 『서정주 문학전집』 3권, p.334

한편, 1953년 가을, 이때까지 계속되던 한국전쟁은, 유엔군과 공산당(김일성 공산군과 중공군) 사이에 휴전협정이 이루어짐으로써, 답답하고 지루했던 3여 년 동안의 전쟁은 막을 내리고 만다.

따라서, 미당도 전주 광주에서의 피난살이를 마감하고, 대한민국 정부가 부산釜山으로부터 서울로 환도還都하던 것과 때를 맞추어, 가족들과 함께 서울 공덕동孔德洞 옛집으로 거처를 옮기게 된다. 그리고 그 이듬해인 1954년 4월에는, 우리나라 최초의 예술원, 학술원을 구성하게 됐는데, 미당도 거기 예술원 회원으로 뽑히게 되었고, 그 다음 해인 1955년 2월에는 미국인 아세아 재단에서 주는 '자유문학상'을 받기도 하였다.

사실, 이상에서 살펴본 바와 같이, 이 무렵 몇 년 동안의 미당의 생애는 파란만장한 것이었다고 해도 과언이 아닐 것 같다. 앞에서도 도표로 잠깐 살펴보았지만, 이 무렵 9년의 세월이 흐르는 동안, 거처居處 이동 순으로만 보더라도 실로 그것은 6·25 전쟁이라는 비극적 전쟁 드라마의 한 주인공처럼 파란만장하게 살았던 시기였다고 말할 수 있다.

그러나 그러한 비극적 상황들을 그는 '강렬하게' '짭짤하게' 체험하였음에도 불구하고, 그의 문학(시)은 오히려 그러한 비극적 상황들에 대한 표현보다는, 그것을 극복한 자로서의 노래, 혹은 잘 여과시키고 있는 자로서의 노래를 보여주고 있는 것이, 이 무렵 그의 문학적 특징을 이루고 있다. 다시 말하면, 때로는 자살自殺하려 한 때도 있고, 동족同族의 무수한 피를 보고(*특히 닭장차에 실려 사형장으로 끌려가는 공산군의 모습을 보고) 그 충격으로 '실어증'(失語症 : aphasia)에 빠지기도 하고, '공중전화' 사건과 같은 정신신경증세에 빠지기도 하고, 혹은 빨치산으로 오인되어 죽음 일보전一步前의 상황을 겪었는데도, 또한 가난과 실의의 모진 인생의 추위를 겪었는 데도, 그의 이 무렵의 문학(시)이 서 있는 자리는 오히려 담담하고, 생명 있는 것들을 보는 환희에 차 있으며, 삶에 대한 긍정적인 자세로 서 있는 것을 보게 된다.

말하자면 그에게 있어 이 무렵 '짭짤하게' '강렬하게' 겪었던 인생살이는, 오히려 생生의 본질적 가치에 대한 신념과 함께, 삶에 대한 긍정적인 자세를 마음속에 새기는 계기가 되어 주었던 것이라고 말할 수 있을 것 같다. 그리고 또 한편으로는 그러한 절절한 체험들이 그의 내부에서 잘 여과되었고, '인생' 그것에 대한 달관達觀의 눈을 마련하게도 되었으며, 그의 문학(시)으로 승화될 수도 있었던 것이다.

따라서 이 무렵의 그의 시들이, 다른 어느 시기의 작품보다도 대중들에게 친근감을 주는 수작秀作들이 많고, 또 그렇게 친근하게 회자될 수 있는 시를 창조할 수 있었던 비밀도, 바로 그 '짭짤'하고 '강렬'하게 겪은 '보약補藥'의 덕이 아니었던가 하는 생각도 든다.

또한 "아닌 게 아니라 40이 넘은 어버이의 정이란 그 인생의 한 전기轉期를 이루는 것인가 보다"고 한 그의 술회를 통하여서도 인생의 한 고비를 넘긴 연치年齒와 정신세계를 짐작할 수 있게 해주며, 그러한 40대 정신세계의 산물이 이 무렵 그의 작품들이라 할 수 있다.

특히 이 무렵의 정신세계를 엿보게 해주는 시「내리는 눈발 속에서는」,「무등을 보며」,「학」,「無題」,「上里果園」,「鞦韆詞」,「다시 밝은 날에」,「春香遺文」,「국화 옆에서」 등에서 그의 원숙한 통찰력이나 인간적인 담담한 깨달음, 그리고 죽음이나 한恨을 초극超克한 자로서의 생에 대한 강한 긍정적 자세를 엿볼 수 있게 해준다.

말하자면 이 무렵의 작품들에서는『화사집』무렵의 열정이나,『귀촉도』무렵의 안정을 넘어서, 40대의 나이에 접어든 그의 달관達觀의 자세를 볼 수 있는 것이며, 따라서 20대·30대의 인생 역정은, 40대 중년中年의 정신연령에 도달하기 위한 '국화'의 내력이 되고 있다고 말할 수 있을 것 같다. 즉, "한 송이의 국화꽃을 피우기 위해 / 천둥은 먹구름 속에서 또 그렇게" 울었던 것이라고 말할 수 있는 것이다.

그리고 또 한편으로 생각해보면,『귀촉도』무렵의 '안정'은 한 대처자자帶妻子者로서 한 기항지寄港地를 마련한 자로서의 안정이었다고 한다면, 이『서정주 시선』무렵의 '달관'은 만고풍상萬古風霜을 다 겪은 뒤, 바로 그 체험을 통하여 얻은 노래, 그리고 만고풍상을 겪을 모든 가난한 이웃들에게 들려주고 싶은 노래, 혹은 그런 노래를 부를 수 있는 만큼의 달관으로 받아들일 수 있을 것 같다.

아무튼 이 '달관'의 시기 40대 무렵의 인간의 정신 발전과정을 공자는

'불혹不惑'이라 말한 바 있다.

2. 6·25 전쟁의 비극, 그 초극超克의 노래

워즈워드는 "모든 위대한 시인은 인류의 교사다"라고 말한 바 있다. 이 말을 참고로 해볼 때 이제 미당은 6·25 전쟁의 비극을 '짭짤하게' '강렬하게' 겪은 자者로서, 만고풍상萬古風霜을 모두 다 겪은 자로서, 그리고 그 비극의 강물 속에 빠져서 버둥대는 자가 아니라, 비극의 강물을 헤어나온 자로서, 이제 그러한 바람과 서리를 겪을 미래의 가난한 이웃들에게 들려주고 싶은 노래, 혹은 그러한 노래를 부를 수 있는 만큼의 달관達觀과 개안開眼으로, 워즈워드의 말처럼 이른바 敎師의 자격을 얻었다고 할 수 있다.

    가난이야 한낱 남루에 지나지 않는다.
    저 눈부신 햇빛 속에 갈매빛의 등성이를 드러내고 서 있는
    여름 산 같은
    우리들의 타고난 살결 타고난 마음씨까지야 다 가릴 수 있으랴.

    청산이 그 무릎 아래 지란을 기르듯
    우리는 우리 새끼들을 기를 수밖엔 없다.
    목숨이 가다 가다 농울쳐 휘어드는
    오후의 때가 오거든
    내외들이여 그대들도
    더러는 앉고
    더러는 차라리 그 곁에 누워라.

    지어미는 지애비를 물끄러미 우러러 보고

지애비는 지어미의 이마라도 짚어라.

어느 가시덤불 쑥굴헝에 누일지라도
우리는 늘 玉돌같이 호젓이 묻혔다고 생각할 일이요
靑苔라도 자욱이 끼일 일인 것이다.

—「무등을 보며」전문

  시詩가 어리석은 대중(愚象 : 양떼)들에게 갈 길을 밝혀주는 스승(교시적 기능)일 수 있다는 점에서, 위의 「무등을 보며」와 같은 탁월한 작품은 그 '스승'의 기능을 넉넉히 간직하고 있는 작품이라 할 것이다.
  그리고 그러한 교시적 기능을 간직한 작품을 생산해내기까지는, 『화사집』 무렵의 문학청년적 열정이나 『귀촉도』 무렵의 전통적 서정의 세계를 넘어서, 불혹不惑의 나이에 접어들기까지의 체험, 특히 6·25 전쟁을 전후하여 겪은 뼈저린 체험들이 '보약'이 되어서, 그는 드디어 '스승'의 자격을 획득한 것이라 말할 수 있다. 그리고 바로 그렇기 때문에 이 「무등을 보며」는 대중들에게 어필할 수 있는 비밀을 간직한 작품이 될 수 있었던 것이 아닌가 하는 생각을 하게 되는 것이다.
  한편, 위의 「무등을 보며」는 광주 무등산無等山과의 교감交感을 통하여 얻어진 작품임을 느끼게 된다. 그리고 자연과 인생에 대한 관조觀照의 자세, 혹은 달관達觀의 자세를 느끼게도 된다.
  다음과 같은 미당의 진술은 한 참고가 될 것 같다.

    광주 無等山 위의 어느 때때의 이내嵐는 우리나라에서는 보기 드문 것이다. 이 빛깔은 우리가 늘 보는 코발트의 하늘 빛 하고는 아주 다른 빛이고, 그건 풀빛에 가깝지만, 또 아주 깊이 깊이 몇천 길 같이 빛나는 풀빛이다. 이것이 이내嵐다.

옛 신선들이 그들의 정신의 어떤 田畓으로, 아니면 내려와 숨쉬어 가끔 마
시던 것으로 정했던 그 이내인 것이다.
　이 이내가 떠오르는 날은 나는 그 중간에 늘 주춤해 서서 그것 속에 몰입
하기가 일쑤였다. (중략)
　나는 이 無等山 위의 이내 속에 잠입해서, 내가 저 李白이나 陶淵明, 莊子,
老子의 자연몰입의 경지를 난생 처음 잘 이해한 것은 이 언저리 아니었던가
한다.
　광주 無等山은 앞에 앉은 산과 뒤에 있는 산의 두겹으로 되어 있다. 앞에
있는 것은 엇비슷이 누워 있는 것 같고, 뒤에 있는 산은 뭔지 안심찮아 일어
나 앉아 있는 것 같다. — 나는 광주에 와서 조선대학의 한 달 겉보리 열 닷말
의 훈장 노릇을 하면서, 날마다 내가 있는 방과 학교 사이를 오고 가며, 이런
뜻을 마련해 내고, 이것은 어쩌면 두 오랜 부부의 어느 휴식의 모습 같다고도
생각하고 있었다. 아내는 너무 피곤하여 엇비슷이 누워있는 오후, 옆에 앉은
남편이 바야흐로 그 누운 아내의 고단한 이마를 짚을 자세로 있는 것이라고
생각하는 데 이르렀다.

—「천지유정」중에서

　미당에게 있어 광주의 무등산無等山은, 굉장히 인상 깊은 산으로 각인
된 것 같다. 특히, '겉보리 열 닷말의 훈장' 노릇을 하던 조선대학교 부교
수 시절, 가난과 실의의 모진 추위에도 불구하고, 그 무등산 앞에만 서면
'本鄕의 平和'를 느꼈다고 그는 진술한다.
　전라도 광주에 있는 '無等山'의 '無等'이란 말은, 등급이 그 위에 더할
나위 없음을 뜻하는 말이다. 생각건대 '無等山'이라는 이름은, 평화스럽
고 아름답기 그지없는 그 자태가, 그 위에 더할나위 없다는 뜻에서 붙여
진 이름인 듯하거니와, 다른 한편으로 등급이 없다는 것은 평등사상을
담고 있는 것으로도 생각된다. 그리고 그 무등산의 이름처럼, 사람에게
등급이 없이 평등하다면, 그것은 곧 자연인自然人이나 자유인自由人의 자
격으로 돌아갔을 때를 말하는 것이 아니겠는가. 그런 의미에서 유독 이

곳 광주에서의 역사 속에 '자유인의 횃불'이 타올랐음은, 바로 그 '無等'과의 관련성을 다시금 생각하게 하는 대목이다.

예기禮記에 이르기를 '하늘에 사복私覆이 없고, 땅에 사재私載가 없고, 일월日月에 사조私照가 없다'고 했다. 즉, 천지일월天地日月은 공평무사公平無私하다는 말이다.

사실 이「무등을 보며」를 쓸 무렵 미당은 이러한 '자연인'으로서의 자격을 상당히 많이 생각하고 있었던 듯이 보이며, 특히 그 중에서도 광주 무등산 위에 빛나는 '이내' 嵐 같은 것이나, 혹은 "夫婦의 어느 午後의 休息의 모습" 같기도 한 무등산의 봉우리들을 대할 때에는, 오랜만에 인간의 본향本鄕에 돌아온 것 같은 평화스러움과 세상살이의 순리順理를 생각하고 있었던 것 같다. 그리고 또 한편으로는 바로 그 무렵 받아들인 듯이 보이는 "李白이나 陶淵明, 莊子, 老子의 自然沒入의 境地"를 통하여서도, 상당히 많이 자연에 대한 경외敬畏스런 마음이나, 그것이 주는 가르침, 혹은 교감交感을 갖게 되는 계기가 되었던 것 같다.

따라서, 그는 "청산이 그 무릎 아래 지란을 기르듯 / 우리는 우리 새끼들을 기를 수밖엔 없다"고 노래함으로써, 청산이 유구하게 생성의 원리를 지니듯, 그와 똑같이 우리 인간도 생성의 원리에 순종할 수 밖에 없다는 담담한 깨달음을 보이고 있으며, 그러한 담담한 깨달음의 천의무봉天衣無縫의 언어들, 달관의 언어들이 대중적 공감을 얻는 빌미가 된 것이 아닌가 생각된다. 그리고 그러한 담담한 깨달음, 이른바 '敎師'로서의 말씀을 빚어낼 수 있었던 것도, 6·25 전쟁의 뼈저린 체험들이 '補藥'이 되었기 때문이라고 볼 수 있다.

다음과 같은 작품은 6·25 전쟁의 비극을, 훨씬 더 넉넉히 초극超克하고 있는 모습을 보여준다. 생生과 사死의 갈림길을 겪은 자만이 가질 수 있는, 살아있는 것에 대한 찬미, 생명 있는 것에 대한 진정한 가치의 발견, 아직 살아있음의 열락悅樂을 그는 노래한다. 우선 밝고 건강하고 현세적인 시적 세계를 다음과 같은 시에서 보여주는 것이다.

오늘 제일 기쁜 것은 고목나무에 푸르므레 봄빛이 드는거와, 걸어가는 발부리에 풀잎 사귀들이 희한하게도 돋아나오는 일이다. 또 두어 살쯤 되는 어린것들이 서투른 말을 배우고 익히는 것과, 聖畵의 내기들과 같은 그런 눈으로 우리들을 빤히 쳐다보는 일이다. 무심코 우리들을 쳐다보는 일이다

— 「無題」 전문

꽃밭은 그 향기만으로 볼진대 한강수나 낙동강 상류와도 같은 융융한 흐름이다. 그러나 그 낱낱의 얼굴들로 볼진대 우리 조카딸년들이나 그 조카딸년들의 친구들의 웃음판과도 같은 굉장히 즐거운 웃음판이다.
세상에 이렇게도 타고난 기쁨을 찬란히 터뜨리는 몸뚱어리들이 또 어디 있는가. 더구나 서양에서 건너온 배나무의 어떤 것들은 머리나 가슴패기 뿐만이 아니라 배와 허리와 다리 발꿈치에까지도 이쁜 꽃숭어리들을 달았다. 맵새, 참새, 때까치, 꾀꼬리, 꾀꼬리 새끼들이 朝夕으로 이 많은 기쁨을 대신 읊조리고, 數十萬 마리의 꿀벌들이 왼종일 북치고 소구치고 마짓굿 울리는 소리를 하고, 그래도 모자라는 놈은 더러 그 속에 묻혀 자기도 하는 것은 참으로 당연한 일이다.
우리가 이것들을 사랑하려면 어떻게 했으면 좋겠는가. 묻혀서 누워있는 못물과 같이 저 아래 저것들을 비취고 누워서, 때로 가냘프게도 떨어져내리는 저 어린 것들의 꽃잎사귀들을 우리 몸 위에 받어라도 볼 것인가. 아니면 머언 산들과 나란히 마주 서서, 이것들의 아침 油頭粉面과, 한 낮의 춤과, 황혼의 어둠속에 이것들이 잦아들어 돌아오는 — 아스라한 沈潛이나 지킬 것인가.
하여간 이 하나도 서러울 것이 없는 것들 옆에서, 또 이것들을 서러워하는 미물 하나도 없는 곳에서, 우리는 섣불리 우리 어린것들에게 설움 같은 걸 가르치지 말 일이다. 저것들을 축복하는 때까치의 어느 것, 비비새의 어느 것, 벌나비의 어느 것, 또는 저것들의 꽃봉오리와 꽃숭어리의 어느 것에 대해 우리가 항용 나즉히 서로 주고받는 슬픔이란 것이 깃들이어 있단 말인가.

이것들의 초밤에의 완전귀소가 끝난 뒤, 어둠이 우리와 우리 어린것들과 山과 냇물을 까마득히 덮을 때가 되거던, 우리는 차라리 우리 어린것들에게 제일 가까운 곳의 별을 가리켜 보일 일이요, 제일 오랜 종소리를 들릴 일이다.

—「상리과원」전문

　위의 작품들을 쓸 무렵, 그러니까 6·25 전쟁과 1·4 후퇴로 인한 피난살이 시절, 그에게는 정말 불가사의不可思議한 일들이 많이 발생한다. 대구 피난시절 '空中電話' 사건이 그렇고, 시인 유치환柳致環이 호의로 부산의 영도 근방 어느 집에 후송 되었을 때의 '失語症'이 그렇고, 전주 피난 시절 '疑妻症'이 그렇고, '自殺未遂' 사건이 그렇다.

　대구 피난 시절 '空中電話' 사건과 부산에서의 '失語症'에 대해서는 앞부분에서 얘기했으므로 줄이거니와, 전주 피난시절의 '疑妻症'과 '自殺未遂' 사건들은 어떤 맥락에서 파악해야 될지, 실로 불가사의하기 그지없는 일일 수밖에 없다.

　더구나 '全州'라는 곳은 '6·25 전쟁의 不安과 초조 속에 시달릴 대로 시달린' 그에게 있어서는 '피난길에 머물 자리론 무던하게' 생각되었던 '安閑'한 곳이고, 또 시인 이철균李轍均, 하희주河喜珠 등의 주선으로 전주고등학교 교사와 전시연합대학戰時聯合大學 강사직을 겸하게 되었고, 전국 문화단체총연합회 전북지부장 등을 맡게 되었으므로, 그의 말대로 모처럼의 '安閑'을 즐겨야 되는 장소였음에도 불구하고, '의처증'이나 '자살미수' 사건 등은 어쩌면 설득력이 없는 일이었을 수도 있다.

　그러나 1951년 겨울, 이 무렵에도 정읍에서 빨치산으로 오인되어 "개울가로 끌고 가 쏘아버려라"던, 위기일발危機一髮 죽음 일보전의 상황도 겪었고, 또 대구 피난시절에 겪었던 이른바 '空中電話'라는 것이 재발되기도 했고, 그런 연장선상에서 '疑妻症'이나 '自殺未遂' 사건들을 파악해야 되지 않을까 싶다.

『D.H.로오렌스는 그건 장난이 절대로 아니야. 性을 가지고 장난하려는 연놈들, 그런 것들을 위해서 '차털리 夫人의 戀人'이 씌어진 거라고 언제 내가 말했어? 입이 있으면 말해봐! 어서 말해봐!』하곤 또 그네의 따귀를 연거푸 후려갈겼다.

그래도 그네는 '아니예요……' 한 마디뿐, 나머지는 그저 흐느끼고만 있었다.

나는 이런 식으로 아마 새벽녘이 될 때까지 내 아내를 거듭거듭 탓하고는 거듭거듭 그 따귀를 후려갈기고 있었다.

그러자, 이 새벽부터였을 것이다. 공중에서 오는 소리 — 무슨 기계로 누가 운영하는 것인지 모르지만, 내 마음 속을 비교적 잘 읽고 상대해 오는 소리는,

『네 아내는 6·25사변 때 — 네가 네 아내를 놓아두고 남으로 피난갔을 때 서울에 남아 人民軍 大尉한테 强姦을 당했다.』고, 그 뒤 연달아서 꽤 여러날을 두고 내게 되풀이 강조해 방송해 보내고 있었다.

그래, 또 나는 이 무렵 이 공중의 소리는 自由陣營과 共産陣營 양쪽에서 오고, 또 그건 어느만큼은 사람들의 마음 속에만 있는 비밀을 정확하게 들여다보고 수작해 오는 것이라고 생각하고 있었으므로,

『저 소리가 들리지 않느냐?』

고 아내한테 대들며 아무 근거도 없는 그 6·25사변 동안의 强姦 당한 일이라는 것 까지를 詰問하기 시작했다. 6·25사변에 혹 그런 경험이 새로 생겨, 아내의 性感覺이 난잡해진 것 아닌가 의심까지 했던 것이다.

그러나, 이 일은 그 뒤의 그네의 모든 행동을 종합해서 보면 내 지나친 疑妻症이라는 것밖에 그네의 不貞을 증명하는 사실은 아무것도 나타나지 않았다. 내 아내와 내 아들의 말처럼 나는 어느 사인지 그저 病者였을 따름이다.

나는 이 韓國戰爭 이태째의 여름, 아내를 여러날 채근하고 난 뒤에, 정체 모를 열병으로 자리에 눕게되어 며칠을 부대끼자 이내 슬그머니 없어져 버리고 싶은 생각이 들었다.

이때 바로 옆 채의 미술 교사 崔가 문병을 와서 『그거 혹 학질이 아닐게

라우? 학질이라면 나한테도 잘 듣는 약이 아직 상당히 많이 남아 있긴 합니다만.」
말했다. 나는 그 말에 귀가 번쩍 띄었다. 학질약은 어느 정도 분량을 넘겨 먹으면 목숨을 앗아간다는 걸 들어 알고 있었기 때문에, 옳지 되었구나 생각하고, (중략)

『우리는 또 구할 수 있으니, 염려 마시고 두고 쓰시라우.』 했다.
그래, 나는 그가 내 옆을 떠나기가 바쁘게 그것을 몽땅 내 속에 털어넣어 버렸고 (중략)
그러나 사람이 죽는 것도 그렇게 간단히 제 맘대로 만도 되지 않는 모양이다. 이곳 詩人 李轍均이 내가 그 약을 몽땅 집어삼킨 뒤 얼마 되지 않아 내 옆에 찾아와서 내가 몸부림하고 있는 것을 보자 바로 곧 이곳의 名醫 李醫師의 病院으로 달려가 그를 데리고 온 것이다.

―「천지유정」 중에서

위와 같은 그의 진술을 참고로 한다면, 그의 '疑妻症'이나 '自殺未遂' 사건 등은, (앞에서도 말했지만) 대구에서의 천막생활 때 겪었던 '空中電話'(정신신경증세) 사건의 연장선상에서 파악해야 될 일인 것 같다.
아무튼 이러한 일련의 사건들은, 그가 이 무렵 정신적으로 육체적으로 많이 피폐한 상태에 있었다는 것을 짐작할 수 있게 해준다. 그리고 그러한 사건들은 이 무렵의 그의 작품세계의 배경적 요소로 작용하고 있을 것이기 때문에, 우리는 그것을 주목하지 않을 수 없는 것이다.

그야 어이하든 자살 미수자의 그 미수 직후의 한동안은 또 별다른 맛인 것이다. 내장이야 상했건 어쨌건 햇볕의 그리운 간절도가 한결 더해지는 것만은 사실이다. 그래 나는 상당히 엉망이 되었을 내장이 나아가는 동안의 이 높아진 간절도 속에서 孔子의 「論語」와 「中庸」 그리고 또 우리 「三國遺事」와 「三國史記」 같은 책의 내용을 한 길 더 깊이 애독하게 되고, 다니는 길가의 풀포기, 그 곁의 어린애들의 눈을 좀더 유심히 바라다보게 되었다.
내 《上里果園》이란 작품은 쓰기는 그 이듬해 1952년 봄, 정읍 내 누이의 과

수원에 잠시 있을 때 쓴 것이지만, 생각의 뼈다귀는 이 자살미수 뒤의, 햇볕의 간절도 속에서 이루어졌던 것이다.

— 「천지유정」 중에서

죽음에 임박한 자가 생生에 대한 애착과 갈구가 더욱 간절할 수 있듯이, 6·25 전쟁이라는 수난의 세월과, 그 세월 속에서 겪은 삶과 죽음의 고빗길을 더듬어 온 그에게 있어서는 "고목나무에 푸르므레 봄빛이 드는 거"(「무제」)나, 과원의 그 흐드러지게 피어있는 "굉장히 즐거운 웃음판"(「상리과원」) 등은 아닌게아니라 생生의 열락悅樂을 확인하는 현장이 되었을 것이다. 말하자면 살아 움직이는 새로운 생명들을 바라볼 수 있다는 그 자체만으로도, 그 자신이 아직 용케도 잘 견디며 살아있다는 기쁨을 만끽할 수 있었던 것이며, 그 때 거기 눈에 띄는 살아있는 존재의 그 무엇이든 간에 살아있다는 그 점이 바로 아름다움이며 더없는 축복으로 생각되었을 것이다.

따라서 위에 인용한 「무제」나 「상리과원」 등은 그러한 정신적 바탕 위에서 쓰여졌다고 봐야 하며, 좀 더 넓게는 6·25 전쟁이라는 뼈저린 비극을 겪고 난 뒤의 작품임을 이해해야 된다.

그런데 한 가지 다시 주목해야 할 점은, 「무제」나 「상리과원」과 같은 작품에서 그런 비극성을 전혀 찾을 수 없다는 점이다. 아니 오히려 비극성은 고사하고 평화롭기만한 전원풍경이거나, 아니면 동양화의 한 폭을 보는 것 같은 시적 분위기를 연출해주고 있음을 보게 된다.

그러면 이렇듯 평화로운 세계를 창조해 낼 수 있었던 비밀은 어디에서 찾아야 하는가? 그것은 다름 아니라, 그가 이미 그러한 비극적 상황을 훨훨 털고, 그것으로부터 초극하고 있는 자의 자세로 앉아있기 때문이다.

그리고 그러한 초극超克의 자세는 또한 앞에서도 얘기한 바와 같이 그가 이미 겪을 만한 것을 겪은, 불혹不惑의 나이에 접어들어 있는 데서 그 연유를 찾아야 한다. 말하자면 그는 이미 인생살이의 만고풍상을 '짭짤하게' 다 겪었기 때문에, 이제는 사물을 담담히 관조觀照의 눈으로 바라볼 수 있게 되었으며, 생生에 대한 긍정적 자세를 갖게 된 것이라고 볼 수 있는 것이다.

한편, 이 무렵의 그의 일련의 작품들이 산문시 형태를 취하고 있는 것을 볼 수 있다. 앞의 「무제」, 「상리과원」 뿐만 아니라, 이 무렵의 시 「山河日誌抄」, 「祈禱 1」, 「祈禱 2」, 「나의 詩」 등 일련의 작품들이 산문적인 흐름을 보여주고 있다. 이러한 산문적 시의 리듬은, 『화사집』 무렵의 거센 열정과 호흡을 지나서, 『귀촉도』 무렵의 안정과 가라앉은 톤을 지나서, 얻어진 리듬이라는 점이다.

이것은 마치 한용운韓龍雲의 시 「님의 沈黙」, 「알 수 없어요」 등에서 볼 수 있는, 명상적이고도 장중莊重한 유장조幽長調의 리듬과 유사하기는 하지만, 전혀 같은 것은 아니다. 한용운의 그것들은 명상적이고 종교적인 분위기를 자아내지만, 미당의 경우는 시의 전편에 흐르는 생명력 있는 것들의 도도한 흐름이나 융융한 흐름을 광활하게 표현하기 위한 방법이요 리듬이라 할 수 있다.

그리고 또 한편, 앞의 작품들에서는 회화성이 강하게 나타나는 것을 볼 수 있다. 앞에서 "평화롭기만 한 전원의 풍경이거나 아니면 동양화의 한 폭을 보는 것 같은 분위기를 연출"한다고 한 표현은 바로 그 회화성을 두고 한 말이다. 그리고 그 회화들은 '관조觀照의 거울' 속에 투영된 회화라는 사실이다. 바꾸어 말하면, 단순히 자연의 정경情景을 묘사하는 것으로 끝나는 회화가 아니라, 대개의 경우 인간사人間事나 혹은 우리의 삶의 모습들이 그 속에 투영되어 있는 것을 보게 된다. 말하자면 그가 그려놓은 '그림'은 우리 인간세상의 삶의 축도縮圖를 거기서 발견할 수 있게 해주는 그런 그림이라는 말이다. 앞의 「상리과원」 등 일련의 작품들이 바로 그런 우리의 사는 일들을 담담히 바라보게 해주고 있으며, 건강하고 밝고 현세적인 시적 세계를 보여주고 있는 것이다.

그러나 시집 『서정주 시선』에는 밝고 현세적인 관조의 세계만 있는 것은 물론 아니다. 6·25 전쟁 이후의 그의 비극성을 초극한, 그리고 그 무렵의 정신적 내상內傷을 더듬다 보니 그리된 것이지, 이 무렵부터의 그의 시세계는 더욱 더 광활하게 펼쳐진다.

가령, 천상적天上的이고 미래적인, 혹은 영원의 시간속으로 유영遊泳하게 해주는 시세계도 있고, 고전古典을 현대화하여 작품으로 재현再現해 보인 「춘향유문」, 「추천사」, 「다시 밝은 날에」 같은 작품도 있으며, "누이의 수틀 속의 꽃밭을 보듯" 세상을 보는, 우리 민족 내면으로 흐르고 있는 한恨의 정서를 표출한 명작(「학」)도 있다.

그런가 하면, 우리에게 친숙한 「국화 옆에서」 같은 작품에서도, 겪을 만한 것은 모두 겪은 자로서의 초극과 달관을 볼 수 있다. 중년 여인의 외로우나 그러나 아름다운 모습이 동기가 된 듯한 이 작품에서도, 인생살이의 모진 추위와 가난을 겪은 중년中年의 나이에 접어든 시인의 눈이기 때문에 인고忍苦의 세월 뒤에 피어난 꽃(국화)을 발견할 수 있었던 것이다.

> 내가 이십대에 '素服하고 거울 앞에 우두커니 홀로 앉아있는 四十代의 女人'의 모습을 보았다면, '흥! 저 아주머니는 헬쑥한 게 밉상이야. 얼이 빠졌어!' 하고 비웃었음에 틀림없을 것이지만, 인제 이 〈菊花 옆에서〉를 쓸 무렵에는 어느 새인지 거기에도 한 서릿발 속의 국화꽃에 견줄 만한 여인의 미를 새로 이해하게 된 것도 敍上한 바와 같은 것들의 많은 되풀이, 되풀이의 결과

임은 물론입니다. 그래서 내가 어느 해 새로 이해한 이 靜逸한 사십대 여인의 미의 영상은 꽤 오랫동안 — 아마 2, 3년 그 표현의 그릇을 찾지 못한 채 내 속에 잠재해 있다가, 1947년 가을 어느 해 어스름 때 문득 내 눈이 내 정원의 한 그루의 국화꽃에 머물게 되자, 그 형상화 工作이 내 속에서 비로소 시작되었던 것입니다.

— 詩作過程을 밝힌 글 중에서(『詩創作法』, 4287. 9월 宣文社 刊)

사실 그의 시 「국화 옆에서」는 40대 중년 여인의 완숙미를 국화꽃을 통하여 상징해주고 있는 시이다. 젊은 날의 고뇌로운 방황을 통하여서도 발견하지 못하던 국화꽃(中年女人)의 아름다움을 탕아蕩兒의 귀향을 통하여 드디어 발견하고 있으며, 그러한 '국화'의 아름다움은 숱한 인고忍苦의 세월을 겪은 뒤에 얻어진 것임을 보여줌으로써, 한 아름다움의 탄생의 어려움, 한 가지 일의 성숙의 어려움을 말해주고도 있다.

즉, 이 40대라는 나이는 인생을 겪을 만큼 겪은 나이여서, 지위와 학력의 차이에도 관계없이 한 관조觀照의 거울을 마련하는 나이인 것 같다. 공자孔子는 이 40대를 '불혹不惑'이라 했다. 공자의 이 말이 뜻하는 바도, 햇볕과 바람이 익혀준 자연적 연치年齒로서의 40의 나이는 많은 자각을 가져다주고, 마음공부를 가져다주는 나이이며, 그리고 이 나이까지 체득한 힘이 온화한 눈을 만들어 주고, 담담히 인생과 사물을 바라볼 수 있는 눈이 만들어지는 나이인 데서 한 말이 아닌가 생각된다.

이 「국화 옆에서」는 바로 그런 나이에 산출된 작품이다. "1947년 가을 어느 해", "그 형상화 工作"이 이루어졌다고 '시작과정'에서 말하고는 있으나, 한 동안의 시적 여과과정을 거쳐서, 1955년 『서정주 시선』에 수록된 작품이기 때문이다.

그리고 이 때는 민족적으로 개인적으로 겪을 만한 것을 겪은, 그리하여 인생과 사물을 젊은 날의 그것과는 또 다른 눈으로 바라볼 수 있는 나이에 이르렀기 때문에, 봄의 화사한 어느 꽃보다도 여러 가지 어려운 기상조건을 이겨내고 피어난 가을날의 국화에게서 또 다른 어떤 아름다움을 발견하고 노래한 작품인 것이다. 바꾸어 말하면 '忍苦의 세월 뒤에 피어난 꽃' 인 국화의 아름다움을 발견할 수 있었던 것은, 그러한 인고의 세월을 겪고 난 시인의 눈이었기 때문에 가능한 것이었다는 말이다.

그러므로 그 '국화' 는 "머언 먼 젊음의 뒤안길에서" 더디고 아픈 생명의 고통을 참고 견디며 지나쳐 왔기 때문에, "인제는 돌아와 거울앞에 선 / 내 누님같이 생긴 꽃"으로 비유될 수 있었던 것이다.

한편 이 시가 넓은 독자층에 애송되고 있는 비밀은, 그러한 중년여인의 외롭고도 아름다운 모습을 '국화' 로 표상한데 있는 게 아니라, 그 국화가 탄생하기까지의 이 우주의 섭리와 자연의 순환, 그리고 그 많은 기상의 변화들이 이룬 하나의 총체總體로서의 국화를 노래한 데에 있음을 우리는 이해해야 된다. 말하자면 중년 여인의 아름다움 그 자체가 아니라, 그 아름다움을 이루기까지의 과정을 노래하고 있는 데에 묘미가 있고 애송의 비밀이 있는 것이다.

한 아름다움의 탄생의 어려움, 한 가지 일의 성숙의 어려움, 그리고 그만큼 더디고 아프게 탄생하고 성숙하는 것에 대한 신비로움과 생명의 존엄성을 노래하고 있는 데에서 애송의 비밀을 찾아야 할 것으로 믿는 것이다.

그리고 다시 바꾸어 말하면, 한恨의 강물을 헤어나온 자者이기 때문에 바로 그 '국화' 의 아름다움을 발견할 수 있었던 것이기도 하다.

한편, 미당 자신도 "곤경을 겪어야 좋은 시를 쓰는 것 아닌가 생각된다"고 말할 정도로 이 작품은 '좋은 시' 의 반열에 오르게도 되었고, '국민적 애송시' 가 된 비밀도 바로 거기에 있는 것 아닌가 하는 생각도 든다.

제6장

50대 무렵, 영생적 개안開眼의 시기
그리고 파천황의 상상력, 혹은 불교적 은유

1. 영생적 개안開眼의 시기

　미당의 네 번째 시집 『신라초』가 출간된 것은 1960년이고, 다섯 번째 시집 『동천』이 출간된 것은 1968년, 그의 나이 53세 때이다. 그의 나이 45세 때에 나온 『신라초』를 50대에 나온 『동천』의 작품연령과 합류시켜 논의하려는 것은, 『신라초』는 『동천』을 낳기 위한 실험적 작업에 불과한 것이었다고 필자에겐 보이기 때문이다.

　혹자들은 『신라초』에 대하여, '형이상학적形而上學的 구도'의 작품세계를 보여주고 있다거나, 새로운 '영혼의 방랑'을 임시하는 소중한 작품세계, 혹은 '잠시 安住' 했던 「국화 옆에서」에서 또 다른 '모험의 길'로 접어든 작품세계라는 등 여러 가지의 견해들을 보이고 있으나, 필자가 보기에는 신라인의 정신세계(슬기)를 해명해주고 전달하고자 했던 시인의 의도가 보일 뿐인 시집인 것이다.

『신라초』를 정독해 본 사람이면 누구나 느낄 수 있는 것과 같이, 『삼국유사』 등에 나타나 있는 신라인들의 슬기 혹은 신라인들의 사랑을 해명하고, 그것을 독자들에게 전달해주고자 하는 의도로 쓰여진 작품들이며, 시인의 정신세계를 반영하는 작품세계는 아닌 것이다.

　모름지기 시라는 것은, 시인의 영혼의 중핵中核 속에서 산출되는 것임을 이해해야 된다. 신라인들의 영혼이나 정신세계를 전달하고자 하는 의도로 쓰여진 시이기 때문에, 신라인들의 정신세계나 그들의 지혜(슬기)가 담겨있는 작품들일 뿐이지, 정작 미당의 정신세계나 영혼의 중핵中核을 찾기는 어렵다는 말이다.

　따라서, 시인의 정신 발전의 궤적軌跡을 더듬으며 논의를 해가고 있는 본고에서는 『신라초』는 중요한 텍스트가 될 수 없다. 그리고 작품 성패의 면에서 볼 때에도 『신라초』는 성공을 거둔 작품들이라고 평가하기는 어렵다고 하겠다.

　미당 자신은, 이 『신라초』에 대하여 '『삼국유사』를 배제한 순수한 독자의 입장에서 분석하고 쓴 작품'이라고 말하지만, 신라인의 지혜知慧를 전달하고자 하는 의도가 보인다는 점만은 부인할 수가 없다. 다음의 인용문을 참고로 해보자.

　　또, 나는 『三國遺事』와 『三國史記』 속의 이야기들 하고도 눈이 잘 맞아, 그것들을 한문 재수 겸해서 예쁜 카아드들에 한 이야기씩 한 이야기씩 또박또박 정성을 다해 가는 글씨로 옮겨 베끼고는 특별히 마음에 드는 구절엔 붉은 빛의 관주를 쳐갔다. 여기서 이렇게 시작하여 내가 만들어 지니고 다닌 이 카아드 다발이 뒤에 내가 하게된 그 신라의 기초가 된 것이다.

— 「천지유정」 중에서

그의 자서전 「천지유정」에 보이고 있는 위의 구절은 그가 1·4 후퇴 당시 전주에서 피난살이 하던 때를 기술한 내용이긴 하지만, 이것은 또한 『신라초』가 쓰이게 된 과정을 설명하는 내용이 되기도 한다.

그리고 이 무렵 그가 읽은 『삼국유사』나 『삼국사기』의 내용들은, 이 『신라초』뿐 아니라 그 이후의 시집 『동천』이나 『질마재 신화』, 『떠돌이의 시』, 『학이 울고 간 날들의 詩』 등에 산견散見되기도 한다. 비록 그 표현 기법이나 작품의 구조들은 상당한 차이를 보이고 있다 할지라도, 이 『삼국유사』, 『삼국사기』 등의 영향을 입은 작품들은 『신라초』 이후의 시집들에서도 많이 눈에 띄는 것이다. 그리고 그 점은 그에게 있어 매우 다행스런 일이 아니었나 하는 생각도 든다.

왜냐하면, 이들 두 가지의 고전을 통하여 그가 우리 한국인의 정신적 뿌리를 좀 더 깊이 있게 천착하게 되었고, 또 한편으로는 바로 우리 민족의 본성을 재발견하는 계기가 되어주었으리라고도 생각되기 때문이다.

> 신라정신이 우리 것보다 더 가지고 있었던 것은 뭐냐하면, 그것은 알아듣기 쉽게 요샛말로 하면 영원주의입니다. 현생만을 중요시 하여 이치나 모랄이나 지향이나 감정을 가진 것이 아니라 영원을 입장으로 해서 가졌단 말씀입니다. 허나 이 일이 신라시절에만 그랬다가 고려의 儒學天下以來 끊어져 버렸다고 생각하는 것은 어리석습니다. 전통력이라는 것이 어디가 그런 것인가요. 유학적 현재주의만 가지고는 제외할 수 없던 — 이 정신의 또 다른 힘은 고려이래 모든 권위의 밑바닥에 숨은 한 개의 잠재력이 되어 오늘날의 우리에게도 전승되어 있습니다.
>
> — 《한국일보》(1959. 2. 15일자)

아무튼 그가 우리 한국인의 정신의 뿌리를 신라인의 정신세계(永遠主義)에서 찾으려 했고, 또 그러한 노력의 일환으로 『신라초』의 작품 속에 그것을 구현시키려 했던 것은, 작품 성패成敗의 여하에도 불구하고 시문학사적 의의는 지니고 있다고 할 수 있다.

그럼 여기서 『신라초』에 수록된 작품 몇 편을 예로 들어, 그의 시작詩作 의도를 짐작 해보기로 한다. 먼저 신라인들의 '계층을 초월한 사랑'을 전달하고자 쓰여진 듯한 미당의 「老人獻花歌」를 살펴보기로 한다. (*먼저 『삼국유사』에 수록된 수로부인水路夫人에 관한 얘기부터 소개(번역문 소개)하고 미당의 「노인헌화가」를 살펴보기로 한다.)

　　新羅 聖德王 때, 늦은 봄날 동해를 끼고 굽이쳐 나간 길, 그 길을 純貞公은 그의 부인 水路와 그리고 從者들을 거느려 가고 있었다. 그는 강릉 태수로 임명되어 그곳으로 부임해 가는 도중이었다. 바닷가의 어느 곳을 잡아 그들은 길을 멈추고 점심 자리를 벌였다. 그 곁에는 바다를 임해 병풍처럼 둘러선 석벽이 있어 높이가 천 길, 그 위에는 활짝 철쭉꽃들이 탐스럽게 피어 있었다.
　　水路夫人은 그 꽃을 가지고 싶었다. 從者들을 둘러보며 물어보았다.
　　"저 꽃을 꺾어다 줄 사람은 누구일까?"
　　從者들은 그 석벽은 도저히 사람의 발자취가 이르지 못할 곳이라 하여 모두들 난색을 지으며 水路夫人의 요구에 응하지 않았다. 그 때 마침 한 老人이 암소를 끌고 그 곁을 지나다가 水路夫人의 말을 엿듣고서 천 길 석벽 위로 올라가 부인이 탐내던 그 철쭉꽃을 꺾어다가 부인에게 바치며 詩를 읊었다.

　　　　자주빛 바위 끝에
　　　　잡으온 암소 놓게 하시고
　　　　날 아니 부끄리시면
　　　　꽃을 꺾어 바치오리이다.

　　임지江陵를 향해 이틀 길을 더 가다가 역시 바닷가 어느 정자에서 점심을 먹고 있을 때, 홀연히 바다에서 龍이 나타나 水路夫人을 납치해 가버렸다. 純貞公은 발을 구르며 야단을 쳤으나 어찌할 수가 없었다.

그때 老人이 또 나타나 "옛 사람의 말에 '뭇 사람의 말은 쇠도 녹인다'고 했는데 바닷속의 한 축생이 어찌 뭇 사람의 말을 두려워하지 않을까보냐. 境內의 백성들을 모아 노래를 지어 부르며 막대기로 바닷물을 치면 부인을 찾을 수 있다"고 했다.

純貞公은 노인이 일러준 대로 했다.

거북아 거북아 水路夫人을 내놓아라.
남의 부녀 뺏아간 죄 얼마나 큰가.
네 만일 거역하고 내놓지 않으면
그물로 잡아 구워 먹어버릴 테다.

뭇 사람이 모여 海歌를 외치며 막대기로 물가를 치니, 그제사 龍은 부인을 받들고 바다에서 나왔다.

水路夫人은 絶世의 美女여서 깊은 산골이나 연못을 지나다가 여러 번 神物에게 납치되곤 했다.

— 『삼국유사』 2권 중에서

위의 '삼국유사'에 담긴 설화를 참고로 하여 살펴보면, 아무도 올라가 꺾을 수 없는 벼랑의 철쭉꽃을 암소를 끌고 가던 노인이 꺾어서 가사까지 지어 바쳤다는 이야기이다.

그러면 그 '老人'은 과연 누구인가? 혹자는 그 '老人'을, 암소를 끌고 간 것으로 보아 '農神'일 거라 말하는 이도 있고, '知者' 혹은 '賢者'라 말하는 이도 있고, 혹은 '암소'는 불도佛道의 상징적 동물이기 때문에 '道者'(道僧)일 것이라고 말하는 이도 있다. 만약 이 노인이 '도승道僧'일 경우 이 삼국유사를 쓴 중僧 일연一然 자신을 말한다는 것이어서, "잡으온 암소 놓게 하시고"는 곧 '도 닦는 것을 그만 두고' 혹은 '破戒하고라도'의 뜻을 지닐 수 있다는 것이다.

만약 그럴 경우, 한 '道僧'의 미인(水路夫人)에 대한 불붙는 듯한 열정을 짐작할 수 있게 한다. '破戒'할 정도의 사랑의 열도熱度를 짐작할 수 있게 하는 것이다.

그리고 또 한 가지 분명한 사실은, 수로부인과 그 노인은 신분이 같지 않다는 사실이다. 수로부인은 강릉 태수로 부임하는 순정공의 아내이므로 귀족이라 할 수 있지만, 암소를 끌고 가던 노인은 관직이 없는 자연인自然人이어서 평민이라고 할 수 밖에 없다.

여기서 지적하려고 하는 것은 바로 이 점이다. 귀족의 미인에게 바친 평민의 사랑의 표현, (죽음을 무릅쓰고 꽃을 꺾어 바칠 만큼의 사랑) 또 그렇듯 평민으로서 감히 귀족에게 사랑의 표현을 할 수 있었던 신라인들의 정신세계, 곧 '階層을 초월한 사랑' 그것을 말하려는 것이다.

'귀족'과 '평민'의 사랑, 거기엔 분명 짝사랑의 비애가 서려 있는 것이라고 하겠다. 말하자면 그 '道僧'은 자기가 소유한 것을 포기(?)할 정도로 이미 약자의 위치에 있다고 할 수 있으며, 바로 그렇기 때문에 처절한 사랑의 대시가 필요했다고 볼 수 있다. 그것은 수로부인이 남의 아내라는 사실도 망각해버릴 만큼의 뜨거운 열기가 거기 있는 것이다.

그러면 왜 그렇게 강렬한 사랑의 마음이 싹튼 것일까? 그것은 수로부인이 그만큼 미인인 데서 기인한다. 삼국유사의 기록에도 보이는 바와 같이, 수로부인은 그 용모가 너무 아름다워서, 산이나 바다를 지날 때마다 여러 차례 '신물'(神物 : 龍이나 혹은 龜(海神))에게 붙들려 갈 만큼 미인이다. 그리고 그만큼 미인이기 때문에, 자기가 소유한 모든 것(그 당시엔 '암소')을 놓아버리고, 죽음을 무릅쓰고 사랑의 마음을 표현할 수 있었던 것이다.

이러한 『삼국유사』의 설화를 담아, 그 내용을 '전달하고자' 쓰여진 미당시 「노인헌화가」는 다음과 같다.

"붉은 바위ㅅ가에
잡은 손의 암소 놓고
나르 아니 부끄리시면
꽃을 꺾어 드리리다."

이것은 어떤 신라의 늙은이가
젊은 여인네한테 건네인 수작이다.

  (중략)

햇빛 포근한 날 — 그러니까 봄날,
진달래꽃 고운 낭떠러지 아래서

그의 암소를 데리고 서 있던 머리 흰 늙은이가
문득 그의 앞을 지나는 어떤 남의 안사람을 보고
한바탕 건네인 수작이다.

자기의 흰수염도 나이도
다아 잊어버렸던 것일까?

물론
다아 잊어버렸었다.

남의 아내인 것도 무엇도
다아 잊어버렸던 것일까?

물론
다아 잊어버렸었다.

꽃이 꽃을 보고 웃듯이 하는
그런 마음씨 밖엔, 아무것도 가진 것이 없었었다.

       — 「노인헌화가」 부분

위의 시는 본래의 「獻花歌」에 함유된 정서를 작자 나름대로 전달해보려는 의도를 담은 작품으로서, 현실적으로는 귀족의 신분인 여인(水路夫人)과 평민(?)의 신분인 노인 사이의 계층을 초월한 사랑의 진수眞髓를, 신라인들의 초계층적인 사랑에 대한 의식세계를 전달하려 했다는 것을 우리는 알 수 있다.

말하자면, 이 시에서의 수로부인은 강릉태수의 부인의 자격이 아니라, 한 아낙네로서의 자격을 지녔을 뿐인 것이며, 노인이 그 '여인네한테 건네인 수작'도 강릉태수 부인이라는 관직을 의식하고 '건네인 수작'이 아니라, 한 자연인인 '여인한테 건네인 수작'일 뿐인 것으로 작자는 수용하고 있다.

하기야 관직도 무엇도 한거풀 벗고 나면, 자연인의 존재에 불과한 것일 뿐이며, 그 사랑의 열도가 강렬한 한 도승道僧(?)의 의식세계, 즉 죽음을 초월할 정도의 사랑의 열도 속엔 관직마저도 의식될 까닭이 없다고 하겠다.

한편, 초계층적인 사랑의 예는 '志鬼'라는 자의 사랑에서도 볼 수 있다. 선덕여왕은 지귀志鬼라는 자의 여왕에 대한 짝사랑을 위로해, 그 누워 자는 데 가까이 가서, 지귀의 가슴에 그의 황금팔찌를 벗어놓았다는 얘기가 있다. 삼국유사에 보이는 이러한 설화를 통하여서도 한 범부(凡夫:志鬼)의 지존의 임금(善德女王)에 대한 사랑을, 신라의 국법으로 따지면 천부당 만부당한 그러한 사랑을 볼 수 있게 한다.

다시 말하자면, 이 지귀라는 자도 관직을 의식하지 않은, 혹은 죽음을 각오할 만큼의 짝사랑의 주인공이라 할 수 있다. 또 그러한 미치광이의 사랑을 국법으로 다스리지 않고 받아들인 선덕여왕의 불교적 슬기에서도, 국법보다도 더 큰 사랑의 의미를 볼 수 있게 한다. 그리고 그것은 곧 앞에서도 말한 '계층을 초월한 사랑'을 다시 볼 수 있는 예가 되기도 한다.

다음의 시에서 미당은, 바로 그 비천하기 짝이 없는 지귀志鬼의 짝사랑을 받아들인, 선덕여왕의 슬기(智慧)를 노래한다.

朕의 무덤은 푸른 嶺 위의 欲界 第二天,
피, 예 있으니, 피, 예 있으니, 어쩔 수 없이
구름 엉기고, 비 터잡는 데— 그런 하늘 속.

피, 예 있으니, 피, 예 있으니,
너무들 인색치 말고
있는 사람은 病弱者한테 柴糧도 더러 노느고,
홀어미 홀아비들도 더러 찾아 위로코,
첨성대 위엔 첨성대 위엔 그 중 실한 사내를 놔라.

살(肉體)의 일로써 살의 일로써 미친 사내에게는
살 닿는 것 중 그 중 빛나는 黃金팔찌를 그 가슴 위에,
그래도 그 어지러운 불이 다 스러지지 않거든,
다스리는 노래는 바다 넘어서 하늘 끝까지.

하지만 사랑이거든
그것이 참말로 사랑이거든
서라벌 천년의 智慧가 가꾼 國法보다도 國法의 불보다도
늘 항상 더 타고 있거라.

朕의 무덤은 푸른 嶺 위의 欲界 第二天,
피, 예 있으니, 피, 예 있으니, 어쩔 수 없이
구름 엉기고, 비 터잡는 데 — 그런 하늘 속.

내 못 떠난다.

—「善德女王의 말씀」 전문

이 시는 삼국유사의 설화를 바탕으로 '欲界 第二天'에서 선덕여왕이 말하는 한 단편인 것처럼 쓰여진 시이다. 따라서 이 시의 화자는 선덕여왕이며, '欲界 第二天'은 불경에서 말하는 '忉利天'을 말한다. 그리고 '忉利天'은 선덕여왕이 붕할 때 '忉利天 속에 장사지내 달라'(『삼국유사』참조)고 유언한 데서 근거를 얻은 것이며, 따라서 선덕여왕은 아직 '欲界'를 벗어나지 못하고 있음을 보이고 있다. 그것은 왜냐하면, '살(肉體)의 일' 때문이다. '살의 일'이란 무엇인가? 그것은 곧 지귀의 짝사랑을 받아들이기로 한 선덕여왕이기 때문에, 그러한 이승의 육체(살)의 일을 못 잊어서 아직 '欲界 第二天'에 남아있는 것이다.

결국 선덕여왕은 지귀의 짝사랑을 불교적 슬기로 받아들이고, "빛나는 黃金팔찌"를 그 범부凡夫의 가슴 위에 놓아주고, "그래도 그 어지러운 불"이 '志鬼'의 가슴 속에서 꺼지지 않는다면, "다스리는 노래는 바다 넘어서 하늘 끝까지" 이르기를 바라고 있는 것이다. 말하자면 "國法보다도" 더 큰 사랑의 의미를 이 작품에선 보이고 있다 하겠으며, 그러한 신라인들의 '계층을 초월한 사랑', 즉 "서라벌 천년의 智慧"를 미당은 전달하고 싶었던 것이다.

그리고 이승에서의 '性愛'을 넘어서서, 저승('欲界 第二天')에로까지 이어지는 이러한 영적靈的 사랑을 노래할 수 있었던 미당이야말로, 이제 그 노래(詩)의 영역이 확장되고 있음을 보여주는 사례라고 볼 수 있다. 다시 말하면, 이 무렵부터 미당의 시세계는 지상적 삶에 머무르지 않는다. 현세를 초월하여 이승과 저승, 영원과 찰나, 지상과 천상을 아우르며 점철되는 시세계를 보여주는 것이다. 그의 육신은 지상적 현세적 삶을 살았지만, 그의 영혼은 우주적 삶을 살았고, 이승과 저승을 꿰뚫는 삶을 살았으며, 찰나와 영원을 바라보는 삶을 살았다는 말이다. 그러므로 그의 시는 이 무렵부터 현세적 삶을 노래한 것만이 아니라, 영원의 삶을 노래하기 시작한 것이고, 영원을 꿰뚫어보는 오달悟達한 자의 노래로 발전하기 시작하는 것이다.

다시 바꾸어 말하면, 이 무렵부터 그의 시는 불교적 색채가 드리워지기 시작하고, 윤회설이나 인과응보因果應報, 이른바 영생적 개안開眼의 시기로 접어들게 된다고 볼 수 있다. 신라의 국교國敎가 불교였던 것을 상기해본다면, 유독 이 무렵 미당이 그 '新羅'에 천착했다거나, 그리고 '신라정신' 속의 '영원주의'를 항상 얘기했던 점들로 미루어 볼 때, 그의 시세계가 다분히 불교 쪽으로 경도되고 있었던 것을 짐작하게 된다.

그러나 그의 시세계가 이 무렵부터 불교 쪽으로 경도되고 있다는 얘기일 뿐, 불교시인이라는 얘기만은 아니다. 그의 시세계는 때로는 유교적이기도 하고 때로는 도교적道敎的인 경우도 있지만, 이 무렵부터 특히 불교 쪽으로 많은 관심으로 보이고 있었다고 하겠다. 그리고 신라인의 슬기이기도 한 '영원주의' 혹은 영생적 개안開眼을 보이기 시작한 때라고도 하겠다.

2. 파천황의 상상력 혹은 불교적 은유

한편, 그의 제5시집 『동천』의 경우, 그의 이제까지의 문학적 성과 중에서 가장 눈길을 끄는 압권壓卷으로 보인다는 점을 우선 전제해두려고 한다. 그는 첫시집 『화사집』에서 출발하여 30대 무렵의 『귀촉도』, 40대 무렵의 『서정주 시선』 등 그때그때마다의 정신 발전과 함께 시적 변화를 보여왔다고 볼 수 있는데, 드디어 50대 무렵의 시집 『동천』에 이르러 그의 시는 화려한 개화開花를 보이고 있다고 말할 수 있다.

어찌 보면 이제까지의 네 권의 시집들은 이 『동천』에서의 화려한 개화를 위한 예비과정이었거나, 아니면 우회의 과정이었을지도 모른다. 특히 지금까지의 그의 작품들이 주로 감성에 의존하는 작품들이었다고 한다면, 이 『동천』에서는 감성과 이성이 조화를 이루는 시세계를 보여준다. 즉 가슴(감성)과 머리(이성)가 만나는, 그래서 두뇌의 무게가 강조되는 형이상적形而上的인 세계를 보여주기 시작하는 것이다. 그리고 그러한 시적 발전은, 그가 『신라초』에 수록된 작품들을 창작하면서 얻은 불교적 상상력과 불교적 은유로부터 체득된 것이 아닌가 하는 생각도 든다.

다음과 같은 미당의 진술은 한 참고가 될 것 같다.

> 쉬르레알리스트가 인간의 잠재의식의 층을 침참하여 뒤지다가 상상의 빛나는 신개지들을 개척하고 거기 맞춰 전무한 은유의 새 풍토를 빚어낸 사실을, 우리는 지금도 여전히 찬양하지 않을 수 없다. 그러나 내 생각 같아서는 쉬르레알리즘이 보여온 그런 새 풍토들도 불교의 경전 속에 매장되어온 파천황의 상상들과 그 은유들의 질량에 비긴다면 무색한 일이다.
>
> ―『서정주 문학전집』 2권, p.266

위의 인용문에서 특히 눈길을 끄는 구절도 '파천황의 상상들과 그 은유들'이라는 구절이다.

사실 이 시인은 시집 『동천』을 쓸 무렵, 바로 이 '파천황의 상상들과 그 은유들'을 꾀하고 있었는지도 모른다. 아니 좀 더 확실하게 말하자면 그는 불교적 상상과 은유에 매료되어 있었던 것이 사실이다. 시집 『동천』에 보이고 있는 그의 언어유희言語遊戱는, 때로는 불교적 상상의 세계로 유인하기도 하고, 때로는 독자를 우롱하는 듯 하기도 하고, 때로는 독자를 어리둥절하게도 하지만, 그러나 그것들이 보여주는 공통점은 독자들에게 언어의 안개 속을 방황하도록 해준다는 점이다. 그리고 그 점은 바로 그 '파천황의 상상들'의 세계로 독자들을 이끌어가기 때문에 빚어지는 일일 것으로 믿는다.

'천황天荒'이란 말은, 천지가 아직 열리지 않은 때의 혼돈한 상태를 말하며, 이것을 찢어버리고 새로운 세상을 만든다는 뜻이 곧 '파천황'이다. 미증유未曾有의, 전대미문前代未聞의 파벽破僻의 상태를 파천황이라 하는 것이다.

바꾸어 말하면, 불교佛敎의 경전經典에 상당히 눈을 뜬 사람에게, 혹은 불교적 상상력이 가능한 지성인들에게 비로소 그 '파천황의 상상들'의 세계는 문門을 여는 것이 아닌가 생각된다. 문을 열 뿐만이 아니라 그러한 상상력을 얻어야만 비로소 불교적 시적 은유도 가능한 것이 아닌가 생각되는 것이다. 다시 말하자면 불교적 슬기에 개안開眼을 해야만, 그러한 불교적 은유도 가능할 것이라는 말이다.

그가 이 무렵 개안開眼을 보인 것 중에서 가장 두드러지게 작품으로 구현具現시키고 있는 것은 영생적永生的 개안이다. 물론 이것은 그의 시력詩歷 가운데 어제 오늘의 이야기는 아니지만, 시집 『동천』에 이르러 유독 많이 그것을 보이고 있다.

그가 시집 『신라초』에서 보여주었던 신라인의 정신세계나 불교적 상상들, 더 멀리는 시집 『귀촉도』에서 보여주었던 불교적 시편詩片들, 또 좀 더 멀리는 초기시집 『화사집』의 「復活」이란 작품 등에서 보여주었던 불교적 윤회사상이나 상상력들이, 드디어 아 『동천』에 이르러 시인의 독특한 언어 비술秘術과 조우遭遇를 함으로써, 빛나는 작품들이 창조될 수 있었던 것이다.

특히 그 중에서도 「동천」, 「蓮꽃 만나고 가는 바람같이」, 「님은 주무시고」, 「내가 돌이 되면」, 「외할먼네 마당에 올라온 해일」, 「日曜日이 오거던」 등을 유심히 살펴보면, 그의 독특한 영생적 개안의 세계나 혹은 죽음을 초극할 수 있는 어떤 깨달음, 혹은 윤회의 사상들이 그의 언어의 날개에 실려 한없이 시적 세계를 넓히고 있는 것이다. 그리고 또 한편으로는 '불교는 종교라기보다 삶의 방식'이라 말하고 있는 리처드 곰브리치 교수(영국 불교학회 회장)의 말처럼, 이 무렵부터는 미당의 시에 불교는 이미 편편마다 뿌리박혀 있는 '시적 표현의 방식이거나, 아니면 그의 일상생활의 삶의 방식'으로 작용하고 있었던 것이라고 말할 수도 있을 것 같다. 필자가 미당 댁에 한 번씩 진배進拜할때 보면 의례히 그의 방안에는 향불이 피워져 있었다거나, 중僧들이 일상생활에 지니고 있는 염주念珠, 그리고 목탁木鐸들이 가지런히 책상 위에 놓여 있는 것을 본 바 있었기 때문에, 더욱 그런 생각을 갖게 된다.

  아무튼 이러한 현상은 그가 '지천명知天命'의 나이에 이르렀기 때문이라 할까? 아니면 그의 시 구절에 있는 표현대로 "귀신허고도 / 相面은 되는 나이"에 이르렀기 때문이라 할까? 우리는 그러한 '相面'을 다음의 작품들을 해명하는 과정에서 이루어 보기로 한다.

    섭섭하게,
    그러나
    아주 섭섭치는 말고
    좀 섭섭한 듯만 하게,

    이별이게,
    그러나
    아주 영 이별은 말고
    어디 내생에서라도
    다시 만나기로 하는 이별이게,

연꽃
만나러 가는
바람 아니라
만나고 가는 바람 같이……

엊그제
만나고 가는 바람 아니라
한 두 철 전
만나고 가는 바람 같이……

— 「연꽃 만나고 가는 바람같이」 전문

위의 작품을 대하면 우선 '詩는 言語의 建築物이다'라고 한 하이데거의 말을 떠올리게 할 만큼, 그 짜임새 있는 유기체적 구조와 언어미言語美를 생각하게 된다. 그리고 한편으로는 인생을 대면하는 여유로운 자세와 죽음의 공포로부터 초극할 수 있는 마음공부를 생각하게 되고, 사상면으로는 불교의 윤회사상에 수월하게 길들여진 자로서의 시적 자세를 느끼게 된다. 말하자면 이제 그의 시는 원숙의 경지에 이르렀다는 생각을 갖게 해주는 것이다.

다음과 같은 그의 말을 참고해보기로 한다.

마음에서 마음으로 전해져 가는 영원의 윤회 — 이것을 쉬어버리고 해탈하라는 석가모니의 말씀이시다. 하늘나라엔 가서 무엇하느냐는 말씀이시다. 그러나 나는 아직도 그 윤회를 조금 더 해보고 싶다. 선덕여왕이 가겠다던 그 도리천 하늘쯤에 가서, 그런 데서 아주 해떨해 버릴 것인지의 여부는 다시 한 번 생각해 봤으면 좋겠다. 나는 사람들에게 정을 들이다가 안되면 중도에서 한 눈 파는 연습도 꽤 많이 해봤고, 또 풀잎사귀하고나 노는 연습도 꽤 성공을 한 셈이긴 하지만, 아직 이 정이, 이것이 욕계를 벗어날 수 있는 것이 못되는 줄을 잘 알고 있으니 말이다.

— 「내 詩와 정신에 영향을 주신 이들」 중에서(『서정주 문학전집』)

위의 인용문에서도 느낄 수 있는 바와 같이, 그는 이 무렵 불교의 윤회사상이나 신라인들의 영원주의(永生觀)에 상당히 많은 관심을 기울이고 있었던 듯하다. 앞에서도 말했지만 그것은 사실 미당에게 있어 어제 오늘의 얘기는 아니다. 이미 『화사집』 무렵의 「부활」이라는 작품에서부터 '輪回의 前兆'를 보이고 있는 것과 같이, 그 이후 시집 『귀촉도』에서나 『신라초』에서도 그러한 불교적 사유의 세계는 군데군데 눈에 띄었던 것이 사실이다. 그러니까 그러한 사유의 세계는 그의 시력詩歷에 있어 놀라운 일도 무엇도 아니다. 왜냐하면 그가 젊었을 때 유일하게 수강한 곳이 중앙불교전문강원中央佛敎專門講院이고, 바로 그곳에서 강하게 영향을 받은 분이 석전石顚 박한영朴漢永 대종사였던 점을 상기해본다면, 그가 불교적 사유의 세계를 보이고 있는 것은 어쩌면 당연한 귀결이라고 말 할 수도 있다. 그리고 그가 종교적으로는 불교 쪽으로 경도傾倒될 수밖에 없는 이유이기도 한 것이다.

그럼 이제 여기서 위의 인용시를 살펴보기로 한다.

잘 알려진 바와 같이 연꽃은 불교의 상징적인 꽃이다. 이 연꽃은 만다라화曼陀羅華라고도 하는데, 만다라화는 또 성화聖花로서의 연꽃을 말한다. 진흙바탕에 뿌리를 두고도 맑고 고요하게 피어나는 연꽃의 모습은 중생衆生을 제도濟渡하고자 했던 부처의 정신세계가 듬뿍 담긴 꽃으로 느껴지기도 하지만, 꽃 그 자체만으로도 어쩐지 마음이 맑아지는 듯한 느낌을 받게 하는 꽃이기도 하다.

위의 시에서는 그러한 "'연꽃'을 '만나고' 가는 '바람' 같이"라고 표현하고 있다. 물론 여기서의 '바람'은 인격화人格化된 명사이고, 그리고 그 '바람'이 '연꽃'을 '만나고' 간다는 것이다. 만약 '만나고'가 아니라 '만나러'라면, 불법佛法을 공부하러가는 사미승沙彌僧 쯤으로 느껴질지 모르지만, '만나고'라는 어감은 어쩐지 마음공부가 넉넉히 잘 된 선승禪僧쯤으로 느껴지는 것이 사실이다.

아무튼 "연꽃 만나고 가는 바람같이"라고 표현함으로써, 인생의 삶과 죽음을 그렇게 대면해야 한다고 노래하고 있는 것만 같다. 불교적 수도修道가 잘 되면 그런 경지가 이루어질지 모르지만, 대개의 우리 속인俗人들은, 특히 죽음의 공포로부터 초극할 수 있는 어떤 지혜를 터득하지 못한 채 살아가고 있는 것도 또한 사실이다.

그러나 이 작품은 그러한 속인(衆生)들에게, 불교의 지혜를 터득하여 죽음의 공포로부터 초극하기를 교시적으로 말하려 하고 있다. 아니 어쩌면 거의 완벽에 가까우리만큼 그러한 초극의 자세를 그의 독특한 언어비술言語秘術로 표현해주고 있다고 하겠다. 그리고 그런 의미에서 이 작품을 시집 『동천』에서의 백미白眉로 꼽고 싶은 작품이라고도 하겠다.

그리고 이 작품을 '白眉'로 꼽을 수 있는 이유는, 그 주제主題가 죽음의 공포로부터의 초극이니 뭐니 하는 내용면에서만도 아니다. 앞에서 본 고는 '輪回사상의 前兆'를 보이고 있는 작품으로 「부활」을 얘기한 바 있는데, 이 작품에서 그러한 윤회사상을 더욱 확연하게 드러내 보이고 있다. 즉, 이 시의 화자는 윤회사상에 깊게 젖어있기 때문에, 현세(現世 : 이승)에서 내세(來世 : 저승)까지의 거리를 동질同質의 관념으로 표현하여 "좀 섭섭한 듯만 하게"이거나, "다시 만나기로 하는 이별이게" 정도로 처리하고 있는 것이다. 그것은 우리네 세속적 관념으로는 도저히 싱싱힐 수도 없는 관념이다.

오래 전의 일이지만, 월남의 티치 쾅 툭이라는 중(禪僧)이 그 당시 군정軍政에 항의하며, 분신하는 모습을 보도報道를 통하여서나, 특히 박희선 시인의 장시長詩 「화염 속에 숨진 미소」를 통하여 우리는 기억하고 있다. 그 중은 사이공 광장에 운집한 군중들의 환시環視 속에, 가부좌跏趺坐하고 고요히 앉아, 자신의 몸에 휘발유를 뿌리고 불을 켬으로써, 자신의 몸이 숯덩이가 될 때까지, 그 가부좌 자세를 흐트러짐 없이 꼿꼿이 앉아 있었다 한다.

이것은 과연 무엇일까? 아무리 마음공부가 잘 됐기로서니, 자신의 몸이 숯덩이가 될 때까지, 꼿꼿이 앉아있을 수 있었던 의지력은, 과연 어디에서 온 것일까? '색즉시공色卽是空', '공즉시색空卽是色' (반야바라밀다심경)의 진리에 철저히 감염된 때문일까? 그에게 있어 죽는 일이란, 죽는 일이 아니라 또 다시 사는 길로 가는 일이며, 현세現世로부터 내세來世로 건너가는 일을 마치 이웃집을 가듯 '좀 섭섭한 듯만 하게' 떠나갔다고나 할까?

아무튼 그러한 선승禪僧의 결행決行이 우리 속인俗人으로서는 잘 알 수 없는 경지이지만, 우리들 인간이 본질적으로 안고 있는 죽음의 공포로부터 초극할 수 있는, 그 어떤 마력과 같은 힘을 보여준 것이라고 일단 접어두어야 할 것 같다. 그리고 미당의 시 「연꽃 만나고 가는 바람같이」는 그와 같이 마음공부 잘 된 자세로, 죽음의 공포로부터 초극해야 된다는 것을, 그리고 죽음을 그렇게 대면해야 된다는 것을 환기시켜 주고 있는 것만 같다.

다음으로, 이 시의 시적 정서와 언어미학의 면에서 얘기해보기로 한다.

박재삼朴在森은 미당의 시 「무제」를 논하는 글에서 '허두의 典範'을 말한 일이 있는데, 그보다는 이 시의 허두 '섭섭하게'가 보여주는 정서나 언어감각의 시원한 맛을 필자는 일찍이 본 일이 없다. 뿐만 아니라 여기서는 그 무슨 예비적 도입 단계도 없이, 다짜고짜로 '섭섭하게'라는 한정어로 직핍直逼함으로써, 처음엔 독자들을 잠깐 어리둥절하게 할 수도 있지만, 바로 그 뒤 '그러나'라는 접속어를 통하여 앞뒤 관계를 알맞게 이어주는 조사措辭의 묘妙를 얻음으로써, 오히려 그 '섭섭하게'는 활력을 얻고 시원한 맛을 보여준다.

그리고 "연꽃 만나고 가는 바람같이"의 '만나고 가는'이라는 말이 주는 정서나 언어 감각도, 이 시인만의 독특한 언어 감각에 의하여 표현되고 있다 하겠으며, '만나고'라는 인격화人格化의 표현 역시 참신한 맛을 배가시켜 주고 있다. 말하자면 이러한 언어감각이나 정서들은 본질적으로는 시인 자신만의 언어적 천부성天賦性에 기인한 것이라고 볼 수 밖에 없으며, 한편으로는 시상詩想의 전개를 위한 조사措辭의 묘妙와, 유기체적 구성의 묘미를 이 시인이 잘 터득하고 있는 데서 기인한 것이라고 볼 수 밖에 없다.

한편, 이 작품에서 더욱 언어감각을 새롭게 해주는 부분은 '각운脚韻'의 처리이다.

첫째 연(起句)와 둘째 연(承句)에서는 '하게', '하게', '이게', '이게'로, 셋째 연(轉句)와 넷째 연(結句)에서는 '같이', '같이'를 반복 사용하고 있다. 그리고 그것들은 한결같이 한정어의 구실을 하고 있으며 또한 한결같이 서술어가 생략되고 있다. 바로 이 점이 또한 묘미를 주는 부분이다. 서술어가 생략되고는 있지만, 시의 의미망意味網에는 어느 하나도 결缺하고 있지 않은 점에서 또한 조사措辭의 묘妙를 생각하게 해주는 것이다.

그리고 또 한편으로 이 작품에서 또 하나 더 지적할 수 있는 요소는, 매우 잘 짜여졌다고 할 수 있는 유기체적 구성을 들 수 있다. 흔히 4분법 구성의 한 전범典範으로 얘기되는 고려속요 〈가시리〉의 구성에 비길만한 그런 구성으로 필자에겐 보여진다. 굳이 얘기해보자면, 단 한마디의 군더더기 수식도 없이 직핍直逼한 '섭섭하게', 그리고 바로 그런 한정어로 출발한 기구起句에서부터, 다시 한 마디의 군더더기 수식도 없이 이어받은 '이별이게', 그리고 바로 그런 한정어로 출발한 점층적 부연敷衍의 승구承句, 그 다음은 전혀 상상을 바꾸는 표현으로 불교의 상징적인 꽃, '연꽃'을 '만나고 가는'이라고 전구轉句에서는 표현하고 있다. 그리고 마지막으로 셋째 연(轉句)의 정서를 이어받아 전연全聯을 마무리(結句)함으로써 유기체적 구성의 묘妙를 이 작품은 보여주고 있다고 하겠다. 매우 간결하면서도 어느 하나 흠잡을 데 없는, 말하자면 더 보탤 수도 더 뺄 수도 없는 긴밀한 구조미를 보이고 있는 것이다. 그리고 이러한 구성과 언어미들은 이 시가 메시지로 전달하고자 하는 '죽음의 공포로부터의 초극'을 무리없이 잘 표현해주고 있는 것 같다. 또 한편으로는 그런 의미에서 그의 시적 천부성을 얘기할 수 있지 않을까 싶다.

다음과 같은 작품은 명작시名作詩로서의 가치보다는, 전기적傳記的 가치를 지니는 작품으로 보이는 시인데, 여기 인용해 보기로 한다.

> 대추 물 들이는 햇볕에
> 눈 맞추어
> 두었던 눈썹.
>
> 고향 떠나올 때
> 가슴에 끄리고 왔던 눈썹.
>
> 열두 자루 비수 밑에
> 숨기어져
> 살던 눈썹.
>
> 비수들 다 녹 슬어
> 시궁창에
> 버리던 날,

삼시 세끼 굶는 날에
역력하던
너의 눈썹.

안심찮아
먼 산 바위에
박아 넣어 두었더니,

달아 달아 밝은 달아
추석이라
밝은 달아.

너 어느 골방에서
한잠도 안자고 앉았다가
그 눈썹 꺼내들고
기왓장 넘어 오는고.

―「秋夕」 전문

　위의 인용시를 접하게 되면, '아직도 神秘한 것'으로 시인의 가슴 속에 남아 있는 '여성의 바다', 그리고 '그 길던 눈썹'의 '계집애의 影像'을 떠올리게 한다. 그것은 마치, '젊은 날 어느 우연의 길목에서 잠깐 옷깃을 스치고 지나갔을 뿐인 한 소녀의 영상이 뒷날 단테로 하여금 영원의 여인(베아트리체)을 창조한 결정적 계기를 가져다 준 것처럼' 그에게 있어 '그 길던 눈썹'은 영원의 여인으로 '아직도' 남아 있었던 것이다. '平生을 살아오면서 아직도 達觀하지 못한 것은 남녀의 戀情'이라며, '지금도 설레기 일쑤이고 아흔이 넘어도 아마 그럴 것'이라는 수줍은 그의 고백에서도 '아직도' 남아있는 그 영원의 여인을 읽을 수 있게 해준다. 노시인老詩人에게 해탈을 묻자 '해탈하려면 인간으로서의 모든 욕망을 스톱

해야 해. 성욕도 넘어서야 하고……' 라면서 '살맛나는 그런 욕망 모두 내던져 버리고 싶은 마음이 없다' 라고 말하던 그에게서도 '아직도' 남아있는 그 '戀情'을 느끼게 하고 있다.

한편, 앞에서 얘기한 「연꽃 만나고 가는 바람같이」라는 작품과 위의 작품과의 비교를 통해서 잠깐 생각해보기로 한다. 앞에서 얘기한 「연꽃 만나고 가는 바람같이」라는 작품은 인간의 본질적인 문제(죽음의 공포로부터의 초극의 문제)와 관련성을 맺고 있는 작품이라 한다면, 위의 「추석」은 전혀 개인사적個人史的인 문제(시인 자신의 戀情의 문제)와 관련성을 맺고 있다 할 수 있으며, 앞의 「연꽃 만나고……」가 객관적이고 보편적인 인간의 가치와 관련성을 맺고 있는 작품이라 한다면, 뒤의 「추석」은 전혀 주관적이고 개인사적인 시인 자신만의 정서에 터전을 두고 있는 작품이라 할 수 있다. 그리고 전자前者는 주지성主知性이 강한 작품이고, 후자後者는 주정성主情性이 강한 작품이라고 할 수 있으며, 따라서 전자는 독자들의 이성理性에 호소하고 있는 작품이라 한다면, 후자는 독자들의 감성感性에 호소하고 있는 작품이라 말할 수 있다.

다음과 같은 시인의 회고담은 위의 시를 이해하는 데 좋은 참고자료가 될 것 같다.

> 나는 이틀동안 쓰레기통을 뒤지고 다닐 때 해 어스름 굴풋하여 지나가다가 이 집을 발견하고 들어갔던 것인데, 거기 하얗게 소복한 계집애 하나가 말뚝처럼 꼿꼿이 서서 마치 나 또는 나 같은 사람 누구를 여러 해 기다리고 있었던 것 같은 눈을 하는 것이다. (중략)
> 그래, 나는 여기 이 계집애를 발견한 뒤 훗날 배고프면 더러 이 집을 드나들었지만, 단 한 번도 거기 그 애한테 말을 건네 본 일은 없고 말았다. 이것이 나다. 마음속으로 가깝게 느끼면 느낄수록 여자 앞에서 오금을 바로 펴지 못하는 것이 나다.

나는 이보다 앞서 내가 나서 생장한 마을의 한 계집애의 옆에서도 꼭 같은 태도로 떠나 왔었다. 그애는 나와 같이 어린 때를 이웃에서 자란 한 살 위로, 내가 열 예닐곱 되어 마을에 들러 지나가면 모시밭 사잇길로 물동이를 이고 지나가다간 멈춰 서서 엿보기도 더러 해주었고, 나도 마음속으로 많이 그리 했다.
　　그렇지만, 아래와 같은 내 근년의 구절까지도 그애의 그 길던 눈썹은 모델이 되기도 한다.

　　　　　　　　　　　　　　　　　—『서정주 문학전집』 3권, p.171

　여기서의 "내 근년의 구절"이란 앞에 인용한 시 「추석」을 비롯하여, 시집 『동천』 무렵에 등장하는 그 '눈썹'과 관련된 작품들을 말한다. 특히 앞의 인용문에 보이는 그 상밥집의 "하얗게 소복한 계집애", 혹은 "모시밭 사잇길로 물동이를 이고" 지나가던 계집애, 이들의 "그 길던 눈썹"은, 오래오래 그의 가슴 속에 살아남아서, '여성의 바다를 아직도 신비한 것'으로 '비추고' 있으며, 때로는 영원히 지워지지 않는 여인상으로 남아있기도 한다.

　그리고 바로 그 '눈썹'은, 앞에 인용한 「추석」이라는 작품의 중요한 시적 모티브가 됐을 뿐만 아니라, 시집 『동천』 무렵의 작품 속에 등장하는 '눈썹'들도, 시인의 눈에 각인된 여성미女性美의 한 초점으로 인식되고 있기도 한다. 또 한편으로는 "지금도 설레기 일쑤인" 시인 자신의 戀情이나 혹은 그리움을 표현한 작품들을 해명하는데 있어 중요한 열쇠의 구실을 하고 있는 경우를 많이 보게 된다.

　다음에 인용하는 그의 시 구절들은, 그가 얼마나 그 '눈썹'을 여성미의 초점으로 인식하고 있었던가를 잘 보여주고 있다.

　　머잖아 봄은 다시 오리니

금女 동생을 나는 얻으리
눈썹이 검은 금女 동생,
얻어선 새로 水帶洞 살리.

—「수대동시」부분(『화사집』)

속눈썹이 기이다란 계집애의 年輪은
댕기 기이다란, 붉은 댕기 기이다란, 互家 千年의
銀河 물굽이 …… 푸르게만 푸르게만 두터워 갔다.

—「互家의 傳說」부분(『화사집』)

눈썹 같은 반달이 중천에 걸리는
七月 七夕이 돌아오기 까지는,

—「견우의 노래」부분(『화사집』)

바보야 하이얀 민들레가 피었다.
네 눈썹을 적시우는 문둥病의 하늘 밑에
히히 바보야, 히히 우습다.

—「민들레 꽃」부분(『귀촉도』)

내 마음 속 우리 님의 고운 눈썹을
즈믄 밤의 꿈으로 맑게 씻어서
하늘에다 옮기어 심어 놨더니,

—「동천」부분(『동천』)

이 세상 마지막으로 나만 혼자 알고 있는
네 얼굴의 눈썹을 지어서
먼발치 뻐꾸기한테 주고,

—「연꽃 위의 房」부분(『동천』)

만일에

140

이 시간이
고요히 깜짝이는 그대 속눈썹이라면,

—「古代的 시간」 부분(『동천』)

춘향이 / 눈썹 / 너머 / 광한루 너머
다홍치마 빛으로 / 피는 꽃을 아시는가?

—「石榴꽃」 부분(『동천』)

바람이 불어서
그 갈대를 한쪽으로 기울이면
나는 지난 밤 꿈 속의 네 눈썹이 무거워
그걸로 여기
한 채의 새 절간을 지어 두고 가려 하느니.

—「旅行歌」 부분(『동천』)

  한편, 위에 보이고 있는 그 '눈썹'은, 시집 『동천』뿐만 아니라 이미 『화사집』이나 『귀촉도』 무렵의 작품 속에도 간헐적으로 보여온 것이 사실이다. 다만 『화사집』, 『귀촉도』 무렵에 표현되었던 '눈썹'과, 『동천』 무렵에 표현된 '눈썹' 사이에 달라진 게 있다면, 그것은 전자前者가 직서적이고 직유적인 '눈썹'으로 표현되었던 데 비하여, 후자後者는 은유적이고 상징적인 '눈썹'으로 그 표현의 변화를 보이고 있다는 점이다. 그러나 그 양자兩者 사이에 공통점을 찾는다면, 그것은 이 시인의 가슴 속에 '아직도 신비한 것'으로 남아있는 그 '계집애의 영상'이랄 수 있다. 바로 그 '영상'이 전자이건 후자이건 시인의 작품 속에 아련한 꿈처럼 되살아나고 있다는 사실인 것이다.
  잘 알려진 바와 같이, 이 '눈썹'은 고전문학이나 현대문학이거나를 막론하고, 여인의 아름다움을 묘사할 때 흔히 표현되어 왔던 것이 사실이다. 가령 「춘향전」에서 '춘향'을 묘사할 때, 그 눈썹을 '蛾眉'로 표현하고 있다든지, 시인 변영로卞榮魯의 시 「論介」에서 "아릿답던 그 蛾眉 / 높게 흔들리우며" 같은 구절, 혹은 "아슬이 희신 이마 눈썹 고이 내려 접어"와 같은 박두진朴斗鎭 시인의 시구 등은 바로 그런 예에 속한다. 그러나 그 '눈썹'이 미당의 작품에서처럼 자주 등장하는 예는 별로 없었던 것 같다. 다음과 같은 천이두千二斗의 지적은 탁견으로 생각된다.

> 그 소녀의 눈썹이 모델로 되었다는 작품이 곧 〈秋夕〉이다. 이 술회에서도 알 수 있듯이 '하얗게 소복한' 상밥집 소녀나 '모시밭 사잇길로 물동이를 이고 지나간' 어렸을 적의 이웃집 소녀의 영상이 시인 서정주에 있어서의 신비로운 '여성의 바다'를 형상하는 결정적 요인이 되고 있는 듯하다. 젊은 날 어느 우연의 길목에서 잠깐 옷깃을 스치고 지나갔을 뿐인 한 소녀의 영상이 뒷날의 단테로 하여금 영원의 여인(베아트리체)을 창조한 결정적 계기를 가져다준 것처럼, 멀찍이 지나갔을 뿐인 한 소녀의 영상이 뒷날의 시인 서정주의 생애에 있어서 중요한 시적 에이젠트가 되고 있다는 사실은, 그 이웃집 소녀에 의해서 강렬하게 인상지워진 '눈썹'이라는 시어가 그의 시세계에 있어서 특수한 이디엄으로 빈번히 사용되고 있는 사실로써 반증이 된다.
>
> ― 千二斗, 「지옥과 열반」(《詩文學》, 1972. 6)

단테에 의해 창조된 영원의 여인상(베아트리체)과 서정주의 생애에 있어 중요한 시적 모티브로 작용하고 있는 여인상 사이에는, 옷깃을 '스치고 지나갔을 뿐'이라거나, '멀찍이 지나갔을 뿐'이라는 공통점을 안고 있다. 행복한 만남에 의해서 결합된 관계가 아니라 결합되지 못한 관계, 미美의 화신化神으로 발견은 되었으되 내 것으로 소유하지 못했던 관계이기 때문에, 영원의 시간 동안 가슴 속에 남아 있었던 것 같다. 그리고 그것은 흔히 첫사랑의 기억을 일생동안 가슴 속에 '꾸리고' 사는 것처럼, 이들의 여인상들도 마치 첫사랑의 기억처럼 가슴 속에 못박혀 있었던 것이다.

그러면 다시 이 논의의 초점인 시 「추석」에 대해 얘기를 계속하기로 한다. 먼저 이 「추석」이라는 작품이 개작改作 개제改題된 얘기부터 해보겠다.

이 작품의 발표지는 문예지 《現代文學》(제13권 4호, 통권148호)이었다. 그 당시 발표 제목은 「추석」이 아니라 「달밤」이었다. 시의 내용도 발표 당시에는 "달아 달아 밝은 달아 / 秋夕이라 / 밝은 달아"(제7연)가 아니라, "달아 달아 밝은 달아 / 30년 만에 / 밝은 달아"였다. 미당의 『서정주 문학전집』에는 《현대문학》의 발표 당시의 작품이 개작改作 개제改題되어 나온 것이다.

그러면 우리는 이 '개작 이전'의 것과 '개작 이후'의 것을 어떻게 받아들이고 평가해야 될 것인가?

우선 필자가 보기에는 '개작 이전'의 것이 시적 정서의 면에서 훨씬 더 풍부하게 해준다는 점을 전제하고자 한다. 왜냐하면 이 작품이 어차피 개인사적個人史的인 작품이며, 시인 자신의 주관적 정서에 의존하고 있는 작품이라고 볼 때, 다시 말하자면 시인의 젊은 어느 날의 그 '계집애의 影像'과 무관하지 않은 작품이라고 볼 때, 유독 그것은 "30년 만에 / 밝은 달"일 수 있기 때문이다. 달月은 날마다 뜨고 또 지는 것이긴 하지만, 그리고 평소에는 그저 그렇게 무관심하게 지나쳤던 달이지만, 유독 어느 날 우연의 시간에 앞집 "기왓장 넘어" 오는 달과의 결정적인 해후를 하는 순간, 바로 거기에는 그 '계집애의 影像'이 클로즈업될 수도 있는 것이며, 뿐만 아니라 윤회로서의 만남, 형이상적形而上的 승화의 황홀한 재회再會를 실현하는 순간이 되었을 수도 있다.

그리고 그 "30년 만에"의 '30년'이라는 개념도, 그것이 꼭 '30'이라는 숫자대로의 개념이 아니라, 시인 자신의 생애에 있어서의 반평생의 개념이며, 그만큼 시인 자신만의 독자성獨自性을 지닌 개념이기도 한 것이다.

말하자면 시인의 젊은 어느날 '멀찌기 지나쳤을 뿐'인 그 계집애의 영상이 반평생이 지난 어느 추억의 순간에 되살아났다고 볼 수 있는 것이며, 그것도 "기왓장 넘어" 오는 달月을 통하여 재현再現된 것이다. 그러므로 그 해후의 순간이 '추석'이라는 인위적 명절날의 시간이어서는 부족하며, 진실로 이 시의 화자에 있어서는 어느 날의 우연의 시간, 바로 그 '달밤'이야말로 반평생 동안 가슴에 '끄리고' 온 '눈썹'과의 황홀한 재회가 가능한 시간인 것이다.

그런데 아깝게도 이 시인은 '개작 이후'의 것을 그의 전집全集에 선택하고 말았으며, 그 제목도 「달밤」에서 「추석」으로 바뀌고 말았다. 그것은 아마도 '개작 이전'의 것을 택했을 경우, 그것이 지니는 독자성 때문에 자칫 독자들을 시적 미로迷路에 빠뜨릴 위험성을 안고 있다고 시인은 판단한 것 같으며, 따라서 비교적 누구에게나 무난하게 이해될 수 있는 보편성普遍性을 생각하여 '추석'으로 선택한 것이 아닌가 싶다. (*이 무렵, 未堂을 뵈온 자리에서 '개작 이전'의 작품에 대한 필자의 견해를 말씀 올렸더니, "송교수는 시를 보는 눈이 매우 밝아" 하시던 기억이 새롭다.)

아무튼 그것이 비록 '개작 이후'의 것이라 할지라도 우리들을 묘한 흡인력으로 빨아들이고 있는 수작秀作이라는 점에는 이의가 없으며, 특히 이 작품에서 윤회輪回로서의 만남을 노래하고 있는 부분에 이르면, 그가 바로 영생적 개안開眼을 넉넉히 하고 있다는 생각을 지울 수가 없다. 그리고 또 한편으로는 그의 이러한 작품들이 불교적 은유를 통하여 비로소 활력을 얻고 있다는 점도 간과해서는 안되리라 믿는다.

미당의 대표적 작품으로 꼽히기도 하는 다음 작품도, 불교적 은유에 의해 활력을 얻고 있다는 점에서는 예외가 아니라고 볼 수 있다.

내 마음 속 우리 님의 고운 눈썹을
즈믄 밤의 꿈으로 맑게 씻어서
하늘에다 옮기어 심어 놨더니,
동지 섣달 날으는 매서운 새가
그걸 알고 시늉하며 비끼어 가네.

—「冬天」전문

　위에 인용한 시 「동천」은 이 시인의 제5시집 『동천』의 표제시表題詩이다. 전연全聯으로 된 5행 25어절의 단시短詩이지만, 이 시에서 보여주고 있는 불교적 은유와 언어미학들은 가히 극치를 이루고 있는 것 같다.
　우선 앞에서 얘기한 작품 「추석」과 마찬가지로, 이 작품도 근본적으로는 서정시이지만, 다른 일면으로는 서경시敍景詩로서, 한 폭의 아름다운 동양화를 연상시켜주는 작품이다. 그리고 그 동양화는 시인의 상상의 세계에서만 가능한 동양화이며, 고도의 언어비술言語秘術에 의하여 이루어진 동양화이다.
　다음과 같은 시인의 진술은 이 작품을 이해하는 데 한 참고가 될 것 같다.

　　나는 겨울이 되면 이 딱한 내 감정을 데불고, 우리집 공덕동에서 과히 멀지 않은 서강의 얼어붙은 한강 가의 언덕으로 나를 달래며 아침마다 눈길을 헤매 가기도 했다.
　　내 시 〈동천冬天〉의 처음 시상이 떠오른 것도 사실은 이런 겨울의 내 서강 쪽의 아침 산보 속에서였다. 이 시는 훨씬 더 세월이 지난 뒤에 이 다섯 줄로 빚어졌지만, 그 겨울 하늘을 내 머리위에서 날던 새 그것과의 사실의 상봉과 그런 느낌은 이 때의 겨울 아침 눈길 위의 산책에서 새로 얻은 것이다.

—「續, 天地有情」중에서

　위의 진술 가운데 특히 눈에 띠는 구절은, "그 겨울 하늘을 내 머리위에서 날던 새 그것과의 사실의 상봉"이라는 구절이다. 이 구절은 위의 시 「동천」에 보이는 '매서운 새'를 연상시키는 내용이기 때문에 그렇기도 하거니와 「동천」이라는 작품을 착상하게 된 모티브가 되고 있기 때문에 특히 눈길을 끄는 구절인 것 같다. 그리고 또 다른 일면으로는 「동천」이라는 작품이 서경적이며 회화성이 강한 작품임을 생각하게 하는 내용이 되기도 한다.

그러나 한편으로 여기서 말하는 회화성은, 김광균金光均의 「秋日抒情」 등에서 볼 수 있는 그런 수채화 같은 그림이 아니라, 시인의 영혼 속에서만 아른아른 그려낼 수 있는 형이상적形而上的인 회화를 말하는 것이다. 따라서 "하늘에다 옮기어" 놓은 "우리 님의 고운 눈썹"도 일차적으로는 앞의 「추석」에서 보여주고 있었던 '눈썹'과 같이 '그 계집애의 영상'을 우선 떠올릴 수도 있지만, 그러나 이 시에서 보여주고 있는 '눈썹'은 단순히 戀情만으로서의 그리움의 대상이 아니라, 또 다른 정신적 방황의 길, 즉 구도자求道者로서의 '님'을 형상화하고 있는 것이라고 생각해야 된다. 말하자면 "맑게 씻어서"(2행)와 같은 구절들이 도道 닦는 자者, 구도자求道者로서의 느낌을 갖게 하는 구절이라 할 수 있으며, 또 다른 영혼의 방황을 직감하게 하는 내용이 되기도 한다. 다시 바꾸어 말하면, "하늘에다 옮기어" 놓은 "우리 님의 고운 눈썹"이 우선 현실적으로는 하늘 위에 두렷이 걸려있는 만월滿月을 유추하게 해주는 것도 사실이지만, 그러나 그것은 다름 아닌 불교적 은유로서의 만월滿月이라는 점을 인식해야 되며, 가시화可視化되고 실재實在하는 만월 그 자체는 아니라는 점을 알아야 한다.

그러므로 이 시의 화자가 "하늘에다 옮기어" 놓은 '님'은 현실적으로 존재하는 '님'이 아니라, 화자의 영혼 속에서 갈구渴求해 마지않는, 그리고 그 극한점極限點에 자리잡은 '님'이며, "즈믄 밤의 꿈" 속에서 동경하여 마지않는 '님'인 것이다. 그러므로 그 '님'은 이보다 앞서 「추천사」(『서정주 시선』)라는 작품, "西으로 가는 달 같이는 / 나는 아무래도 갈 수가 없다"에서의 그 "西으로 가는 달"과도 궤를 같이하는 '님'이라고 볼 수 있다. 왜냐하면, 이 작품 「추천사」에서도 화자가 동경하여 마지않는 꿈(이상 세계)으로 날아오르고 싶은 욕망을 펼쳐 보이지만, 그 화자는 곧 이어서 '아무래도' 더 이상 갈 수 없다는, 숙명적 한계상황을 자각하고 있다는 점에서 그렇다. 그리고 「추천사」에서 "西으로 가는 달"이라는 말이 암시해 주는 바와 같이, 그 '님'은 어쩌면 서방정토西方淨土에나 존재하는 '님'일 수도 있으며, 바로 그렇기 때문에 "즈믄 밤의 꿈으로 맑게" 도道를 닦아도, 그 '님'의 세계에 절대로 도달할 수는 없다고 하겠다. 그리고 그 점이 바로 이 화자에게는 구도求道의 한계상황인 것이다.

그런데, 문제는 이제 '매서운 새'의 존재이다. 이 '매서운 새'는 화자의 그런 숙명적 한계상황을 알기라도 한다는 듯이, "그걸 알고 시늉하며" 비끼어 간다고 시인은 노래하고 있다. 이 '매서운 새'가 그걸 알까? 절대로 알 턱이 없으려니와, 또한 그 '새'에게는 알 필요조차도 없는 일이다. 다만, 하늘로 하늘로 치솟아 오르는 '새' 한 마리가 정말 우연의 기회에 시인의 영혼의 렌즈에 찍혔을 뿐이다. 앞의 인용문에서처럼 "새 그것과의 사실의 상봉"을 통하여, 그 하늘 위에 걸리어 있는 만월을 상상해냈고, 치솟아 오르던 한 마리 새의 그림자가 거기 오버랩됐으며 한 폭의 동양화가 이루어진 것이다.

그러므로 '매서운 새'야말로 이 시의 화자와는 무관한 존재일 수밖에 없으며, 실로 우연히 얻은 상징적 존재에 불과한 것이다. 그리고 그것은 마치 「추천사」에서의 '그네'가 상징물로서의 '그네'일 뿐이며, 시인의 영혼 속에서 형상화하고자 하는 그림(회화)속의 소도구小道具에 불과한 것처럼, 이 '매서운 새'도 또한 상징적 존재일 뿐이며, '冬天'이라는 그림 속의 한 장치물에 불과한 것이다. 다만 이 '매서운 새'의 존재 의미를 굳이 찾는다면, 그도 또한 되돌아오고 마는 존재, 만월滿月까지는 도달하지 못하고 지상地上으로 귀환하고 마는 존재, 즉, 지상적 존재라는 사실이 무엇보다 중요한 것이다. 바꾸어 말하면, 그 '매서운 새'야말로 이 시의 화자와 함께, 천상세계天上世界로 날아오르려는 그리움과 동경, 그리고 그 숙명적 한계상황을 공유共有하고 있는 존재라는 말이다.

그러므로 하늘로 하늘로 치솟아 오르던 '새' 한 마리가 '만월'과 함께 시인의 영혼의 렌즈에 오버랩되는 순간, 실로 '매서운' 시인의 눈에는, 시인 자신의 숙명적(구도의) 한계상황과의 유사성을 발견하게 됐을 것이며, 바로 그렇기 때문에 그 '새'는 다름 아닌 시인 자신의 자화상自畵像으로 인식되었던 것이다. 따라서 그 '새'야말로 숙명적 한계상황을 극복하며 날아오르려는 실로 '매서운 새'일 수 있으며, 마치 시인 자신의 분신分身과도 같이, '시늉하며' 비끼어 갈 수도 있었던 것이다.

그러나 한편으로 다시 생각해보면 그 '매서운 새'의 현실이야말로 이 시인의 자화상적 현실일 뿐만이 아니라, 우리들 모든 인간들의 현실일 수 있다는 점을 생각할 수 있으며, 또 한편으로 시인의 영혼의 렌즈에 오버랩된 그 회화를 통하여 숙명적 한계상황을 도출해 낸 이 시인의 상상력이야말로, 실로 '파천황의 상상력'이라고 표현될 수 있을 것 같다.

다음과 같은 작품은 그 '파천황의 상상력'이 극極에 달했다는 느낌이 들 정도로, 독자들을 아연 미망未忘 속에 빠뜨리고 만다.

내가
돌이 되면

돌은
연꽃이 되고

연꽃은
호수가 되고

내가
호수가 되면

호수는
연꽃이 되고

연꽃은
돌이 되고

—「내가 돌이 되면」 전문

 좀 엉뚱한 얘기지만, 미당이 캐나다의 어느 '문학의 밤' 행사에 초청돼 갔을 때의 얘기(*미당에게서 필자가 직접 들은 얘기임)이다. 거기 초청돼서 「국화 옆에서」와 「내가 돌이 되면」을 낭독하게 됐는데, 처음 「국화 옆에서」를 낭독했을 때는, 거기 모인 문인文人들이 무덤덤하게 반응이 없었는데, 그 다음 「내가 돌이 되면」을 낭독하고 나니까, "원더풀"이 터져나오고, 어떤 성급한 여류시인은 무대로 뛰어올라와 부둥켜안고 뽀뽀를 연발하더라는 얘기다.
 그리고 나서, 술잔을 나누며 좌담을 하게 됐는데, 그 때 그곳 문인(시인) 중 한 사람이, "니네 동양에는 아직도 문학(시)이 살아 있고, 정신주의가 살아있다. 서양은 문학이 죽은 지 이미 오래다. 니네 동양은 불교적 정신세계가 아직도 깊게 남아 있는 것 같다.", "서양은 물신주의만 팽배할 뿐 정신주의가 사라진 지 이미 오래다"라고 얘기하더란다.

　글쎄……, 캐나다의 한 사람의 시인의 말을 100% 다 받아들일 수는 없겠지만, 서양은 물질주의가 우세하고, 동양은 정신주의가 우세했던 것만은 사실이다. 더구나, 한국의 대표시인 미당의 불교적 정신세계가 듬뿍 담긴 「내가 돌이 되면」 같은 시를 대했을 때, 그들이 경탄하지 않을 수는 없었으리라는 생각도 든다.

　솔직히 말해, 위의 「내가 돌이 되면」 같은 시를 해명하려 들면, 수억만 년 전의 무진장한 광맥을 캐내는 것 같은 느낌이나, 혹은 천둥과 번개의 근원을 찾아내는 것 같은 엉뚱한 생각을 하게도 된다.

　한편, L. 웰렉과 A. 워렌, 두 비교문학자가 펴낸 『文學의 理論』에는 이미지에 관한 A. 워렌의 글이 보이는데, "이미지의 작자는 무격(巫覡 : 무당과 박수) 즉 마술자魔術者들이다. 그런데 시인은 인스피레이션을 받은 자, 씌어던 자, 만들어내는 힘이 있는 광인狂人이다. 원시인들은 마법과 주문을 만들 수 있다. 그리고 예이츠와 같은 근대 시인들은 스스로의 시 속에 마법적 상징적 이미지를 가질 수 있는 한 수단으로서, 이미지를 마술적으로 쓰는 일과, 문자文字에 의해서 이미지를 잡아낼 수 있다"고 말하고 있다.

　이 A. 워렌의 글에서, 특히 "마술자魔術者라"든가 "씌어던 자" 혹은 "만들어내는 힘이 있는 狂人" 등의 표현들은, 어쩐지 꼭 위의 인용시 「내가 돌이 되면」을 비롯한 시집 『동천』에 실린 일련의 작품들을 두고 한 말처럼 생각이 된다.

　실로 이 「내가 돌이 되면」 같은 기상천외奇想天外의 언어의 장난(?)을 대하게 되면 우선 우리 독자들은 어리둥절하기도 하거니와, 이 시인에게 아예 배반당해버린 것 같은 실소失笑를 머금게 한다. 그리고 그 '실소失笑'는 하찮은 일을 당했을 때의 실소가 아니라, 놀라운 일을 발견했을 때, 그 반증反證으로 터지는 실소를 말한다.

아무튼 잠시 후 어리둥절했던 마음을 추스리고 이 시인이 받은 인스피레이션을 따라가보면, 실로 거기에는 엄청난 마법적 상징적 이미지가 안개처럼 자욱히 흐르고 있음을 느끼게 된다.

그것은 무엇인가? 구두점 하나 쉼표 하나도 없이 이루어 놓은 언어의 장난(?) 속에, 안개처럼 떠오르는 '마법적' 시의 세계는 과연 무엇인가? 그것은 다름 아닌 윤회로서의 영원의 시간의 흐름이다.

일찍이 공초空超 오상순吳相淳은 "흐름 위에 / 보금자리 친 / 오, 흐름 위에 / 보금자리 친 / 나의 魂……"(「放浪의 마음」)이라고 노래함으로써, '永遠의 시간' 속에서의 자신의 존재를 인식한 바 있었는데, 위의 미당의 작품에서는 그와 반대로 시인의 마법적 시선이 '永遠의 시간'을 꿰뚫어 보고 있었던 것이다.

그리고 여기서의 그 '永遠의 시간'이라 함은, 감히 어떻게 헤아릴 수도 없는 몇 억 광년의 시간, 이 우주의 창세創世가 몇 번이고 되풀이 될 수 있는 그러한 시간을 말함이다.

시인 자신의 말을 빌리면, 이 작품은 경주慶州 보문관광단지의 어떤 연꽃 좌대座臺가 있는 석등石燈을 바라보고 있다가 착상된 작품이라고 한다. 말하자면 시인은 아름답게 석조石造된 하나의 연꽃을 바라보면서, '내'가 죽어서 흙이 되고, 그 흙이 굳고 굳어서 '돌'이 될 때까지의 영원의 시간의 흐름을 바라보고 있었던 것이다. 그리고 또 그 시간은 흐르고 흘러 어느 뛰어난 석공의 솜씨를 만나게 되고, 그 석공의 솜씨에 의하여 드디어 '연꽃'으로 피어나게 되고, 또 그 시간은 흐르고 흘러 '연꽃'이

다시 '호수'가 되고, 그리고는 '호수'에 의하여 생성된 '내'가 다시 '호수'가 되는 시간의 흐름, 그리하여 그 '호수'는 다시 '연꽃'을 피워내는 시간의 흐름, 그리고 그 '연꽃'이 다시 '돌'이 되는 시간의 흐름과 그 반복 되풀이 되풀이의 순환원리, 그리고 그 永遠의 시간을 바라보고 있었던 것이다. 실로 마법적 상징적 이미지를 지니고 있는 시인만이 꿰뚫어 볼 수 있는 '永遠의 시간', 그리고 그 순환과 윤회의 시간을 시인은 바라본 것이다.

사실, 시詩라고 하는 것이 이쯤 되면 그것은 언어의 魔法이거나, 그것도 아니라면 언어의 呪文, 또 혹은 그것도 아니라면, "푸른 하늘 은하수 / 하얀 쪽배엔 / 계수나무 한 나무 토끼 한 마리"와도 같은, 어쩌면 무모하기 짝이 없는 동요童謠가 되어버린다고나 할까?

그러나 그 동요는 어린이를 위한 동요가 아니라 어른을 위한 동요, '永遠'을 꿰뚫어보는 오달悟達한 자의 동요요, '파천황의 상상력'에서 만이 빚어낼 수 있는 '파벽破僻'의 동요라고나 할까?

아무튼 그는 이 『동천』을 내고서야 비로소 언어예술가로 정립鼎立하게 되었다고 볼 수 있다. 시인 자신도 이 시집을 내고 "뿌리 뽑히지 않고 살 수 있는 자신감을 얻었다"고 말할 정도이다. 말하자면 그는 '시인'으로서의 자신감을 말한 것이다.

그리고 다시 한 번 정리해보면 『화사집』의 서구적 방황(보들레르, 니체적 방황)에서 출발하여, 『귀촉도』의 전통적 서정, 『서정주 시선』의 난시에 흔들리지 않기 위해 쓴 작품들 (「학」, 「무등을 보며」 등), 『신라초』의 『동천』을 낳기 위한 시험적 표현들을 거쳐서, 드디어 귀착歸着한 곳이 『동천』이라고 볼 수 있다. 『화사집』의 서구적 방황으로부터, 드디어 동양에로의 결정적 회귀回歸를 보인 것이 바로 『동천』이라는 말이다.

제7장

60대 무렵, 상실한 과거로의 회귀의 시기
그리고 원형적 고향의 토속성과 설화성

1. 상실한 과거로의 회귀의 시기

잘 알려진 '古詩'에, "호마胡馬는 언제나 북쪽 바람을 향해 서고, 남쪽 땅 월越나라에서 온 새는 나무에 앉아도 남쪽으로 향한 가지를 골라 앉는다"(胡馬依北風, 越鳥巢南枝)는 시 구절이 있다. 이 시에서도 노래되고 있는 것처럼, 우리들 인간에게 있어 '故鄕'은 누구에게나 그리운 곳이고, 그리고 그 단란하고 따스하던 유년幼年의 평화 속으로 안기우고 싶은 땅이기도 하다. '까마귀라도 내 땅 까마귀라면 반갑다'는 속담도 있는 것과 같이, 무엇이거나 고향의 것이라면 다 좋기만 하고, 객지에서 고향 사람을 만나면 더욱 반가운 것이 인간의 상정常情인 것 같다.

고향이여, 아름다운 땅이여! 내가 이 세상의 빛을 처음으로 본 그 나라는, 나의 눈 앞에 떠올라 항상 아름답고 선명히 보여온다. 내가 그 곳을 떠나온 그 날의 모습 그대로!

— L. 베토벤의 '語錄'에서

위의 베토벤의 '語錄'에도 그 고향에 대한 절절한 그리움이 배어있는 것은 매한가지이다. 고향을 떠나 타향에서 떠돌이로 살고 있는 자者들에게, 언제나 '선명히' 다가오는 '그 나라', "이 세상의 빛을 처음으로 본 그 나라"는, 우리 인간들의 마음의 본향本鄕이 아닌가 싶다.

미당도 이제 나이 60대에 이르러, 마음의 본향인 그 고향, 자신이 태어난 곳으로 마음이 향하게 되고, 그리움이 솟구치게 된 것은 인간의 보편적인 정서에서 예외는 아니었다.

> 그 소요산 밑에 낮 뻐꾹새와 밤 두견이 소리가 넉넉하게 잘 들리는 마을, 대숲도 좋은 마을, 과히 좁지 않은 바다, 호숫가의 바위, 낭떠러지 밑엔 蘇東坡의 赤壁賦의 송강로어까지도 떼지어 헤엄쳐 다니고 있는 곳, 시간도 抄니 分이니 時니 하는 그런 싱거운 것이 아니라, 참물때니, 썰물때니, 조금때니, 온조금때니, 반조금때니, 낮술참때니, 저녁 술참때니, 내리미질때(두 손자루가 달린 손그물로 옅은 바다를 내리밀고 다니며 새우나 꽃게 같은 걸 거두어 들이는 때)니, 아침 물 길을 때니, 저녁 물 길을 때니, 박씨 심을 때니, 박꽃 필 때니, 흥부 박탈 때니, 호박떡 고사때니, 새댁 친정 갈 날이니, 이렇게 항시 다정하게도 사람의 일 뿐 아니라, 땅과 하늘의 모든 일들이 바짝 가까이 그 낯을 드러내서 살아 있는 시간이 아직도 되어 있는 곳,— 어렸을 때 마음에 뿌리박은 그런 일들이 어디서 좋게 여긴 무엇보다도 훨씬 더 큰 위안으로 나를 부르고 있는 곳, 여기보다도 더 나은 내 여생의 담을 곳을 나는 달리 생각할 수가 없네.

— 서간문「고향의 竹馬故友 黃童이에게」중에서

위의 인용문에서도 60대에 이르른 그의 마음의 상태나, 고향에 대한 그리움이 솟구치는 정서를 잘 느낄 수 있다. 그러나 또 한편으로는 그가 그곳 고향에 가서 아주 살고 싶은 마음은 없었지 않았나 하는 생각도 든다. 일찍 죽은 아우廷甲가 바로 그 고향에 묻혔기 때문에, '아우 묻힌 곳에 가서 살고 싶지는 않다'는 말을 필자가 직접 들은 바 있기 때문이다.

미당의 고향은 잘 알려진 바와 같이 전북 고창군 부안면 선운리, 그리고 그 '선운리'의 속칭으로 부르는 '질마재' 마을이 그의 고향 마을이다.

백제 때의 유일한 시가詩歌 「井邑詞」의 고장 정읍井邑에서 버스를 타고, 고창 선운사禪雲寺를 향하여 서쪽으로 내리 달리면, 선운사 입구에서부터 북쪽 방향으로 흐르는 개울(*바닷물이 들어오는 냇물)이 나오고, 그 개울을 건너면 거기 소요산逍遙山 아래 드문드문 인가人家가 보이는 데, 그곳이 바로 질마재 마을이다.

그리고 이 질마재 마을에 가서 정좌正座하여 북쪽으로 바라보면, 드넓은 포구浦口가 눈앞에 탁 트이는 데, 이 포구에 바닷물이 넘쳐 해일되어 들어오는 그런 날이 때로는 있었다 한다. 시집 『질마재 신화』 등에 나오는 「해일」, 「외할머네 마당에 올라온 해일」 등의 작품은, 바로 그런 실제의 배경과 관련성을 맺고 있는 작품이기도 하다.

또한 『화사집』에 수록되었고, "눈썹이 검은 금女 동생 / 얼어선 새로 水帶洞 살리"라고 노래했던 「수대동시」의 배경도, 소요산을 감고 흐르는 개울의 변두리에 있는 마을, '수대동'이 실제의 배경이다.

하여간 이 '질마재' 마을은, 평범한 여느 마을들과 달리, 좀 특이한 지리적 조건을 갖춘 곳이라 말할 수 있다.

우선, 포구浦口로부터 서해바다 쪽으로는 '동호' 해수욕장이 있고, 포구의 북쪽으로는 줄포茁浦의 선착장이 먼 발치로 보이는데, 이 줄포라는 곳은 부친이 農監을 하던 시절에 살았던 그 인촌가仁村家가 있는 곳이다. 그리고 그의 부친이 밤길에 고개를 넘다가 호랑이한테 '모래벼락'을 맞기도 했던 그 '질마재' 고개(*원래 '질마재'는 마을 이름이 아니라 소요산의 중허리에 있는 고개 이름이었음) 등등 말하자면 산과 바다, 해수욕장과 포구, 선운사와 인촌仁村 생가生家, 개울과 풍천장어, 소요산과 복분자주, 그리고 이런 것들이 모두 어울려 그 풍치風致를 더욱 아름답게 만들어주는 곳, 바다의 거센 파도와 어부들이 원색적으로 만나는 곳, 그리하여 땅 귀신과 바다 귀신이 서로 교합交合함으로써, 숱한 설화說話를 탄생시키는 그 곳, 그 곳이 바로 미당이 소년시절을 보낸 '질마재' 마을인 것이다.

원래 부친徐光漢이 살던 곳은 고창군 심원면 고전高田 마을이었는데, 미당의 조부祖父가 탕진한 가산을 일으키기 위해, 이 질마재 마을로 이사를 하였고, '18세 총각 때부터 접장살이'(소년훈장)를 하며 18세의 마을 처녀(미당의 모친, 결혼 당시 부친은 19세)와 결혼을 했고, 한일합병 후에는 일본인日本人들이 경영하는 서울의 측량학교에 다니기도 했다.

그리고 그의 부친은 이어서 20대 초에 고창군 측량기사로 일하게 되었고, 바로 그 때 인촌仁村의 양부養父 동복同福 영감(김기중 선생)에게 그 실력(詩, 識見, 글씨 등의 실력)을 인정받아, 그의 비서秘書로 채용되어 편지 등을 대필代筆하기도 했으며, 당시 10만석 부자富者였던 인촌仁村 선생이 줄포茁浦에서 살다가 '동아일보'와 '보성전문학교'를 창립하기 위해 서울로 이사할 때, 이른바 그 '農監'을 맡게 되었다 한다. (*참고로 얘기 한다면, 가령 千石 小作農 집에서 농감을 하면, 그 선자(도자) 11조(10%)가 농감의 소유로 되기 때문에, 가령 1,000石當 100石이 농감의 소유로 된다고 함.)

따라서, 그의 부친은 상당한 재산을 모으게 되었고, 미당과 그 제매弟妹들을 학교에 보낼 수 있었으며, 특히 큰아들인 미당에게는, 일본인들에게 '천대 안 받으려고' 법학사나 판검사의 길을 가도록 권유하기도 했다.

그런데 미당은, 부친의 그런 심려心慮에는 아랑곳하지도 않고, 예의 그 '農監'(숨흠, 마름)을 하는 것만이 "챙피해서", "항시 마음에 걸려서", "그걸 그만두기를" 부친에게 또한 권유했다고 한다.

그리고 그에게 '항시 마음에' 걸려 있었던 일은, 특히 인촌仁村선생의 양부養父 동복同福 영감 댁 가족들과의 '對話'에서였던 것 같다. 가령 예를 들면, 동복 영감의 소실小室의 아들(김재수 : 미당의 표현을 빌리면 '신통치 못한' 아들)은 그의 부친보다 10살 아래인데도 불구하고, '항시 반말'을 했다고 한다. 그런데 그와 반대로 인촌仁村은 어려서부터 그의 부친에게 '항시 존대말'을 했던 것이기 때문에, 부친보다 10살 아래의 그 '신통치 못한' 소실 아들이 늘 문제였던 것이다. 동복 영감 동생의 아들인 인촌仁村은, 동복 영감에게 양자養子로 들어갔는데도 어려서부터 그 인격의 됨됨이가 훌륭했던 것 같고, 소실의 아들은 그와 반대로 '신통치 못한' 아들이었던 것 같다.

아무튼 그의 부친은 큰아들인 미당의 '그만 두시라'는 권유를 받아들여 그 '챙피'한 '農監' 일을 그만 두고 고창 읍내로 이사를 했다고 한다. 미당이 16살 되던 해(1930년)에 고창 읍내로 이사를 한 것이었지만, 그 무렵은 마침 미당이 '기소유예'돼 감옥에서 나올 무렵이기도 했다. 이 무렵 미당이 감옥에 갔던 것은 다름 아니라, 광주光州학생운동 주모자 4인 중의 한 사람으로, 57명 퇴학자와 함께 퇴학당하고 구속되었으나, 나이가 어리다는 이유로 기소유예되어 석방되었던 것이다.

이후, 1931년 미당은 고창고등보통학교에 편입학하였으나, 이내 '권고자퇴' 당하게 되었고(*해방 후 中央高等普通學校와 高敞高等普通學校 二校 모두 名譽校友의 대우를 받고 있다고 함), 바로 그 해에 서울의 동대문 밖 개운사開運寺 대원암大圓庵 내에 있는 중앙불교전문강원中央佛敎專門講院에 입학함으로써, 박한영朴漢永 대종사의 문하생門下生으로 입문入門하게 된다. 그리고는 부친의 그 '法官'이 되라는 권유는 아랑곳하지 않고, 이후 그는 절간으로, 만주 벌판으로, 혹은 지귀도地歸島로, 톨스토이나 보들레르의 흉내를 내며 넝마주이가 되어보기도 하고, 곳곳을 누비거나 기웃거리거나 하며, 이른바 그 '불길 같았던 방황'(방랑)의 시기로 접어들게 되었던 것이다. 이 무렵의 방황 '20대 무렵의 정신적 육체적 방황'에 대해서는 이미 앞의 『화사집』 무렵의 검토에서 얘기했으므로 이제 여기서는 접기로 한다.

그리고 그 다음 그는 동광국교東光國校(*현 종암초등학교로 흡수됨)의 교사가 되기도 했고, 《동아일보》 신춘문예(1936년)에 당선되기도 했으며, 1938년에는 부인 방옥숙과 결혼하여 장남 승해升海를 낳기도 했지만, 1942년 여름, 그의 부친 서광한徐光漢은 타계他界하고 만다. 앞에서 얘기한대로 미당의 조부가 '탕진한 가산'을 일으키기 위해, 때로는 '접장살이'도 했고, '서생書生 겸 농감農監'도 함으로써, 자녀들을 학교에 보낼만큼의 부富를 만들어내기도 했지만, 그는 자녀子女들이 잘 되는걸 보지 못한 채로 이승의 삶을 접고 만 것이다.

미당은 이순耳順이 넘은 어느 날 '그런 나를 보고 아버지는 안심찮고' 돌아가셨다며 '지금 교수나 시인이 된 걸 보면 달리 생각하실 터인 데'라며 부친의 그런 회환悔恨 어린 죽음을 안타까워하기도 했다.

다음의 도표는 미당의 가계家系를 대체로 정리해 본 것이다.

光漢
(父親)
↓
장남 → 장녀 → 차남 → 삼남 → 차녀
(廷柱) (廷玉) (廷太) (廷甲) (廷熙)
↓
장남　　　　　　　차남
(升海) (1940년생. 在美) → (潤) (1957년생. 在美)

　위의 가계도家系圖에 나온 이름들을 간략히 소개하면, 미당의 누이동생 정옥廷玉은, 남편이 간암으로 일찍 사망함에 따라 정읍井邑에서 미망인으로 살다가 작고하였고, 미당의 제씨弟氏 정태廷太는 현역 시인으로서, 미당의 남매간 중 현재 유일하게 생존해 있는 아우로 시인 김윤성金潤成과 절친한 친구이며 사돈지간이기도 하다. 해방 후 그는 민주일보 기자를 거쳐 삼남일보 논설위원 등을 역임한 바 있으며, 전북신문 기획관리실장을 끝으로 공직 생활을 마감한 후, 현재 원로시인으로서 강원도에서 기거하기도 하고, 때로는 '질마재'에 있는 '미당 시문학관' 옆의 미당 생가에서 기거하기도 한다. 사실상 '미당 시문학관'을 관리 감독하는 유족의 한 분이다. 미당의 둘째 아우 정갑廷甲은, 서울 상대를 졸업하고, 농고農高 교사를 거쳐, 사법시험을 여러차례 치루기도 했으나, 뜻대로 되지 않아서 포한抱恨을 안고 살다가 술로 인한 간암으로 저 세상으로 간 주인공이다. 그의 부인이 노모老母를 끝까지 모시기도 했으나, '제일 가난하게' 살았다고 하며, 정갑廷甲은 현재 '질마재' 앞산에 묻혀 있다. 막내 누이동생인 정희廷熙는, 삼례여고, 전주여고 교사 등을 역임한 바 있는데, 그도 또한 일찍 세상을 뜨고 말았다.
　미당의 두 아들은 현재 미국에 살고 있는데, 큰아들 승해升海(1940년

생)는 소설가 황순원黃順元의 추천을 받아 문단에 데뷔한 소설가이기도 하고, 미국에서 노스캐롤라이나주 주립대학 박사과정에서 영문학을 전공하기도 한 수재이다. 둘째 아들 윤潤(1957년생)은 큰 아들 승해와 17년 사이에 낳은 아들로서, 미당의 말에 의하면, "의도적인 게 아니라 우연히" 그렇게 17년 만에 들어서서 낳게 되었다는 아들이며 이름자인 '潤' 자는 "하도 집이 어려울때 낳았기 때문에", "말라붙지 말고 불으라"는 뜻으로 '물불을 윤' 자를 선택하여 지은 이름이라 한다.

그럼 이제 여기서부터는 60대 무렵의 시집 얘기를 하기로 한다.
미당의 제6시집 『질마재 신화』가 나온 것은 1975년, 그의 나이 회갑回甲에 이르른 때이다. 『논어論語』에 나오는 공자孔子의 정신 성장과정의 논리를 참조해 보면, 우선 이 나이가 되면, 자신이 태어난 고향에 대한 그리움이 간절해지는 것이 인간의 보편적 정서인 것 같다. 그리고 이 60이라는 나이는 '이순耳順'으로서, '자기와 다른 남의 의견을 들어도 순순히 수긍하게 될 만큼 인간생활의 다양성을 인식하고, 부질없이 반발하지 않는 마음의 여유를 얻는 나이'라고 공자는 말하고 있다. 따라서 이 나이가 되면, 그가 지닌 지성이나 학식의 여하에도 불구하고 자연의 연치年齒 속에서 마음공부가 잘 됨으로써, 마음의 귀가 순하게 밝게 트이는 나이가 되는 것이 아닌가 하는 생각도 든다.

그리고 이 무렵에 펴낸 시집 『질마재 신화』도 바로 그런 정신과정과 고향에로 회귀하고 싶은 그런 정신적 토대 위에서 쓰여진 작품이라는 점을 우선 이해해야 되며, 그리고 이 시집에서 고향에 대한 원형적 심상을 제기해주고 있다는 점도, 바로 그런 정서가 기반이 되고 있다고 보여진다.

그러나 한편으로 생각해보면, 모든 인간이 회갑의 나이가 되면, 정말 상실한 과거의 시간 속으로 회귀回歸하고 싶은 것일까? 정말 어린 날의 고향으로 귀향하여 살고 싶은 꿈을 꾸는 본성本性이 있는 것일까? 그것은 사람에 따라, 주어진 환경에 따라 차이는 있겠지만, 미당의 경우는 위의 인용문에 보이는 것처럼 "내 여생의 담을 곳을 나는 달리 생각할 수가 없네"('고향의 竹馬故友 黃童이에게 보낸 서간문')라며, 고향으로 귀향하고 싶은 심정을 내비치기도 했다. 그러나 앞에서도 잠깐 얘기된 바와 같이 "아우가 묻힌 곳에 가서 살고 싶지는 않다"(*필자가 미당에게 직접 들은 말)는 말도 했던 것을 보면, 고향에 대한 '그리움'과 실제로 거기 가서 '살고 싶음' 사이에는 약간의 간극間隙이 있는 것도 사실이었던 것 같다.

아무튼 그럼에도 불구하고 상실한 과거 속으로 회귀하고 싶은 정서야 왜 없었겠는가? 유독, 생애에 있어 방황과 방랑이 많았던 그였기 때문에, 이제는 정말 객지에서의 떠돌이의 생활을 마감하고 포근한 모성母性의 고향으로 귀향하고 싶은 심정도 있었겠지만, 그러나 우선은 기억의 저편에 쭈그리고 있는 고향의 이야기 속으로, 마치 '神話'와도 같은 고향의 '說話' 속으로, 잠입해보고 싶은 심정도 또한 있었을 것이다.

다음의 「질마재里의 사상들」은, 고향의 정서 속으로 잠입해보고 싶은 그의 심정이 반영된 내용으로 보인다.

> 질마재 마을 사람들은 대개 무슨 마음, 무슨 마음으로 살고들 있었던가 — 인제는 그것을 생각해 볼까. 인제 와 풀이해 보니, 그들의 정신을 대개 세 갈래의 流派로 나눌 수 있을 것 같다.
> 첫째는 儒者, 둘째는 自然主義, 셋째는 뭐라 이름을 붙였으면 좋을지 모르겠으나, 노래 잘 하고 춤 잘 추고 소고·장고·꽹과리 잘 치고 멋 내길 좋아하고 또 건달패이기도 했던 사람들 — 일종의 審美派라고나 할까. (중략)
> ① 마을의 큰 세력은 李朝나 다름없이 여전히 儒者들한테 있었다. 그 중에

는 마을에서 제일 점잖은 — 里長의 아버지 선달영감도 있고, 訓長 송무술씨도 있고, 아들 잘 치고 마누라 잘 치는, 그 매운 얼굴로 마을 사람들한테 까지 위엄을 떨치던 조인술씨도 있고, 또 우리 아버지도 있고 하여, 분명히 마을의 제일 세력임엔 틀림없었으나, 그러나 지금 내겐 이 세력이 매력 있는 것으로 기억되진 않는다.

그들의 위엄과 그들의 治産은 그중 나아서 그건 그들의 자손과 마을 사람들을 강다짐으로 다져내는 데는 힘이 되었을 것이다. 하나, 어린 내게는 그들은 너무 무서웠고 또 인색하게 인상지어져 있다. (중략)

② 이것은 그가 文字에 無識했던 걸로 미루어 보아, 册에서 배운 것도 아니었음을 알 수 있다. 그러면 이런 態度는 어디서 얻어온 것일까. 그것은 딴 것이 아니라, 글 아니라도 수천 년의 실생활 傳統에 의한 것으로 보여진다. (중략) 小者 이 생원인즉 내 보기엔 '진영이' 씨나 마찬가지로 낚시질과 내리미질(그릇을 두 장대 새에 매, 내리밀어서 새우같은 것을 잡는 일)을 제일 즐기는 自然派의 한 사람에 틀림 없었는데, 무슨 독특한 소견으로써 아내를 그렇게 훈련해 놓았었는지 시방도 확실히는 알 수 없는 일이다. (중략)

③ 마지막 審美派가 가졌던 특징은 그들이 儒者들보다 썩 곱게 그립게 다정한 것을 가지면서도, 자연파와 같이 남 꺼릴 것 없이 의젓하지를 못하고, 늘 무얼 숨기는 양 딴데 남몰래 눈맞춘 사람을 두고 사는 것 같던 점이다. (중략) 그의 호주머니 속에는 아직 손거울까지는 없었던 듯하나, 그의 상투를 둘러싼 망건 속으로 흘러내린 머리털을 보기좋게 위로 추켜올리는 데 쓰이는 — 소뿔로 만든 조그만 '염발' 이 하나 언제나 들어 있어, 그는 곧잘 뒷간에서 (하늘이 맞보이는 도가니를 묻어놓은 곳에서) 똥오줌을 퍼 밭에 나르다가도 문득 멎어서 묽은 뒷간 도가니에 얼굴을 비추곤, '염발' 에 침을 발라 망건 속의 머리털을 곱다라이 추켜세우곤 하였다.

— 「질마재里의 사상들」 중에서(『서정주 문학전집』 4권)

위의 인용문에서 ①은 이른바 '儒學派'를 설명한 내용인데, 이들은 '마을에서 제일 점잖은' 사람들이고 '위엄을 떨치던' '마을의 제일 세력' 들이고, 治産은 잘한 사람들이었지만 너무 '무서웠고' '인색하게' 느껴진 부류였고, ②는 '自然派'에 대한 설명인데, 이들은 '無識했던' 사람들이지만, 자연 속의 '실생활 전통'에서 익힌 '낚시질', '내리미질' 같은 것을 매우 잘 하는 부류였으며, ③은 '審美派'에 대한 설명인데, 이들은 '자연파'와 같이 '의젓하지는' 못하나, '남몰래 눈맞춘' 사람들을 둔 것처럼, 소뿔로 만든 '염발'로 흘러내리는 머리털을 '똥오줌 항아리'를 거울삼아 '곱다라이' 추켜올리기도 하는 부류들이다.

> 그는 그가 자란 질마재라는 인적 구성을 ① 유학파, ② 자연파, ③ 심미파로 삼분하고 있다. 유학파들은 물론 점잖고 규율적이며, 따라서 어린아이들에겐 흥미의 대상으로 되지 않는다. 한편 자연파는 무식하기는 하였으나 인간보다는 자연애, 특히 기능인으로서의 밭갈기, 낚시질 등에 탁월한 재능을 보이는 부류이다. 그 유연한 태도는 생활 전통에서 이어온 것이다. 이러한 두 유파와는 달리 소위 심미파는 예인을 뜻한다. 이들은 자연파와 같이 의젓하지 못하고, 늘 무엇을 숨기는 양, 숨어사는 어둠의 측면을 대표한다.
> ― 金允植, 「전통과 예의 의미」 중에서(『徐廷柱 硏究』同和出版公社, 1975)

위의 인용문은 미당의 작품 「上歌手의 소리」(『질마재 신화』)를 평한 「전통과 예의 의미」에서 인용한 것인데, 김윤식金允植은 이 글에서 한국적 '藝人'의 원형을 '上歌手' 즉 '審美派'에서 찾아내고 있다. 그리고 김윤식으로 하여금 이런 글을 쓰도록 계기를 만들어 준 글은 또한 다름 아닌 미당의 「질마재里의 思想들」이다. 그리고 이 글의 말미에서 미당은 '하여간 마을은 이 세 유파의 정신으로 운영되었다. 심미파 힘으로 흥청거리고 잘 놀고 노래하고 춤추고, 유자들의 덕으로 다스리고 지키고, 자연파―신선파의 덕으로 답답지 않은 소슬한 기운을 유지하면서, 아직도 일본이 가져온 신문화의 혜택에선 멀리 그건 그대로의 전통 속에 있었다'고 진술하고 있다.

이러한 미당의 「질마재里의 思想들」을 참조하면서, 이제 제6시집 『질마재 신화』를 더듬어 살펴보기로 한다.

2. 원형적 고향의 토속성과 설화성

'神話'라는 말은 글자 그대로 신들의 이야기라는 뜻이다. 그런데 '희랍神話'나 '단군神話' 등을 보면 그것이 결국은 신들의 이야기가 아니라 인간들의 이야기인 것을 보게 된다. 그리고 그 이야기의 구조도 문학(소설)의 구조와 공통점이 많은 것을 또한 보게 되는 것이다.

이 점을 거꾸로 말해 본다면 소설(문학)의 모태母胎가 된 것이 곧 신화라는 얘기가 될 수도 있다. 물론 이 말은 '神話 = 문학' 이라는 논리가 아니라, 인간 삶의 원형原型으로 신화가 존재하기 때문에, 바로 그 인간들의 삶의 이야기인 문학(소설)이 그 구조적인 면에서 신화와 유사하다는 뜻이다. 그리고 여기서 말하는 그 '原型'은 고대의 의식에 나타난 것, 구약성서에 보이는 낙원, 그리스 황금시대 등에서 추구되고 있는 것 같다.

그런데 우리가 사는 인간 세상에서는 그것을 이미 상실하고 있다는 것이다. 따라서 그 상실된 과거, 즉 신화神話가 보여준 원형原型을 다시 되살려내려고 작품으로 나타내고 또 그것을 되풀이하는 것이라고 N. 프라이는 해명하고 있는 것 같다.

> 신화는 인간세계와 비인간적 세계와의 사이에 일체성(identify)을 이룩하려고 하는 상상력의 단순하고도 기본적인 형태이며, 그 가장 대표적인 성과가 신들에 대한 이야기였다. 이윽고 이 신화체계(mythology)가 문학 속에 침투해 들어오게 되면, 신화는 이야기의 구조원리(Structural principle)가 된다.
> ― N. 프라이, 『神話文學論』 중에서(金相一 譯)

가령, '단군신화' 같은 경우도, 바로 그 우리 민족의 원형으로 창조된 신화임은 두말할 나위도 없다. 마늘과 쑥으로 비유된 단군신화에서, 쓰고 얼큰하고 맵게 살아가는 정신, 즉 인고忍苦의 뒤에야 비로소 어떤 결실을 얻게 된다는 계시啓示나 가치관을 담고 있다. 그것은, 바로 우리 민족의 생활 속에서 염원했던 가치나 계시의 한 틀로 볼 수 있다. 마찬가지로 '희랍신화'도 고대 희랍 황금시대의 계시의 한 틀이었으며, 그 시대인들의 가치관에 대한 진술이었다고 보아야 한다.

그러나 여기서 한 가지 분명히 짚고 넘어가려는 것은, 『질마재 신화』라는 시집 제목 속의 '神話'는 앞에서 얘기한 '단군신화'나 '희랍신화'와 같은 개념의 신화는 아니라는 사실이다. 광의로서의 개념 즉, '神話 = 說話'일 때에만 받아들일 수 있는 '신화'의 개념이라는 것을 잊지 말아야 한다.

『질마재 신화』는 설화시(이야기시 : narrative poetry)이고 산문시散文詩이다. "『질마재 신화』는 산문시로서 토속적土俗的이고 주술적呪術的이기까지 한 세계가 눈치를 살피지 않는 대담한 언어구사를 통하여 파헤쳐지고 있다"고 한 박재삼朴在森의 지적처럼, 기존의 시어 패턴을 '앗세' 작파해 버리고 대담하게 속어 비어들을 구사하고 있는 특징을 보인다. 전혀 시적 의장意匠을 거치지 않은, 전라도 시골티 그대로의 육성적 언어가 미당 시집 『질마재 신화』에는 예사로 쓰여지고 있는 것이다. 그리고 그러한 원색적 육성은 '토속적이고 주술적'이기까지 한 이야기시의 분위기와 맞물려서 한층 더 효과를 거두고 있다고 말할 수 있다.

> 우리 민족에겐 신화가 없다. 내적 생활이 빈곤하고 주체 의식이 결여되었을 때 영원히 신화는 탄생하지 못한다. 한 민족이 창조한 신화는 그 민족의 자유로운 자아의 표현이며 그들 자신의 독특한 생활방식을 의미하는 것이다.
> ― 이어령, 「이것이 오늘의 世代다」 중에서

위의 이어령李御寧의 진술에서처럼, 아닌게아니라 우리 민족에겐 신화가 없다. 오천 년 역사동안 창조된 신화는 '단군신화' 외에 다른 어떤 신화도 없는 것으로 알고 있다. '그 민족의 자유로운 자아의 표현이며 그들 자신의 독특한 생활 방식을 의미' 하는 그런 신화가 우리 민족에게 없다는 것은, 말하자면 고대 희랍의 황금시대와 같은 찬란한 역사가 없었다는 얘기가 될 수도 있을 것 같다.

그런 의미에서 『질마재 신화』는 비록 설화시요 산문시이기는 하지만, 한국인의 의식 속에 있는 상실된 과거를 되새겨 본다는 의미에서, 그리고 영원이라는 시간 개념 속에 그 원형적 이미지들을 기록해 놓았다는 의미에서 평가해야 될 것이 아닌가 생각된다. 그리고 또 한편으로는, 시골 사람이 쓰는 말 그대로의 어법으로 우리 민족의 원형적 고향을 시작품 속에 재현시키고 있고, 토속성土俗性과 설화성說話性을 통하여, 우리의 넋의 시골을 다시 되새겨 볼 수 있게 해주고 있다는 점, 우리 민족 고유의 주체적 정서를 되새겨 보는 거울로 삼을 수 있다는 점 등에서, 그 의미를 찾아야 될 것이 아닌가 하는 생각도 든다.

가령, 다음과 같은 '시골 사람이 쓰는 말 그대로의 어법' 으로 쓰인 낱말들을 통하여, 『질마재 신화』의 토속성을 우선 짐작해 보기로 한다.

누곤, 망둥이, 알발로, 뒤깐, 앗세, 밑둥거리, 대가리, 하도나, 눈들, 쬐금도, 여러직, 널찍한, 등때기, 퍽으나, 시방도, 땡삐, 몸써리, ~허고, 데불고, 오양깐, 꼬마둥이, 은어먹는, 누렁지, 찌끄래기, 사람마닥, 이쿠는, 쌍판, 요렇게, 홰딱, 괜스리, 씨월거려쌌능구만, 그리여, 차차로히, 하누님, 어쩡거리고, 덩그랗게, 보고싶기사, 분지러, 불칼, 쏘내기, 멀찌감치, 숭내, 애기, 머읫닢, 하조낮, 파다거리다, 아닌갑네, 왜장치다, 아조, ~입지요, ~ㄹ갑쇼, 시시껄렁한, 뺀보기, 하드래도, 까물거리다, 가뜬히, 마당房, 낯바닥, 오구라져나자빠지다, 알묏집, 개피떡, 그뜩한, 번즈레한, 이뿌다, 소망, 실천, 옹뎅이, ~

거여, 시푼, 한물댁, 배때기, 옛비슥한, 사운거리다, 일어나시겨라우, 모롱애, 쬐그만큼, 고러초롬, 걸궁배미, 논배미, 고오고오, 앵기는대로, 눈아피, 즈이집, 뿌사리, 쑥버물이, 못가리, 끄니, 에우기도, 소눈깔, 똥구녁, 개구녁, 디려다보고는, 뭇헐레, 알탕갈탕, 막가지, 우아랫두리, ~랑게, 느이, 애솔나무, 알큰하게, 시악씨, 어따, 뜨시한, 다마토리, 오동지할아버님, 또드락거리는 등등.

우리의 시인 가운데 방언을 가장 많이 구사한 시인이 과연 누구인가에 대하여 논의하게 될 때, 우리는 우선 그동안 소월素月과 영랑永郎을 그 대상으로 생각해 온 것이 사실이다. 그 경우 소월시素月詩에 나타나 있는 투박한 북녘 사투리와, 영랑시永郎詩에 나타나 있는 나긋나긋한 남녘 사투리를 예를 들어 설명하기도 했었다.

그러나 이제 그러한 견해나 논의는 수정돼야 마땅하리라고 믿는다. 미당의 『질마재 신화』와 함께, 백석白石의 시집 『사슴』을 읽어본 사람이라면, 바로 그 두 시인의 방언구사에 이미 압도당하고 말 것이며, 소월이나 영랑의 시에 나타나는 방언에 대한 인식을 바꾸는 계기가 되리라 믿는다.

> 그러한 고향 사투리는 옛날부터 이러한 친밀한 분위기를 아주 잘 만들어 낸다. 그러므로 고향 사투리를 모르고 자라난 사람들에게는 삶에 있어서의 본질적인 그 무엇이 결핍되어 있다. 이 결핍은 다른 어떤 방식으로 보상하기 어렵다. 고향 사투리가 지닌 특수한 말소리의 억양은 어린 시절의 분위기를 다시 불러일으키기 때문에 생면부지의 낯선 사람도 공감하게 만든다.
> ― 볼노프(Bollnow), 『현대 철학의 전망』, p.167

미당의 『질마재 신화』에서 보여주고 있는 토속어들은, 볼노프의 말대로 "삶에 있어서의 본질적인 그 무엇"을 채워주는 요소가 아닌가 생각된다. 그리고 또 한편으로는 가족으로부터 이웃, 이웃으로부터 민족에 이르기까지, 그 어떤 친화력親和力과 공동체의식으로 끈끈하게 이어줄 수도 있고, 동족同族의식으로 이어줄 수도 있다고 생각된다.

한편,『질마재 신화』에서 지적할 수 있는 요소는, 토속어 외에 설화성을 들지 않을 수 없다.『질마재 신화』라는 시집 이름에 있는 '神話'(myth)라는 말은 이미 앞에서도 얘기된 바와 같이, '說話性'을 전제한 말이기 때문에, 더 말할 나위도 없다 하겠으나, 이 시집에서 보여주고 있는 설화적 요소들은 아예 이야기시(narrative poetry)의 분위기로 전개되고 있는 것이다. 그리고 자꾸만 잊혀져 가는 한국인의 원형적 고향의 설화를 재현시키고 있으며, 산업화의 뒤안길에 자꾸만 매몰돼가는 민족의식의 뿌리를 '질마재'라는 특정의 마을을 배경으로 찾아내고 있다는 것은 높이 평가하지 않을 수 없는 점이라 하겠다.

다음과 같은 작품은, 강한 회화성과 설화성을 담은 내용으로서, 우리들의 기억의 저편에 쭈그리고 있는 전설적 분위기를 제공해주는 작품이기도 하며, 특히 한국 여성의 기다림의 한恨을 보여주고 있는 작품이라고 말할 수 있는 작품이다.

신부는 초록 저고리 다홍치마로 겨우 귀밑머리만 풀리운 채 신랑하고 첫날밤을 아직 앉아 있었는데, 신랑이 그만 오줌이 급해져서 냉큼 일어나 달려가는 바람에 옷자락이 문돌쩌귀에 걸렸습니다. 그것을 신랑은 생각이 또 급해서 제 신부가 음탕해서 그새를 못 참아서 뒤에서 손으로 잡아다니는 거라고, 그렇게만 알곤 뒤도 안 돌아보고 나가 버렸습니다. 문돌쩌귀에 걸린 옷자락이 찢어진 채로 오줌 누곤 못 쓰겠다며 달아나 버렸습니다.
그리고 나서 사십년인가 오십년이 지나간 뒤에 뜻밖에 딴 볼일이 생겨 이 신부네 집 옆을 지나가다가 그래도 잠시 궁금해서 신부방 문을 열고 들여다보니, 신부는 귀밑머리만 풀린 첫날밤 모양 그대로 초록 저고리 다홍치마로 아직도 고스란히 앉아 있었습니다. 안스러운 생각이 들어 그 어깨를 가서 어루만지니 그때서야 매운재가 되어 폭삭 내려앉아 버렸습니다. 초록재와 다홍재로 내려앉아 버렸습니다.

—「新婦」전문

위에 인용한 설화시「신부」는 우리 한국 전래의 시골집, '房'에서의 사건을 소재로 하고 있다. 그것도 '문 돌쩌귀'와 창호지를 바른 문살이 있는, 전래의 우리네 시골방이다. 이런 방에서 신랑과 신부가 첫날밤을 맞게 되면, 그날 밤의 신랑은 으레히 신부의 족두리를 벗겨주고 옷고름을 풀어주고, …… 말하자면 잠자리에 들자는 신랑의 신호가 떨어져야만, 비로소 첫날밤의 행사가 시작되었던 것이다. 다분히 남성 중심적 사회의 유교적 도덕관에 얽매었던 시절의 모습이요 분위기였던 것이다.

그럼에도 불구하고 위의「신부」에 나타나 있는 사건은 허구(虛構 : fiction)의 내용이며, 과거 우리네 선인들의 사회에 어쩌면 있었을 것도 같은, 아련한 전설적 분위기의 이야기이다. 말하자면 우리네 드라마 '전설의 고향'에서나 볼 수 있을 것 같은, 짙은 회화적 색채를 드러내고 있는 설화인 것이다.

하지만, 그러한 전설적 분위기의 설화 속에는, 이 설화를 만들어 낸 시인의 의도성이 짙게 깔려있는 것을 볼 수 있다. 그 의도성이라 함은, 우리 사회에 던지는 어떤 공리적 기능, 즉 교시성敎示性을 의식하고 이 작품이 제작되었다는 말이다.

앞에서도 잠깐 언급했지만, 이 작품은 근본적으로 조선시대 남자 중심의 유교적 도덕관을 그 바탕에 깔고 있는 작품이다. 즉, 여필종부女必從夫라는 남자 중심의 유교적 윤리관을 바탕에 깔고 있으면서도, 다른 한편으로는 영원한 기다림의 여인상女人像을 그 원형적原型的 이미지로 제기해주고 있다. 다시 말하자면, 과거 조선사회에서의 '남편'은 곧 하늘과도 같은 존재로 여겨졌음은 우리가 잘 알고 있는 사실이다. 그러므로 이 작품에서처럼 변절하지 않는 정절貞節의 여인상이 만들어질 수밖에 없었던 사회적 분위기였다. 이 작품은 바로 그런 사회적 분위기를 반영한 작품인 것이다. 즉, 남편은 신부가 '음탕' 하다고 오해를 하고, 어디론가 사라져 버렸는데도, "사십년인가 오십년" 동안 공방空房을 지키며 기다림의 인고忍苦의 세월을 보내는 한恨 어린 여성상을 그 원형적 이미지로 제기해주고 있다. 한 어린 여성상을 제기해주고 있을 뿐만 아니라, 그런 도덕관이 아예 무너져 버린 오늘날의 사회적 분위기에 하나의 교시성敎示性으로 작용하고도 있는 것이다.

여기서 "초록 저고리 다홍치마"는 한국의 전래적인 신부의 의상이다. 그렇듯 갓 시집 온 신부가 "사십년인가 오십년"의 기다림의 세월을 보냈다고 서술되고 있다. 그러나 우리는 그 '사십' 이나 '오십'을 단순한 숫자의 개념으로 받아들여선 안 되며, '한 여자의 일생'의 개념으로 받아들여야 마땅할 것 같다. 왜냐하면, 옛날 유교적 도덕관으로 따진다면, 남편 없는 여자의 존재야말로 그 존재 이유가 없는 것이나 마찬가지이므로, 신부는 수절守節하며 남편이 돌아오기만을 기다리는 일생을 마쳤기 때문이다.

한편, 이 작품의 소재는 미당이 만주 국자가局子街에 갔을 때 들은 이야기라고 한다. 그 때 일본은 만주국을 세우고 있던 때이고, 미당은 그 당시 만주의 어느 양곡주식회사 일을 보던 때였는데, 그때 거기서 친구의 부친한테 들은 이야기라는 것이다. 그러므로 설화시「신부」의 설화는, 꼭 '질마재' 만의 설화는 아니며, 한국의 어느 고향 마을에나 있을 수 있는 설화임을 알 수 있다.

하지만 이 설화를 제외하면 시집 『질마재 신화』에 담긴 설화들이 대체로 '질마재' 주변에 맴도는 설화들이며, 미당의 어린 날의 '기억의 저편에 쭈그리고' 있는 설화들이라는 것은 두말할 나위도 없다. 따라서 미당의 고향의 정서가 스며 있는 소박한 시골티의 말, 즉, '다홍치마', '돌쩌귀', '오줌 누곤', '안스러운' 등의 표현으로, 옛날 시골 마을의 원색적 분위기를 실감케 하고 있다.

다음과 같은 미당의 진술은 한 참고가 될 것 같다.

> 최근에는 시집 『질마재 神話』와 같은 토속적인 작품도 많이 씁니다. 거기에 담긴 이야기들이 재미있고 신기하다고들 말하는 데, 내 고향에는 그런 이야기가 여기저기 많이 굴러다녀요.
> ─「文學散策」(《한국일보》, 1975. 8. 9일자)

그럼 여기서 위의 「신부」와 비슷한 느낌을 주는 작품 한 편을 더 감상해보기로 한다.

바닷물이 넘쳐서 개울을 타고 올라와서 삼대 울타리 틈으로 새어 옥수수밭 속을 지나서 마당에 흥건히 고이는 날이 우리 외할머니네 집에는 있었습니다. 이런 날 나는 망둥이 새우 새끼를 거기서 찾노라고 이빨 속까지 너무나 기쁜 종달새 새끼 소리가 다 되어 알발로 낄껄거리며 쫓아다녔습니다만, 항시 누에가 실을 뽑듯이 나만 보면 옛날 이야기만 무진장 하시던 외할머니는, 이 때에는 웬일인지 한마디도 말을 않고 벌써 많이 늙은 얼굴이 엷은 노을빛처럼 불그레해져 바다쪽만 멍허니 넘어다보고 서 있었습니다.

그 때에는 왜 그러시는지 나는 아직 미처 몰랐습니다만, 그분이 돌아가신 인제는 그 이유를 간신히 알긴 알 것 같습니다. 우리 외할아버지는 배를 타고 먼 바다로 고기잡이 다니시던 어부로, 내가 생겨나기 전 어느 해 겨울의 모진 바람에 어느 바다에선지 휘말려 빠져버리곤 영영 돌아오지 못한 채로 있는 것이라 하니, 아마 외할머니는 그 남편의 바닷물이 자기집 마당에 몰려 들어

오는 것을 보고 그렇게 말도 못하고 얼굴만 붉어져 있었던 것이겠지요.

—「해일」 전문

위의 작품 「해일」에 담긴 소재는, 이미 제5시집 『동천』의 「외할머니네 마당에 올라온 해일」이라는 제목으로, 그리고 위와 같이 산문시(설화시) 형태가 아닌 자유시 형태로 쓰인 바 있다. 그러나 위와 같이 산문시 형태로 개작하게 된 것은, 아마 자유시 형태로는 성공을 거두지 못한 것으로 시인이 판단한 데서 비롯된 것 같다. 다시 말하자면, 위와 같은 설화적 소재를 자유시 형태 속에 수용하기에는 좀 무리였을 것이라는 생각을 할 수 있으며, 오히려 그것은 산문시 형태가 적합하다고 시인은 생각했던 것 같다.

원형갑元亨甲은 그의 『徐廷柱의 神話』라는 평문에서, 시집 『동천』의 「외할머니네 마당에 올라온 해일」(자유시)을 하나의 성공작으로 꼽을 수 있다고 말하고 있으나, 필자의 생각으로는 그보다는 위의 「해일」(산문시)이 훨씬 더 성공을 거두고 있는 작품으로 생각된다. 왜냐하면 앞에서도 얘기한 바와 같이, 이 작품이 안고 있는 설화적 요소 때문에, 설화시(說話詩 : narrative poetry)로 처리하는 것이 더 안성맞춤이라는 생각이 들기 때문이다.

그리고 또 한편으로는 이 작품에 담긴 소재가 작가 자신의 체험적 감동에서 우러나온 것이 아니라, 작자의 외할머니의 어느 순간의 모습(立像)을 소재로 한 것이며, 바로 그렇기 때문에 시인은 그 소재를 나레이터의 입장에 서서, 3인칭 객관자적 기술을 할 수밖에 없었던 작품이므로, 그것은 더욱 설화시로서만이 가능한 소재라고 생각할 수 있는 것이다.

아무튼 「신부」와 「해일」이 인고忍苦의 세월을 보낸 한국의 여인상을 원형적 이미지로 제기하고 있다는 면에서는 서로 같다고 할 수 있다. 그러나 서로 다른 면을 지적한다면, 전자前者는 다만 기다림의 한恨을 지닌 여인상으로 표상되어 있는데 반하여, 후자後者의 경우는 분리와 회귀, 즉 헤어짐(이별)과 만남(해후)의 순환원리, 혹은 윤회사상 등이 적용되고 있는 작품인 것 같다.

다시 말하면, 이미 어부로서 바다에 나가 죽은 남편(미당의 외할아버지)이, 작자인 미당의 시 창조적 감각에 의하여 '남편의 바닷물'로 해일(回歸 = 만남)되어 들어온다는 부분을 주의 깊게 살펴야 한다. 이 부분은 바로, N. 프라이가 말한 바 있는 회귀의 특징을 갖는 순환원리(*불교의 윤회설)와 맞물리는 대목이라 할 수 있다. 즉, "늙은 얼굴이 엷은 노을빛처럼 불그레해져 바다 쪽만 멍하니 넘어다보고" 있었던 외할머니의 모습을 통하여서는 '헤어짐'(이별)의 한恨 속에 있는 입상立像을 볼 수 있게 해주지만, "외할머니는 그 남편의 바닷물이 자기집 마당에 몰려 들어오는 것을 보고 그렇게 말도 못하고 얼굴만 붉어져 있었던" 모습을 통하여서는 '만남'(回歸 = 海溢)의 희열에 차 있는 입상立像으로 승화시켜 놓고 있는 것을 볼 수 있다. 그리고 이렇듯 외할머니의 모습을, 훨씬 승화된 위치에 올려놓고 있는 것은, 당연히 시인의 시 창조적 능력에 의해서 이루어진 것이라 보아야 한다. 다시 말하자면 '얼굴만 붉어져 있었던' 외할머니의 모습은, 본래의 외할머니의 모습을 뛰어 넘어서, 이미 순환원리를 깨닫고 있는 입상立像으로 격상시켜 놓고 있다는 말이다. 그리고 그러한 것은 시인의 천부적인 시 창조 능력과 감각에 의하여 이룩될 수 있는 성격의 것이라 말할 수 있다.

시집 『질마재 신화』에 담긴 설화적 내용들을 소개하자면 한이 없겠으나, 시인의 정신 발전과 연계시켜 얘기해가고 있는 이 글에서는 이만 줄이기로 한다.

다만, 시집 『질마재 신화』 외에도 이 다음 70대 무렵의 시집에서 얘기되는 『떠돌이의 시』와 『학이 울고 간 날들의 시』 등에서도 우리 민족의 정신세계가 담긴 설화들을 끈질기게 추적하고 있는 것을 보게 된다. 그리고 그가 보여온 그러한 노력들은 한국인의 의식의 뿌리와 한국인의 원형적 모습을 찾으려는 작업으로 귀결되고 있음을 또한 보게 되는 것이다.

또 한편으로 「질마재里의 思想들」에 보이는 '儒學派', '自然派', '審美派' 등의 모습은 미당이 찾아낸 한국인의 원형적 모습이라는 것도 이해하게 된다. 말하자면 '질마재'의 얘기들은 미당의 고향 '질마재'만의 얘기가 아니라, 한국의 어느 마을에도 있을 수 있는 얘기들이다. 따라서, 『질마재 신화』에 담겨진 원형적 모습들은 바로 한국인의 원형적 모습이라 해도 과언은 아닐 것 같다. 그리고 그런 의미에서 이 시집에 대한 평가가 이루어져야 하리라고 믿으며, 이 무렵의 미당시의 위상位相을 찾아야 하리라고 또한 믿는다.

바꾸어 말하면, 시집 『질마재 신화』의 의의는 그러한 민족의식의 뿌리와 한국인의 원형을 발견하려는 노력 속에서 찾아야 한다는 말이며, 또 한편으로 미당의 그러한 노력은 거기에 합당한 의미를 부여받아야 하리라고도 생각된다.

왜냐하면, 이 『질마재 신화』는 유신통치가 심화되고, 산업화가 가속화되던 70년대, 우리 고유의 전통이 자꾸만 매몰돼가던 시점에 이루어진 노력이라는 점에서, 그의 시인의식이나 시대현실에 대한 시적 대응의 자세도 파악되어져야 하리라고 믿는 것이다.

한편, 이 『질마재 신화』 무렵, 특히 미당의 설화시들에 나타나는 특징을 다시 정리해보면, 한결같이 한국적인 고향의 설화를 소재로 하고 있다는 점, 타향에 살면서 고향 회귀의 정서를 보이고 있다는 점, 강한 회화성으로 원형적 고향의 면면들을 가시화해주고 있다는 점, 민족의식의 뿌리를 찾아내려는 노력이 계속되고 있다는 점, 시골 사람이 쓰는 말 그대로의 어법으로 토속어 비어들을 거침없이 사용하고 있다는 점, 한결같이 그 형태가 설화적 산문시로 이루어지고 있다는 점 등이 그 특징적 면모들이라 할 수 있다.

특히 그 중에서도 토속어의 구사는 우리의 어떤 시인에게서도 찾아볼 수 없는 미당만의 고유한 영역과 대표성을 갖고 있다고 확신한다. 그리고 그 대표성은 가령 김소월金素月의 북방 사투리나, 혹은 김영랑金永郎의 나긋나긋한 남방 사투리의 수준을 훨씬 뛰어넘는 것이다. 한편 그의 토속어는 우리 민족 전래의 넋의 시골을 뿌리채 뽑아서 잘 보여주고 있으며, 바로 그 점은 우리 민족의 공동체의식을 심어주는 요인이 될 수 있으리라고 생각된다.

그러나 다른 한편으로 생각을 옮겨보면, 그가 정말 회귀回歸하고 싶은 고향, 회귀할 수밖에 없는 고향은 그 옛날의 고향의 자연이다. 수구초심首丘初心(*여우가 그 머리를 고향 언덕을 향해 돌린다는 뜻)이라는 말도 있지만, 이제 그가 노년에 이르러 고향의 토속적土俗的인 것에로 눈을 돌리게 된 것은 결코 우연만은 아니며 또한 자연스런 일이기도 하다.

다음과 같은 노년老年의 그의 술회는, 고향으로 회귀하고 싶은 심정을 잘 드러내 보이고 있다.

> 떠돌이, 떠돌이, 떠돌이, …… 아무리 아니려고 발버둥을 쳐도 결국은 할 수 없이 또 흐를 뿐인 숙명적인 떠돌이! 겨우 돌아갈 곳은 이미 집도 절도 없는 할머니 고향 언저리 바닷가의 노송 뿐인 이 할 수 없는 처절한 떠돌이 ― 그것이 바로 나다.

―「文學散策」(《한국일보》, 1975. 8. 25일자)

이와 같이 고향에 대한 강한 그리움을 보이고 있는 것은, N. 프라이가 말한 바 있는 '상실된 과거'에로의 회귀본능에 다름 아니다. 누구에게나 고향은 있기 마련이고, 그 고향이 주는 심상은 무엇과도 비길 수 없는 포근함 그것이지만, 그리고 너그러이 감싸 받아줄 고향의 자연을 그리워하는 것은 우리네 인간들의 보편적 정서이지만, 회갑回甲의 나이 '耳順'에 이르른 미당도 결코 예외는 아니었다고 볼 수 있다.

한편, 우리는 이제까지 미당의 기억 속에 쭈그리고 있는 질마재 마을의 설화(전설)들에 귀를 기울이고 있었던 셈이다.

그러나 앞에서도 말했지만 『질마재 신화』는 질마재 마을만의 설화는 아니다. 그리고 '질마재'라는 마을 이름도 우리나라 여러 곳에 산재하는 이름이며, 거기에 잠복하고 있는 '神話'도 우리나라 어디에도 있을 수 있는 이야기들이라 할 수 있다. 그러므로 우리는 이러한 '神話'를 통하여 우리네 한국인을 되돌아보는 거울로 삼을 수 있으리라 믿으며, 먼 미래에는 20세기를 살았던 한국인의 얼굴을 바로 그 『질마재 신화』를 통하여 되돌아보는, 한국인의 풍속사風俗史의 자료로도 활용될 수 있으리라고 또한 믿는다.

제8장

70대 무렵과 그 이후, '떠돌이'와 '自由人'의 시기 그리고 '曲卽全'과 현실대응, 혹은 영생주의

1. '떠돌이'와 '自由人'의 시기

흔히 나이 70세를 일컫는 말로, '古稀'라는 말을 쓴다. 이 말은 두보杜甫의 「곡강시曲江詩」에 들어있는 구절 "人生七十古來稀"에서 따온 것으로서, '古來로 드문 연령'이라는 뜻으로 사용되는 말이다.

그런데 공자孔子는 이 70대 무렵의 정신과정을 '不踰矩'라고 했다.

> 吾十有五에 而志于學하고, 三十而立하고, 四十而不惑하고, 五十而知天命하고, 六十而耳順하고, 七十而從心所欲하야 不踰矩호라.
>
> ―『論語集註』중에서(朝鮮圖書株式會社刊)

이 책의 지금까지의 논의(*20대 무렵에서 60대 무렵까지의 논의)에서도 위에 인용한 공자의 정신 발전 과정을 참조하여 시집별로 얘기해왔지만, 이제 '70대 무렵과 그 이후'로 이 책의 논의를 마무리해야될 시점에 이르렀기 때문에, 위에 인용한 내용을 다시 정리해보기로 한다.

이른바 공자의 '정신 발전과정'을 말한 논리를 다시 정리해보면 이렇다.

공자孔子는 '십오 세에 일생을 학문에 바치기로 결심하고 학문으로 인생에 이바지하려는 뜻을 가지게 되었고('志于學'), 삼십 세에 그러한 학문의 기초를 확립하였으며('立'), 사십 세에 자기 학문에 자신을 얻게 되어 걸어가는 방향이 인간의 생활로서 타당하다는 것을 확립하고 남의 말에 동요되는 일이 없게 되었으며('不惑'), 오십 세에 학문에 몸을 바치는 것이 하늘에서 주어진 사명이며, 도를 세워 인류를 위하여 노력하는 길이 자기 운명이요, 짊어지게 된 천직임을 깨닫게 되었으며('知天命'), 육십 세에 자기와 다른 남의 의견을 들어도 순순히 수긍하게 될 만큼, 인간 생활의 여유를 얻었으며('耳順'), 칠십 세에 자기가 하고 싶은 대로 해도 인간의 법도를 넘어가지 않는 경지에 도달하여 진정한 자유를 누렸다('不踰矩')'는 내용이다.

물론 이 내용은 공자 자신의 정신발전과정을 단적으로 설명한 내용이지만, 한편으로는 모든 인간들의 보편적 정신과정을 그 자신의 통찰력으로 설파한 것이라고 볼 수 있는 구절이기도 하다.

따라서, 이러한 인간의 정신과정과 그런 정신과정의 산물인 미당시의 변화를 살펴보면, 묘한 합치점을 발견하게 되었기 때문에, 거기 맞춰 지금까지 논의를 해온 것이다.

그리고 그걸 여기서 다시 정리해보면 다음과 같다.

즉, 미당의 20대 무렵은 정신적 육체적 방황의 시기였다. 공자가 말한 바, '십오 세'의 학문적 지향과 미당 20대의 문학청년적 방황을 결부시켜 얘기해본 것이다. 학문적 지향과 문학청년적 방황은 모두 다 미래를 열기 위한 '지향'과 '방황'이었다고 보였기 때문에 결부시켜 얘기한 것이다('志于學'=『화사집』무렵).

다음으로 미당의 30대 무렵은 정서적으로 안정을 얻은 시기이고 동양적인 정서로 회귀한 시기이다. 미당의 정서적 '안정'은 공자의 '학문의 기초를 확립'한 시기와 맞물리는 것 아닌가 생각된다('立'=『귀촉도』무렵).

그 다음 미당의 40대 무렵은 '천둥' '먹구름' 지난 뒤의 달관達觀의 시기로 검토한 바 있는데, 공자의 이 시기는 '남의 말에 동요 되는 일이 없는' '不惑'의 시기였다. 미당의 '達觀'과 공자의 '不惑'은 어쩐지 이웃사촌처럼 느껴진다('不惑'=『서정주 시선』무렵).

미당의 50대 무렵은, 앞에서 '永生的 開眼'을 한 시기로 검토되었다, 그리고 그의 그러한 '開眼'은, 그 자신의 운명적 한계상황을 자각한 데서 온 것이고, 불교적 상상력을 통하여 얻어진 개안이었다고 할 수 있다. 마찬가지로 공자의 '知天命'도 하늘로부터 '주어진 사명'을 말하고 있다. 이 역시 숙명적 자각을 보인 것이요, 자기 자신의 운명을 말한 것이 아니겠는가?('知天命'=『동천』무렵)

한편, 미당의 60대 무렵은 상실한 과거로의 회귀回歸를 보인 시기이다. 공자는 이 시기를 '耳順'이라 말했다. 바로 이 '이순'의 정신과정도 '남의 의견'마저 '순순히 수긍'하게 될 만큼, '마음의 여유'를 가지게 된 나이요, 고향의 자연으로 눈을 돌리게 되는 나이라는 점에서도 묘하게 합일점을 이룬다.

물론, 이와 같이 공자의 정신발전과 미당의 정신발전을 동일시同一視하는 시각에 다소 문제가 따를 수도 있음을 잘 알고 있다. 그러나 시詩라고 하는 것이 어차피 시인의 정신의 산물이요, 영혼의 중핵中核 속에서 얻어지는 산물이라고 볼 때, 인간의 보편적 정신발전과, 미당의 정신발전을 결부시키는 것은 어쩌면 당연한 것이라고도 생각된다. 그리고 10년 단위로 구분한 공자의 정신발전 논리와, 10년 간격으로 검토한 미당의 시집들은, 그리고 시집들에 나타나 있는 정신발전은, 묘하게도 합치점을 보이고 있는 것이 사실이다.

아무튼 이제 여기서부터는 미당 70대 무렵의 정신세계와 그 정신세계의 산물인 그의 시세계를 검토할 차례다.

앞에서 말한 바와 같이 이 시기는 '자기가 하고 싶은 대로 해도 인간의 법도를 넘어가지 않는 경지에 도달하여 진정한 자유를 누렸다'는 시기이다. 말하자면 드디어 '自由人'의 자격을 획득한 시기라고 이해할 수 있으며, 이 '자유인'이 된 시기의 미당문학을 살펴보려는 것이다.

다음과 같이 「내 시정신의 근황」에 담긴 미당의 진술은, 이 무렵의 그의 '자유인'으로서의 정서를 잘 읽을 수 있게 해준다.

> 그리고, 요새 내가 실천해서 그 덕으로 목숨도 부지하고, 또 詩도 느린 대로나마 살아있게 하고 있는 가장 중요한 일은, 위의 小題目에 보이는 바로 그 漫步의 散策精神이다. (중략) 누구 急病 난 경우 같은 걸 빼고는 일체 급히 서두를 것 없이 천천히 散步하는 것같이 살려는 것이다.
> 얼마 전 『한눈』이라 제목한 내 小品詩 속에다가도 조금 표현하노라 해 본 일이 있지만, 나는 가령 내 最後의 愛人과 만나기로 약속하고 찾아가는 길이라 하더라도 그 도중은 漫步와 한눈을 겸한 散策으로도 하기로 했다. 도중 어디의 구름이 좋으면 그걸 보고 거닐거나 앉았다가 그냥 돌아와 버리기도 하고, 또 그 愛人을 제 時間 되어 찾아갔다가 그 愛人이 딴 사내와 이미 외출해 버리고 없는 것을 알았다 하더라도 역시 숨가빠 할 것 없이 거기서 돌아가는 그 어디 도중의 좋은 풀잎사귀 같은 것하고라도 사귀고 노는 것이 맞는 일이라고 이해해 작정한 것이다.
> 新羅 殊異傳이라던가 하는 책 속에서 나온 거라고 하여, 志鬼라는 사내가 善德女王을 그리워해서 무슨 절간으로던가 따라갔다가 그 여자가 佛供하는 동안 그만 그 어디 돌탑 밑에서 한 잠 잘 자고 있는 장면을 표현한 것이 보이

는데, 이 이야긴 썩 내 마음에 든다. (중략)
　이 漫步의 散策精神은 近年의 내 詩精神의 제일 중요한 것이다. 나는 이걸로 내게 오는 모든 것과의 因果關係의 고단하고 뻑뻑하고 따분한 氣壓들을 緩和하여, 거기 한가하고 시원한 바람이 깃들이기를 바라는 것이다.

—『서정주 문학전집』 5권, p.295

　위의 인용문을 통하여 미당의 '近年'의 정신상황을 다소나마 엿볼 수 있지 않을까 싶다. 특히 '한눈팔이' 정신과 漫步의 散策精神은 이 무렵 미당의 정신상황을 잘 말해주고 있다. 그런데 여기서 '近年'이란『서정주 문학전집』을 출간할 무렵을 말하는 것이므로, 연대기年代記적으로는 60대 전후의 시점에다 맞춰야 할 것 같지만, 위 인용문에 나타나 있는 정서만으로 본다면 어쩐지 70대 무렵의 정서에다 맞춰야 안성맞춤인 것만 같다. 그리고 그후 시집『떠돌이의 詩』가 곧 이어 출간됐기 때문에, 이 시집의 '떠돌이'가 주는 이미지도 70대 무렵의 漫步의 散策精神과 많이 합치된다고 볼 수 있다.

　한편, 이 '떠돌이'라는 말은, 바로 그 '自由人'의 대명사라는 것은 두말할 나위도 없다. 두말할 나위도 없을 뿐만 아니라, 이후 그의 시집에는 이 '떠돌이'의 정서가 계속 따라 다닌다. 1980년 펴낸 세계여행기『떠돌며 머흘며 무엇을 보려느뇨?』가 그렇고, 바로 이어서 펴낸 시집『서西으로 가는 달처럼』(1980년 발행, 제8시집)이 그렇고, 1988년에 펴낸 시집『팔할이 바람』이 그렇고, 1993년에 펴낸 시집『늙은 떠돌이의 詩』(제14시집)가 그렇고, 1997년에 펴낸 시집『80소년 떠돌이의 시』가 그렇다.

　그러니까 연대기年代記적으로 보면, 60대 전후의 시점에서부터, 80대 후반 그가 별세別世하기 전까지, 이 '떠돌이' 의식이 지배하고 있었다고 해도 과언은 아니다. 그리고 그 연대기의 한 중심에 서 있는 정서가 예의 그 '不踰矩', 즉 앞에서 말한 대로 70대 무렵의 그 '자유인'의 정서가 계속 유지되고 있었던 것이다.

어떤 의학박사가 "인간의 사회활동 나이는 77세"라고 말하는 걸 들은 바 있다. 77세까지는 사회활동(*문학활동도 거기 포함됨)을 활발히 하다가, 그 이후는 '餘生'을 사는 것이고, 그저 생명을 유지하고만 사는 나이가 된다는 것이다. 아닌게아니라 미당의 70대 이후의 시집들에서도 그런 걸 느끼게 된다. 어쩐지 70대 이후의 시집들은 '餘談' 정도로만 보이니 말이다. 사실 좀 더 솔직히 말해 본다면 70대 무렵 『떠돌이의 시』 이후의 시집들은, '餘談' 정도가 아니라 어찌 보면 이야기들이다. 박식博識한 노인 한 분이 깊은 밤 책을 읽다가 들려주는 이야기 정도로 들리는 시들이 많이 있다. 말하자면 『동천』 무렵에 보여주었던 '파천황의 상상력'이나, 그보다 앞서 『서정주 시선』에서 보여주었던 긴밀한 시적 구조, 유기체적 구조를 만들려는 시의 제작 의도가 많이 상실되어 있다는 말이다. 물론 이 무렵의 작품에도 대가시적大家詩的 면모를 보이는 시들이 없지 않은 것도 사실이지만, 대부분의 작품들이 시적 긴장감을 떨어뜨리는 작품들인 것이다. 미당이 이미 "老年"에 이르러서일까?

아무튼 각설하고, 미당의 '자유인'의 의식은 70대 무렵을 전후한 시기에서 만도 아니다. 좀 더 넓게 말해본다면, 이미 20대 무렵 시인으로서의 첫 출발점에서부터라고 볼 수 있다. 다시 말하면 『화사집』 무렵의 '팔할이 바람'이라던 시절에서 부터, 이미 예고되고 있었던 '떠돌이' 의식이요 '자유인'의 의식이었던 것이다. 따라서 그는 어쩌면 '자유인'의 의식으로 일생을 살다가 "연꽃 만나고 가는 바람같이" 저 세상으로 떠나간 사람이라 해도 과언은 아닐 것 같다. 그리고 지금 이 시간에도 저 세상 하늘나라에서, 그 '눈썹'과 해후하여 '자유인'의 영혼으로 살고 있을 지도 모른다.

그가 이승에서 남긴 말, "나는 永生을 꿈꾸는 미련한 소여"라고 했던 말처럼, 그는 이제 하늘나라에서 '永生' 하여, 이승에서 그렇게도 그리워 했던 그 '눈썹'(「동천」의 눈썹)과 만나, 이제 거기 그렇게 '둥지' 틀고 살고 있을 것만 같은 것이다.

이 나라의 천부적인 시인 한 분은
그 하늘 '눈썹' 하나 못 잊던 거라
즈믄 밤의 꿈 속에서 그리던 거라

우연히 매서운 새 발견 하고는
새 편에 그 마음을 전하던 거라
그 새가 내 마음이다 하시던 거라

그 새는 하늘까지 가진 못하고
가다가 비끼어서 돌아온 거라
그 또한 내 마음이다 하시던 거라

드디어 그 하늘로 날아가신 시인은
그 '눈썹' 과 인제는 만나시는 거라
아예 둥지 틀고 거기 사시는 거라

— 필자, 「겨울 하늘 (2)」(미당의 시「동천」에 대한 戱作)

위의 시는 미당시 「동천」에 빗대어서 필자가 '戱作'으로 써본 작품(필자의 제5시집 『가시고기 아비의 사랑』(이회문화사, 1992))이다. 미당시 「동천」의 정서와 이미지에 어느 만큼 근접했는지는 모르지만, 미당시 「동천」을 너무 애송하던 한 독자로서 쓴 작품임을 이해 있으시기 바란다. 아무튼 미당의 70대 '자유인' 의 얘기로 다시 돌아가보자.

떠돌이, 떠돌이, 떠돌이, …… 아무리 아니려고 발버둥을 쳐도 결국은 할 수 없이 또 흐를 뿐인 宿命的인 떠돌이! 겨우 돌아갈 곳은 이미 집도 절도 없는 할머니 고향 언저리 바닷가의 老松 뿐인 이 할 수 없는 철저한 떠돌이 — 그것이 바로 나다. (중략)

그래 나는 솔직하게 말하자면 그래도 겨우 自然人 資格이나 하나를 완전한 걸로 여기면서 지금 살고 있다.

社會人으로서는 항시 답답하고 억울한 일투성이고 또 좋은 어떤 打開策도 안 보이기만 하기가 일쑤이지만, 내가 할 수 없이 되어 내 할머니 고향 海邊의 老松 수풀이라도 바닷물 같은데 몸을 잠가 눈 박아 보고 있을 때, 이런 때에도 自然은 나를 딱하게 하거나 억울하게 하기는 새로 내가 社會人으로서 몽땅 몽땅 에누리 당하고 깎이기만 했던 내 全人의 자격을 다 되돌려 주어, 나를 다시 天地와 歷史 사이에 百프로의 人生資格者로 회복시켜 주시니 말이다.

그래 나는 내 자식들이나 弟子들이나 가까운 後輩들에게 때때로 말한다.

『세상살이가 영 할 수 없이 딱해 못 견디겠거든 自然을 바짝 가까이 해라. 新羅 花郎들이 할 수 없을 때, 마지막 힘을 얻은 곳도 바로 여기고, 사실은 中國이 오래 大國노릇을 해온 것도 그들의 老子 莊子를 비롯해서 印度에서 꾸어온 釋迦牟尼를 통해서 까지 이 自然과의 融和를 통한 得力에 成就한 때문으로 안다. 자연과 딱 합해져서 풍운이요 뇌성이요 벼락이라면 이 보다 더 殊勝한 힘이 어디 있겠느냐』고 …….

몰라. 이렇게 사는 것도 現實逃避니 어쩌니 하고 누가 또 핀잔 할는지? 그렇지만 그건 그게 아니다.

現實에서 쓰러지지 않고, 다음 세대를 넉넉히 기르면서, 영원에서 가장 끈질기게 안 滅亡하고 사는 놈이 되려 하니, 이밖에 딴 길이 없어 그러는 것 뿐이다.

— 「文學散策」(《한국일보》, 1975. 8. 29일자)

우리들 인간은 누구나를 가릴 것 없이 본질적으로는 '떠돌이' 거나 혹은 '나그네' 이겠지만, 시인 미당에게 있어 그 '떠돌이' 의식은 더욱 짙게 따라다니는 것 같다.

위의 인용문에도 그 '떠돌이' 의식은 잘 나타나 있는 것 같고, 그리고 그러한 '떠돌이'로서의 자기 자신은 '自然을 바짝 가까이' 함으로써만 '自然人 資格'이나 '人生 資格者'로 설 수 있었다는 내용이다. 사회인으로서의 자신은 "몽땅 에누리 당하고 깎이기만" 했었지만, 자연만은 "내 全人의 자격을 다 되돌려" 주었다며, "現實에서 쓰러지지 않고, 다음 世代를 넉넉히 기르면서, 永遠에서 가장 끈질기게 안 滅亡하고" 살려면, "自然을 바짝 가까이" 하라고 제안하기도 한다.

> 그래도 살다보면 따분한 일이 많죠. 그러면 자연으로 돌아가려 애씁니다. 사회 속에서 우리는 인간으로서의 값을 에누리 당하지만, 자연 속에서의 우리는 하늘과 땅 사이 첫 모습 그대로 온전하게 인간 자격을 갖게 되지 않아요?
> ―「近況」(《한국일보》, 1975. 8. 29일자)

위의 인용문에도 보이는 시인의 마음은 '자유인'으로 돌아가고자 한다. "하늘과 땅 사이 첫 모습 그대로 온전하게 인간 자격을 갖게" 되는 것이 바로 자연인이라고 말한다. 그리고 이 '자연인'으로 돌아갈 때, 우리들 인간은 비로소 진정한 의미의 '자유인'이 되는 것이며, 그래야만 본질적 자아에 대하여 사유할 수 있게도 되리라 믿는다.

또 한편으로는 노년의 그가 '자연에 바짝 가까이' 다가서서 시 인생을 보다 아름답게 갈무리하고자 하는 것도, 바로 그런 본질적 자아에 대하여 사유하려는 때문이 아니겠는가 하는 생각도 든다.

2. '曲卽全'과 현실대응, 혹은 영생주의

한편, 그가 이 무렵 또 하나 '바짝 가까이' 다가서려고 노력한 것은 다름 아닌 선인들의 정신세계이다. 선인들의 정신세계에 바짝 가까이 다가

섬으로써, 우선 그들의 슬기를 배우고, 또 한편으로는 현실 속에서의 '답답하고 억울한' 일들에 대한 대응논리를 마련하려 하기도 한다. 그래서 노년의 시인생을 지혜롭게 갈무리하고자 했던 시기이기도 한 것이다.

그리고 그것은 주로 『삼국유사』 등에 보이는 어떤 지혜나 불교적 슬기들에 '바짝 가까이' 다가서려는 노력으로 나타나지만, 그러한 노력은 이 무렵뿐만 아니라, 그가 가장 고난의 세월을 보냈던 시기, 특히 50대 무렵의 시집 『신라초』, 『서정주 시선』을 쓸 무렵에도 보여주었던 현상이었다.

그러나 이 70대 무렵의 접근과 50대 무렵의 접근은, 본질적으로 그 성격이 다르다고 할 수 있다. 말하자면 50대 무렵의 접근은, 다만 『삼국유사』 등에 보이는 신라인들의 슬기를 전달하고자 했던 데 비하여, 이 70대 무렵의 접근은 선인들의 정신의 산책을 통하여 우선 자아를 성찰하고, 또 그 슬기를 배움으로써, 세상살이와 현실대응 논리, 그리고 마지막 인생을 지혜롭게 대처하려는 데에 있었던 것 같다.

> 신라의 어느 사내 진땀 흘리며
> 계집과 수풀에서 그짓하고 있다가
> 떨어지는 홍시에 마음이 쏠려
> 또그르르 그만 그리로 굴러가버리듯
> 나도 이젠 고로초롬만 살았으면 싶어라.
>
> 쏘내기속 청솔방울
> 약으로 보고 있다가
> 어쩌면 고로초롬은 될 법도 해라.
>
> ―「雨中有題」 전문

위의 인용시에서는 불교적 슬기를 배움으로써, "고로초롬만" 살고 싶다고 노래하고 있다. 신라시대 원효대사의 정신세계에서 얻은 듯이 보이는 이 작품은, 우선 불교적 슬기에 많이 접근되어 있는 작품으로 보인다.

이 작품이 70대 무렵의 시집 『떠돌이의 시』의 부표지에 수록된 것으로 볼 때, 이 시집의 「序詩」로도 볼 수 있으며, 견해에 따라서는 이 시집의 정신세계를 반영해주고 있는 작품이라고 볼 수도 있겠다.

그러면 과연 이 작품의 화자가 "고로초롬만" 살고 싶은 정신의 경지는 어떤 것인가?

그것은 첫째로, '그짓'을 하는 행위에 대한 의미부여와, '홍시'에 마음이 쏠리는 것에 대한 의미부여를 동일선상에 놓고 있다는 점에서, 이 작품의 요체를 파악해야 할 것 같다. 말하자면 성욕('그짓')과 식욕('홍시')이 이 시에서는 대등하게 파악되고 있으며, 이러한 관념의 근거는 불가佛家에서 말하는 '보시布施'의 관념과 어떤 연관성이 있는 것으로 생각된다. 즉 성욕性慾이 급한 '계집' 한테는 성을 주고, 식욕食慾이 급해지면 또 식욕을 채우면 되는 일이다. 말하자면 이 두 가지 일이 모두 육체의 일이라는 점에서 동일선상에 놓았다는 말이다.

그리고 이 작품의 두 번째의 정신의 요체는, 어느 한가지 일('그짓')에만 집착하지 않고, 또 다른 일('홍시')에로 마음을 여유롭게 옮기는 자세에 있을 것 같다. 그러므로 이러한 행위나 자세는 아마 '집착을 버리라'는 석가의 가르침, 혹은 '空思想' 등의 불교적 정신의 산물이 아닌가 생각된다. 그리고 그런 정신세계를 받아들여서, 이 시의 화자는 "고로초롬만" 살고 싶다는 것이다.

그러나 다른 한편으로 생각해보면, 이러한 정신세계는 범상인凡常人으로서는 상상하기 어려운 정신세계인 것만은 틀림이 없다. 그러한 정신의 경지가 '집착심'으로부터 벗어나는 경지이든, '공사상'에 깊이 젖어있는 행위이든, 평범한 우리 독자들에게는 하나의 경이로운 경지임엔 틀림이 없다고 하겠다. 그리고 또 어떤 의미에서는 시의 해석이나 감상을, 그렇듯 불교적 이해의 방법으로만 고착시켜서도 안 될 줄로 안다. 다만, 미당 시의 경우, 대부분의 그의 작품들이 시적 논리가 언제나 선명하게 나타나기 때문에, 그 시적 논리를 따라가보는 것뿐이다.

하지만, 단 한 가지 분명한 것은, 이 작품이 불교적 논리에 기반을 두고 있다는 점만은 부인할 수가 없다. 그러므로 이 작품의 화자는 그렇듯 불교적 깨달음을 얻고, "고로초롬만" 살고 싶기도 한 것이며, "쏘내기 속 청솔방울 / 약으로 보고 있다가", "어쩌면 고로초롬"은 될 법도 하다고 스스로 자위하기도 한다. 흔히 불가佛家에서 말하는 '마음공부'만 잘 되면, 그런 '집착심'으로부터 자유로워질 수 있는 것인가 하는 생각을 해보는 것이다.

한편, 김우창金禹昌은 시집 『떠돌이의 시』 발문에서, 이 「우중유제」에 대해 다음과 같이 설명하고 있어서 주목된다. 즉, '성의 열중, 또는 삶의 몰입'으로부터 깨어난다는 것은 단순히 거기에서 벗어난다는 것이 아니라, 보다 넓은 의미에서의 삶의 과정을 완성하는 일이기도 하다. 그러니까 산다는 것은 하나의 미몽이며, 이 미몽에서 깨어남으로써 사람은 진실에 이르며, 또 그렇게 하여 삶이 완성된다는 생각이 이 「우중유제」의 정신 속에는 들어있다는 것이다.

아무튼 그것이 해탈의 경지이든, 미몽에서 깨어나는 경지이든, 우리들 범상인凡常人으로서는 경이로운 경지임엔 틀림없다고 하겠다.

그리고 또한 우리들 일상언어를 그대로 옮겨 쓴 '그짓'이라든가 '진땀', '계집'과 같은 기발하면서도 실감나는 원색적 용어들을 사용하고 있다는 점, 혹은 과거 우리시의 유형들에서는 그 유례를 찾을 수 없는 사투리의 감칠맛나는 표현을 하고 있다는 점 등, 우리들로 하여금 시나 인생을 새로운 각도에서 해석하게 해주는 묘미를 지니고 있는 시라고 말할 수도 있겠다.

한편, 이러한 미당의 시를 놓고 '삶의 현장에서 비껴선 정신주의'라는 비판의 소리도 없지 않았던 것 같다. 그러나 그런 비판을 받고 있는 그는 '시란 모름지기 예술적인 표현에 도달하려는 노력의 절정'인 것이라며, 이른바 '민중시'에는 '하나의 예술품을 만든다는 정진의 흔적'을 발견할 수 없다고 못박기도 한다.

그리고 또 한편으로 그의 지론持論이기도 한 '永生觀'에 대해서도 역시 비판의 소리가 없지 않았던 것 같다.

앞에서 얘기한 '삶의 현장에서 비껴선 정신주의'라는 비판과 함께 이 '永生觀'(영원주의)에 대해서도 '現實逃避'라는 말로 비판의 강도를 높였던 것 같다. 그러나 이 점에 대해서도 미당은 '現實에서 쓰러지지 않고 다음 세대를 넉넉히 기르면서, 영원에서 끈질기게 안 멸망하고' 살려면 어쩔 수 없는 일이라고 대응하기도 했다.

사실 생각해보면, 이 두 논리(순수시와 민중시의 논리)들이 서로 상대가 주장하는 가치를 인정하고 존중해야 할 일이지, 어떤 일면의 가치 쪽으로 추구되지 않았다 해서 비판하거나 '편잔'할 일만은 아닐 것이다. 시詩라고 하는 것이 본질적으로 작자의 영혼의 중핵中核 속에서 우러나와 독자들의 영혼의 중핵 속으로 스며들게 하는 일이지, 거기에는 다난한 현실을 개혁할 만한 힘도 무기도 없다고 할 수 있다. 과연 언제 어느 때, 시가 현실을 개혁한 일이 있는가 하는 생각에 도달할 수도 있는 문제이다. 그리고 '시'라고 하는 것이, 열 사람에 열 목소리 다르듯, 시인 각자의 사상과 슬기와 정서에 따라서 다면적인 가치가 추구돼야 할 일이지,

어떤 일면의 가치 쪽으로만 추구돼서도 강요돼서도 안 될 일인 것이다.

그런 면에서 볼 때, 이 시인은 '自然을 바짝 가까이' 하는 것이 다난한 현실 속에서의 대응의 길이라고 해석했을 것이며, 불교의 슬기 혹은 선현先賢들의 '자연과의 융화를 통한 得力'의 슬기를 통하여 '殊勝한 힘'을 얻으려 한 것이 아니겠는가.

또 다음 인용을 참고해보기로 한다.

> 때때로 신세 한탄이 될 때, 그 때 난을 보면 힘이 돼. 나무와 같이 크지도 인간들처럼 으스대지도 않는 한낱 풀이지만 대단히 점잖고, 사철 내내 푸르른 모습에선 절개와 끈기를 볼 수 있거든, 글쓰는 나에게는 더없이 고상한 친구지. (중략)
> 직선으로만 갈 수야 있나? 그렇다고 지조를 굽히란 말은 결코 아니지. 적당히 굽을 줄 아는 風流, 바로 그게 동양적인 그리고 한국적인 생명의 사는 힘이거든.
>
> ―「名士에게 듣는다」, 『마이·레저』(《한국일보》, 날짜 불명)

흔히 사군자四君子 중의 하나로 일컫는 난蘭, 그 고결한 기품이 군자와 같다는 뜻에서 매화, 국화, 대나무와 더불어 '四君子'라 일컫는다. 어찌 보면 깐깐한 여인처럼 다루기 힘드는 면도 있으나, 또 어찌보면 소박한 여인네처럼 청초하기도 한 난초의 모습, 그 향기는 가까이에 있어도 오히려 진하지 않고, 멀리 있어도 오히려 은은하기만 하며, 한낱 풀이긴 하지만 사철 푸르르고 그 생명력은 매우 끈질긴 것이 특징이다.

그리고 그러한 '난'의 이미지들로 하여 예로부터 선비들의 사랑을 받아온 난— 그러나 그러한 이미지나 향기나 생명력에도 불구하고, 검劍같이 뾰족하나 거기 알맞게 구부러진 그 곡선의 꺾이지 않는 힘을 일러서 '曲卽全'이라 했던가.

'曲卽全'—. '적당히 굽을 줄 아는 풍류風流' 의 선비, 그리고 한국적인 생명이 사는 '절개와 끈기' 에도 분명히 한 인간이 사는 방법은 있는 것 같다. '난 석가모니 사상을 가장 낮게 치는 사람이지만, 난蘭에 대해서만은 공자孔子를 더 치지' 라고 말하는 미당의 생각, 그리고 그 '적당히 굽을 줄 아는 풍류' 의 선비, 즉 '曲卽全' 의 대응논리에도 분명히 한 사람의 시인이 사는 방법은 있는 것 같다.

> 곧장 가자하면 갈 수 없는 벼랑 길도
> 굽어서 돌아가자면 갈 수 있는 이치를
> 겨울 굽은 난초잎에서 새삼스레 배우는 날
> 無力이여 無力이여 안으로 굽기만 하는
> 내 왼갖 無力이여
> 하기는 이 이무기 힘도 대견키사 하여라.
>
> —「곡」 전문

    미당의 제7시집 『떠돌이의 시』에 담겨있는 위의 시는 앞에서 얘기한 「우중유제」라는 작품과 함께, 이 70대 무렵의 그의 시적 자세를 잘 엿볼 수 있는 작품이라고 할 수 있다. 특히 앞에서도 말했지만, '삶의 현장에서 비껴선 정신주의' 라는 비판에 대응하는 작품으로 볼 수 있기 때문이다.
    위에 인용한 「곡」이라는 작품은 앞에서 말한대로, '曲卽全' 의 지혜를 담고 있는 작품이며, 현실대응의 자세와 함께 교시성이 강한 작품이기도 하다.
    그러나 여기서 한 가지 간과해서는 안 될 점이 있다면 그것은, 이 시의 화자가 "無力이여 無力이여"라고 그 자신의 '無力' 함에 대해 채찍질하고 있다는 점이다. 그리고 그 자신에 대한 채찍질은, 마지막 연에 보이는 '이무기' (*용이 되려다 어떤 저주에 의해 못 되고 물속에 산다는 전설적인 큰 구렁이)의 나약한 힘과 무관하지 않다.

또 한편으로 이 '이무기'는, 이 시인의 초기시집 『화사집』에 나오는 '뱀'들, 특히 원죄의식과도 상관성이 있는 '뱀'이거나, 강렬한 육정적 호흡을 느끼게 하던 '뱀'과도 전혀 무관한 것만은 아니다. 다만 『화사집』의 그것과 다른 점이 있다면 그것은, 이제 이미 그 '뱀'은 강렬한 호흡의 '뱀'이 아니라, 파란곡절을 많이 겪은 지칠 만큼 지친, 늙고 '저주받은 뱀'(구렁이)이라는 사실이다. 그리고 바로 그렇기 때문에 "안으로 굽기만 하는 / 내 왼갖 無力"으로부터 헤어나기를 스스로에게 채찍질하고 있는 것이다.

하지만 또 한편으로는, 그 늙고 저주받은 '뱀'의 힘, 바로 그 '이무기'의 힘마저도 '대견'하다고 스스로 자위하기도 한다. 그러나 좀 더 화자의 깊은 마음속을 들여다 보면, 이 다난한 현실 속에서도 꺾이지 않는 그 힘, 즉 '曲卽全'의 슬기를 '대견'하다고는 했지만, 이 다난한 현실 속에서의 대응논리가 허약한 화자 자신에 대한 채찍질이, 그 안섶으로 깔려있는 것도 또한 사실이다. 그렇지만, 다시 생각해보면, 바로 '曲卽全'의 대응자세야말로 이 다난한 현실에서의 도피가 아니라, 현실대응의 한 방법이라는 점만은 간과해서는 안 되리라.

그럼 이제 마지막으로 미당의 '以存策'과 '永生觀'(혹은 영생주의)에 대해 얘기해보기로 한다. 이 문제는 앞에서 논의한 항목들에서도 얘기된 바 있는 것이기는 하지만, 그의 시작품을 예로 들어 얘기한 적은 없었던 것 같다.

다음의 인용문은 그 '永生觀'에 대한 미당의 칼럼에서 뽑은 글이다.

어느 잠못드는 三四更에 홀로 눈떠 자기 단생單生 만으로는 아무 소원도 제대로 이룰 수 없는 것을 뼈저리게 느끼지 않을 수 없을 때, 그대는 불가불할 수 없이 자기의 못다한 소원을 계승해 줄 든든한 후계자를 생각하지 않을 수는 없게 될 것이고, 그 품수로 그 정신의 영생永生이라는 것을 생각하지 않을 수는 없을 것이다.
  그래 우리는 지난 인류역사를 회고하면서 저 유태족들, 또 그 유태족의 永生思想의 영향을 받아온 라마羅馬 이후 오늘까지의 서양인들, 또 기독계가 아닌 석가모니계, 영생정신 속에 살아온 인도를 비롯한 역대의 모든 동양인들의 세계, 또 노자계老子系의 중국을 비롯한 모든 동양의 또 다른 영생계열도 생각하지 않을 수 없게 될 것이고, 이 여러 종류의 영생설永生說들이 그래도 우리들 인류의 역사 계승에 가장 큰 힘이었던 것도 절실하게 느끼게는 될 것이다.
  우리 민족의 정신의 힘도 이 영생사상이 철저했을 때, 가장 잘 발휘되었던 건 숨길 수 없는 사실이다. 자기 몸이 살아있는 동안의 부귀영달이나 자기일생 표준의 성공 실패관을 주로해서 많이 살아온 고려나 이조시대 보다는 한정없는 세대계승을 통해서 무엇을 하려했던 통일 신라시대가 가장 크고 아름다운 사적 업적을 우리 민족사 속에 남기고 있음은 숨길 나위도 없는 일이다.
  신라 고난극복사의 어느 것을 보거나 거기엔 자기의 단생중심은 보이지 않고, 언제나 여러대의 계승하는 합작合作의 힘이 사관의 중심을 이루고 있다. (중략) 저 유태족들이 그들의 나라를 배우고 독스런 세계인들의 지휘 속에 땅의 끝에서 끝으로 헤매다니다가 끝끝내는 다시 그들의 실지失地를 회복해 들어앉는 그 힘의 원동력은 무엇인가. 물론 그것도 끈질긴 영생관이다. 《우리는 영원히 살아야 한다》는 하늘을 울리는 그 집념 때문이다.
            ―「千字春秋」(《한국일보》, 날짜 미상)

  앞의 인용문은 '영생관永生觀'에 대한 미당의 칼럼에서 뽑은 글인데, 여기에서 보면 이른바 그 '영생관'의 슬기를 신라인들의 정신세계에서 얻고 있다는 것이 특징이다.
  그는 이 글에서 뿐만 아니라, 앞에서도 누누이 얘기한 바와 같이, 제4시집 『신라초』를 쓸 무렵에도 이 '영생관'과 얽히는 내용들을 많이 밝힌 바 있었고, 또 한편으로는 신라인들의 정신세계를 전달하고자 쓰여진 듯한 시작품들을 발표하기도 했으며, 『신라초』 이후에도 신라인들의 정신세계에 대한 관심을 많이 보여왔던 게 사실이다.

그러나 미당의 그 新羅에 대한 관심은, 필자가 생각하기에는 백제나 고려나 조선과 동일선상에 놓이는 우리 한국인들의 '祖上'으로서의 신라를 말하는 것이며, 오늘날의 영·호남의 지역감정과 관련된 지역적 특성으로서의 신라가 아닐 것이라는 점을 지적하고자 한다. 다시 말하면, 우리 선인들의 정신세계를 편력하고 천착하는 과정에서 탐구해낸 신라인들의 정신세계에 대한 파악일 뿐이지, 특정한 지역을 의식하는 '신라'가 아닐 것이라는 말이다. 왜 이런말을 굳이 여기 덧붙이냐면, 이 시인의 신념중 하나인 '永生觀'의 본거지 옛 신라시대의 중심지역과 관련된 발언(이른바 '양반론') 때문에, 한때 구설수에 오른 적이 있기 때문에 해명 겸 해서 덧붙인 말이다.

한편 여기서 분명히 해야될 것은, 이러한 미당의 구설수에 대하여 변호하려는 의도가 아니라는 점을 밝혀두고자 한다. 자칫하면 여기서 말하는 '신라'가 본의와 달리 왜곡 해석될 소지가 있기 때문에 덧붙인 말일 뿐이라는 점을 분명히 해두고 넘어가려고 한다.

아무튼 미당의 이 '영생관'(영생주의)에 대하여는, 앞에서도 제시한 바와 같이 '현실에서 쓰러지지 않고, 다음 세대를 넉넉히 기르면서, 영원에서 가장 끈질기게 안 멸망하고 사는 것'이라고 개진되고 있다.

한편, 이와 같은 미당의 '끈질기게 안 멸망하고 사는' 완곡의 철학에 대해 김우창(문학평론가)은 '일종의 以存策'이라고 설명하고 있다. 즉, 그는 "굽음의 以存策은, 절대권력의 세계에서 눌리운 자들이 살아남을 수 있기 위하여 가져야 했던 현실주의"라고 말하고 있는 것이다.

다음과 같은 작품은 바로 그 '以存策'을 가장 잘 나타내고 있는 작품으로 보인다.

활등 굽은 험한 산 코빼기를
산골의 급류 맵씨있게 감돌아 나리듯
난세를 사는 처녀들 복이 있나니.

추석 달 밝은 밤도 더없이 슬기로워서
어느 골목 건달의 손에도 그 머리의 댕기
잡히지 않고
재치있게 피할 줄 아는 처녀들은 복이 있나니.

밖에 나가서는 남녘의 대수풀 사운거리듯
방에 들어선 난초마냥 점잖게 앉는
치운 겨울의 처녀 더 복이 있나니.

—「복 받을 처녀」 전문

앞에 인용한 작품은 약한 자의 살아남는 방법을 교시적으로 잘 표현해 주고 있는 작품이라 할 수 있다. 여기서 화자는 그 약한 자를 연약하기 그지없는 '처녀'로 설정해놓고 있지만, 여기서의 '처녀'는 직서적 의미의 처녀가 아니라, 절대권력의 세계에서 눌리운 자者라는 것을 암시해주고 있다. 말하자면 그 '처녀'는 난세를 "맵씨있게" 대처할 줄도 아는 처녀요, 골목 건달에게서도 "재치있게 피할 줄도 아는 처녀"이며, "치운 겨울" 날에도 난초마냥 자기를 잘 다스릴 줄 아는 재간을 지닌 처녀이다. 그런 '처녀'에게 가해를 줄 수 있는 외부적 조건은, "험한 산"이거나 "어느 골목", 혹은 "치운 겨울" 등으로 나타나지만, 이러한 외부적 조건들은 또한 피해자(처녀)에 대한 가해자로서 존재하게 된다. 그리고 그 가해자는 바로 그 절대적 권력이라는 것을 독자들로 하여금 유추하도록 해주고 있다.

그리고 이러한 '以存策'의 논리는, 우리의 민중들이 60년대 이후 80년대에 이르기까지 군사권력 밑에서 '눌리운 자'의 의식으로 살 수 밖에 없었다는 점에서 설득력을 얻을 수 있는 방책이었다고 말할 수도 있을 것이다. 다시 말하자면 '적당히 굽을 줄 아는' 현실대응의 논리나, '끈질기게 안 멸망하고 사는' '以存'의 방책은, 시인 자신으로 보면 현실에서 쓰러지지 않고 살아남는 재간이기도 하겠지만, 좀 더 의미를 확대하여 생각해보면, 모든 민중이 겪어야만 했던 현실이었기 때문에, 설득력을 배가시켜주고 있다는 말이다. 즉, 그것은 시인 자신의 통찰력으로 시대상황을 탐색한 결과, 바로 그와 같은 현실적 대응만이 고난극복의 길이라고 믿었을 것이며, '單生中心'으로만 생각할 것이 아닌 '다음 世代'를 넉넉히 기르는 방책이라고 생각했던 것이다.

가령, 이런 비유가 어떨지는 모르지만, 질서를 무시하고 마구잡이로 달리는 버스가 목격됐다고 할 때, 그 버스에 달려들어 머리를 마구 부딪는다거나 그 버스를 향하여 직선으로 정면 돌진하는 것은, 현명하지 못한 우愚를 범하는 행위인 점과 비유될 수 있지 않을까 싶다.

우리는 그 문제의 버스(군사권력)를 향하여 호루라기로 경고신호를 보낼 수도 있고, 번호를 외워뒀다가 법으로 다스릴 수도 있으며, 마음 불안한 시민으로서의 애정어린 엽서를 통하여 그 문제의 버스 운전사가 밤 고요한 시간에 참회의 눈물을 흘리도록 호소할 수도 있을 것이다.

시인은 바로 그 「엽서」(시)를 띄우는 불안한 시민의 입장에 서야지, 호루라기를 부는 사람도, 직선으로 돌진하는 행위의 사람도, 법으로 다스리는 사람도 아닐 것으로 믿는다. 그리고 또 한편으로는 열 사람의 시인의 얼굴이나 생각이 모두 다르듯이, '亂世'에 대응하는 시인의 시대의식이나 통찰력도 모두 같을 수만은 없는 일이라고 생각해야 된다.

바꾸어 말하면, 시인의 현실대응의 자세는, 이육사나 윤동주와 같은 저항의식, 혹은 자기성찰의 자세도 있을 수 있지만, 한용운이나 김소월과 같은, 혹은 정지용이나 백석과 같은 대응자세도 있을 수 있으며, 더 멀리는 윤선도와 같은 대응자세도 있을 수 있는 것이다.

다시 말하면, 윤선도와 같이 변치 않는 지절志節을 노래(「五友歌」)할 수도 있고, 한용운과 같이 상실한 '님'(조국)을 마음 속에서 떠나보내지 않을 수도 있으며, 김소월과 같이 조국 상실의 비애를 이별의 한恨으로 승화시킬 수도 있다. 그리고 정지용과 같이 '鄕愁'를 달래거나 고향회귀의 정서를 보일 수도 있고, 백석과 같이 넋의 시골을 가시화해줌으로써 민족공동체 의식을 다지게 할 수도 있는 것이다.

그러므로 어떤 한 시인이 지향하는 현실대응의 자세에 대하여, 자신들이 지향하는 가치와 맞지 않는다 하여, '핀잔' 해서도 안 될 일이며, 또 그럴 필요도 없는 일이라고 믿는다. 무릇 모든 문학이 지니는 가치는 다양한 것이기 때문에, 바로 그 다양한 가치 속에서 그 진실을 발견하고 아름다움을 발견해야 되다는 말인 것이다. 그런 의미에서 미당의 '曲卽全'의 현실대응의 자세나, 혹은 영생주의의 대응자세도 그 일면의 가치로 인정해버리면 그만일 것이라는 말이다.

제Ⅱ부
미당 서정주 대표작 해설

自畵像

애비는 종이었다. 밤이 깊어도 오지 않았다.
파뿌리같이 늙은 할머니와 대추꽃이 한 주 서 있을 뿐이었다.
어매는 달을 두고 풋살구가 꼭하나만 먹고 싶다 하였으나 …… 흙으로 바람벽한 호롱불 밑에
손톱이 까만 에미의 아들
甲午年이라든가 바다에 나가서는 돌아오지 않는다 하는 外할아버지의 숱많은 머리털과 그 커다란 눈이 나는 닮았다 한다.

스물 세 햇 동안 나를 키운 건 八割이 바람이다.
세상은 가도 가도 부끄럽기만 하드라.
어떤 이는 내 눈에서 罪人을 읽고 가고
어떤 이는 내 입에서 天痴를 읽고 가나
나는 아무것도 뉘우치진 않을란다.

찬란히 티워오는 어느 아침에도
이마 위에 얹힌 詩의 이슬에는
몇방울의 피가 언제나 섞여 있어
볕이거나 그늘이거나 혓바닥 늘어뜨린
병든 수캐마냥 헐떡거리며 나는 왔다.

— 此一篇昭和十二年丁丑歲仲秋作. 作者時年二十三也.

○ 작품해설

　미당 자신은 이「自畵像」을 시인 자신의 전기적 사실과 관련이 없는 것처럼 부인하고 있으나 시가 일단 발표되면 독자의 것임을 상기할 때 그러한 작자의 부인에도 불구하고 이 시에서 우리는 놀라운 솔직성을 발견하게 된다. 하지만 그 솔직성이 白鐵 교수가『新文學思潮史』에서 말한 '나면서부터 特殊한 血族'의 사람이라고 한 말을 시인하는 것은 결코 아니다.

　이 시의 "애비는 종이었다"는 발상을 낳게 한 동기는, 그의 부친(徐光漢)이 조부가 망친 가산을 일으키려 당시 10만 석 부자인 김기중金祺中(고仁村 金性洙 선생의 先君子되는 분) 댁에서 서생書生겸 농감農監을 지낸 일이 있는데 그것이 이 시인에겐 항시 마음에 걸려 있었기 때문이었다. 시인은 '특히 동복 영감(김기중을 그렇게 부름)의 소실의 아들(김재수)이 부친보다 10살 아래인데, 부친에게 반말'을 하는 것 등이 늘 마음에 걸렸다고 한다. 이러한 시인 자신의 술회 내용을 참고로 해보면, 이 시행의 발상동기는 자명해진다. 즉, '書生 겸 農監'을 했던 사실이 발상동기를 준 것으로 볼 수 있으며, 특히 그의 초기의 시작 태도는 '直情言語'나 '純裸의 美의 形成'을 노렸었다는 점을 감안할 때 더욱 그 동기는 확실해진다.

　그리고 "甲午年이라든가 바다에 나가서는 돌아오지 않는다"하는 외할아버지도 그의 전기적 사실과 관련을 맺고 있으며, 그가 훨씬 뒤 이순의 나이에 발간한 시집『질마재 神話』의「외할머니 마당에 올라온 海溢」과도 한 맥락으로 관련을 맺고 있다.

　또한 이 시의 "八割이 바람이다"는 시행을 접하면 다시 한 번 그의 놀라운 솔직성을 확인시켜 준다. 말하자면 그의 젊었던, 진실로 젊었던 문학청년적 육정적 방황, "병든 수캐마냥 헐떡거리며"왔던 방황의 모습을 그의 전기적 사실(미당의 傳記「天地有情」을 참조할 것)에서 확인시켜 주고 있기 때문에 더욱더 시적 리얼리티를 여기서 찾게 해주는 것이다.

 그러나 이 시에서 보여 준 그러한 솔직성이 어디에서 배태된 것인가를 우리는 생각할 필요가 있다. (일반 사람들은 보통 자기를 미화시키거나 아니면 솔직한 자신의 모습을 은폐시키는 것이 상례이다.) 말하자면 진실한 자아상自畵像를 적나라하게 열어놓음으로써, 純裸의 美의 形成을 노리고 있다고 우리는 생각해야 된다는 말이다. 이 작품이 가치가 있다면, 우리들 인간이 지닌 20대의 방황의 특성이나, 시인 자신의 솔직한 자아가 진실하게 표출되고 있다는 점에서 그 가치를 찾아야 하리라고 믿는다.

花蛇

사향 박하의 뒤안길이다.
아름다운 배암……
얼마나 커다란 슬픔으로 태어났기에, 저리도 징그러운 몸둥아리냐

꽃대님 같다.
너의 할아버지가 이브를 꼬여내던 달변의 혓바닥이
소리 잃은 채 낼름거리는 붉은 아가리로
푸른 하늘이다. ……물어뜯어라. 원통히 물어뜯어.

달아나거라. 저놈의 대가리!

돌팔매를 쏘면서, 쏘면서, 사향 방초ㅅ길
저놈의 뒤를 따르는 것은
우리 할아버지의 안해가 이브라서 그러는 게 아니라
石油 먹은 듯…… 石油 먹은 듯…… 가쁜 숨결이야

바늘에 꼬여 두를까부다. 꽃대님보다도 아름다운 빛……

크레오파트라의 피먹은 양 붉게 타오르는 고은 입술이다……스며라! 배암.

우리 순네는 스믈난 색시, 고양이같이 고은 입술……스며라! 배암.

작품해설

　이 시는 '배암'과 '순네'의 관계를 해명하면 이해가 가능해지리라고 생각된다.
　'배암'은 성서에서 말해주고 있는 바와 같이 원죄原罪의식을 느끼게 해주는 동물이다. 그것을 이 시에서는 '이브를 꼬여내던 달변의 혓바닥'으로 표현하고 있다. 그리고 원죄의식을 느끼게 해주는 동물이기 때문에 그 '몸뚱아리'는 '징그러운' 것이 되며, 저주스러운 '저놈의 대가리'가 된다. 그러나 그렇듯 저주스럽고 징그러운 것이면서도 한편으로는 묘하게도 유혹적인 아름다움, 즉 "꽃대님보다도 아름다운 빛"과 "크레오파트라의 피먹은 양 붉게 타오르는 / 고운 입술"을 지닌 아름다움의 대상이다. 말하자면 '배암'은 '저주'와 '유혹'이 교차되는 감정을 가지게 하는 동물인 것이다. 그러므로 그 저주의 마음이 "돌팔매를 쏘면서, 쏘면서, 사향 방초ㅅ길 / 저놈의 뒤를" 따르기도 하지만, 또 한편으로는 그 유혹적인 아름다움 앞에서 "우리 할아버지의 안해가 이브라서 그러는게 아니라 / 石油 먹은 듯…… 石油 먹은 듯…… 가쁜 숨결"의 시의 화자의 마음을 엿보게도 해준다.
　그런데, 문제는 그 죄의식을 느끼게 하는 대상인 '배암'의 "고운 입술"과 화자의 젊은 날 기억의 어느 강한 부분을 차지하고 있는 "우리 순네"의 "고양이 같은 고운 입술"을 동일시하고 있다는 사실이다. 바꾸어 말하면 유혹적인 아름다움의 뱀의 고운 입술을 통하여 젊은 날의 관능의 대상이었던 "우리 순네"의 입술을 연상하고 있는 것이다. 따라서 이 시에서의 '배암'은 관능적 상징의 대상으로 등장하고 있음을 알 수 있게 되며, 그러한 중심 상징으로서의 '배암'이 암시하고 있는 바에 따라 이 시인의 정감을 받아들여야 된다. "石油 먹은 듯…… 石油 먹은 듯…… 가쁜 숨결"의 정감 말이다.

그리고 우리가 여기서 한 가지 더 생각해야 될 점은 성희性戲를 할 때에 느끼는 묘한 죄의식이다. 그것이 젊은 날의 가슴 두근거리는 성희에서는 더욱 그러한 죄의식을 느끼게 된다. 바로 이점이다. '관능'과 '죄의식'이 엇갈리고 있는 자리에 이 시는 서 있다고 할 수 있다.

문둥이

해와 하늘 빛이
문둥이는 서러워

보리밭에 달 뜨면
애기 하나 먹고
꽃처럼 붉은 울음을 밤새 울었다

◯ 작품해설

 이 시는 작자가 정말 천형天刑의 병(문둥병)에 걸려 쓴 작품이 아니라는 것을 먼저 이해해야 된다. 현대인은 누구나 정신의 병을 앓고 있기 때문에, 그걸 시인은 문둥병에 걸린 상태로 파악하고 있음을 유의해야 된다. 그리고 그러한 극한상황을 통하여서만 오히려 건강한 삶을 희구하는 몸부림을 보여줄 수 있다고 시인은 생각한 것이다.
 《詩人部落》 창간호(1936. 11)에 실린 이 작품은 「화사花蛇」 등과 함께 이 시인의 초기시 세계를 잘 보여주고 있다. 그의 초기시를 두고 흔히 '生命派'라고 이름 붙였던 것과 같이, 이 무렵 시인은 열띤 원색적 육성이나 관능, 그리고 인간의 원초적 문제를 많이 보여주고 있었다. 사실 우리 현대시사에서 이 시인과 같이 좀 더 근원적인 문제, 혹은 근원적인 체험까지를 보여준 시인은 과거에 없었다고 할 수 있다. 그런 의미에서 이 무렵의 그의 시를 평가하고 감상해야 하리라고 믿는다.

물론, 이 작품은 문둥이가 영아嬰兒의 살을 먹는다는 속설에 그 기반을 두고 있는 작품이다. 말하자면 문둥이는 인육人肉을 먹고라도 싱싱한 삶을 살고 싶은 존재이고, "해와 하늘 빛"을 서러워하는 존재이며, "꽃처럼 붉은 울음"을 '밤새' 우는 존재일 수밖에 없음을 보여주고 있다.

그러면 왜 이처럼 작자는 '문둥이'를 통하여 인간존재의 문제를 강하게 보여주려 한 것인가? 그것은 다름아니라, '原罪의 형벌'(조연현의 표현)을 받고 있는 '문둥이'의 모습은, 바로 우리들 인간의 모습을 환치換置시킨 것이기 때문이다.

대낮

따서 먹으면 자는 듯이 죽는다는
붉은 꽃밭사이 길이 있어

핫슈 먹은 듯 취해 나자빠진
능구렝이같은 등어릿길로,
님은 다라나며 나를 부르고……

강한 향기로 흐르는 코피
두손에 받으며 나는 쫓느니

밤처럼 고요한 끓는 대낮에
우리 둘이는 왼몸이 달어……

　　*핫슈 : 아편의 일종

◯ 작품해설

　시인 자신의 문학적 편력을 기술한 「天地有情」에 의하면, 이 「대낮」은 해인사海印寺에서 쓴 것으로 돼 있다. 그러나 그러한 절간의 분위기와는 달리 이 무렵 그가 쓴 시의 내용에는 인간의 원죄의식이나 원색적 육정肉

情, 그리고 언어기교를 도외시한 직정적直情的 언어들을 많이 보여주고 있다.

특히 시인의 표현대로 '古代 그리스的 肉體性', '보들레르의 밑바닥 參加' 등의 말은 이 무렵의 그의 시세계에 대한 강한 시사를 던져주고 있는 말이라고 할 수 있다.

이 작품도 앞의 「花蛇」와 거의 같은 무렵(《詩人部落》 창간호, 1936. 11)에 쓰인 것으로서, 그러한 '肉情的 호흡'이나 '直情的 言語'를 어렵지 않게 감지할 수 있는 작품이다. 말하자면, 이 무렵 이러한 경향의 시들은, 그 당시로서는 새로운 시적 지향이랄까, 아니면 새로운 시적 질서를 찾아보려는 방황이랄까, 아무튼 '밤처럼 고요한 끓는 대낮에 / 우리 둘이는 왼몸이 달아……'와 같은 그의 표현은 과거 우리시의 관행에선 찾아볼 수 없는 '直情的 言語'였다고 할 수 있다.

바꾸어 말하면, 이러한 시적 표현은 인간의 원초적이고 원색적인 모습을 그대로 표현한 것이며, 바로 그것은 아담과 이브의 윤리 그대로를 여과없이 표현한 것이라고 할 수 있다.

壁

덧없이 바라보던 壁에 지치어
불과 時計를 나란히 죽이고

어제도 내일도 오늘도 아닌
여기도 저기도 거기도 아닌

꺼져드는 어둠속 반딧불처럼 까물거려
靜止한 〈나〉의
〈나〉의 서름은 벙어리처럼…….

이제 진달래꽃 벼랑 햇볕에 붉게 타오르는 봄날이 오면
壁차고 나가 목매어 울리라! 벙어리처럼,
오— 壁아.

○ **작품해설**

　이 작품은 1936년 《동아일보東亞日報》 신춘문예에 당선작으로 뽑힌 작품이다. 시인 자신의 말에 의하면 이 작품은 신춘문예에 응모하기 위해서가 아니라 그냥 독자투고 작품으로 보낸 것이었다고 한다. 그런데 뜻밖에도 신춘문예 응모작으로 처리되어 당선의 영예를 얻은 작품이라는 것이다. 어떻든 《동아일보》가 이 작품을 당선작으로 뽑은 것은 매우 잘한 일이었다고 생각된다. 왜냐하면 이 작품에 나타나 있는 시인의 시대의식도 그러하거니와 작품의 질로 보아도 당연한 것으로 받아들여지기 때문이다.

한편 이 작품은 시적 정서의 면에서나 표현기법의 면에서 「花蛇」, 「문둥이」, 「대낮」 등과는 사뭇 다른 면모를 보여주고 있다. 말하자면 '육정적 호흡'이나 '원색적 육성' 혹은 '직정적 언어'를 이 작품에선 찾아볼 수 없다는 말이다. 시가 사뭇 내면화되어 있다거나 시인의 진한 시대의식을 맛보게 해준다는 면에서는 『花蛇集』 무렵의 시들과 동떨어져 있다. 이 점은 시인의 시적 편력에 있어 매우 중요한 일이다. 솔직히 말해서 『화사집』 무렵의 어떤 시들은 시인의식이 덜 숙성된 것 같은 면모도 보이는데, 이 작품은 그런 면모를 의연히 떨쳐버리고 있으며, "壁차고 나가 목매어 울리라! 벙어리처럼"과 같은 시행에 이르면 암울한 시대의 의식세계가 엄숙하게 다가온다.

정말 막힌 "壁에 지치어" 있었던 시대, 어디 의탁하거나 뚫고 나갈 빛이 보이지 않던 식민지시대의 지식인의 의식이 절절하게 느껴지는 것이다.

엽서
— 東里에게

머리를 상고로 깎고 나니
어느 시인과도 낯이 다르다.
쫭쫭한 이빨로 웃어보니 하늘이 좋다.
손톱이 龜甲처럼 두터워가는 것이 기쁘구나.

소쩍새 같은 계집의 이야기는, 벗아
인제 죽거든 저승에서나 하자.
모가지가 가느다란 李太白이 처럼
우리는 어째서 兩班이어야 했더냐.

포올·베르레느의 달밤이라도
복동이와 같이 나는 새끼를 꼰다.
巴蜀의 울음소리가 그래도 들리거든
부끄러운 귀를 깎아버리마.

미당평전

작품해설

1936년, 시인 자신의 하숙집에 '詩人部落'의 간판을 내걸고는 咸亨洙, 金東里, 金相瑗, 吳章煥 등과 더불어 동인지 《詩人部落》을 펴내게 된다. 그의 작품 「엽서」는 이 무렵부터 깊어진 김동리와의 교우관계를 느끼게 해주는 작품이라고 할 수 있다. "소쩍새 같은 계집의 이얘기는, 벗아 / 인제 죽거든 저승에서나 하자"와 같은 구절을 통하여 그들의 돈독한 교우관계를 확인할 수 있게 해준다.

얼마나 많은 시간 그들의 청춘의 대화 속에 '계집의 이얘기'가 있었길래, "巴蜀의 울음소리가 그래도 들리거든 / 부끄러운 귀를 깎아버리마"라고 했을까. 여기서 물론 '巴蜀의 울음소리'는 저승에 간, 혹은 저승처럼 멀리 있는 '계집'의 울음소리를 말하며, 그것은 바로 시인의 다른 작품 「歸蜀途」에도 보이는 '巴蜀 三萬里'의 '巴蜀'과도 궤를 같이하고 있다.

말하자면 이 시는 그의 시 「대낮」이나 「正午의 언덕에서」, 「입맞춤」 등에 보이는 '肉情的 호흡'을 어느 정도 극복하고 있는 자리에 서 있다고 볼 수 있는 작품이다. 아니, '즘생스런 우슴은 달드라 달드라'(「입맞춤」)하던 청춘의 몸부림, 그것으로부터 탈출하려는 노력이 엿보이는 작품이라고 말해야 좀 더 정확한 표현일런지도 모른다.

한편, 이 시의 "우리는 어째서 兩班이어야 했드냐"는 구절은, 시인의 다른 작품 「自畵像」의 "애비는 종이었다"는 구절과 자칫 상치되는 것으로 읽을 수 있다.

그러나 시인의 족보를 참고해 보면 未堂은, 成均館大提學을 지낸 徐居正의 후예로서 '兩班'의 가계에서 태어났음이 분명하다. 그러므로 "우리는 어째서 兩班이어야 했드냐"는 구절은 그러한 그의 가계에서 비롯된 구절이라고 하겠다.

오히려 "애비는 종이었다"는 구절을 너무 직서적으로 받아들여서 '애비 = 종' 즉 未堂의 부친을 하인배下人輩계통의 혈족인 것처럼 해석한 백철白鐵의 오류(그의 저서 『新文學思想史』)를 여기서 다시 지적해 둔다.

正午의 언덕에서
— 향기로운 산우에 노루와 적은 사슴같이 있을지어다. —雅歌

보지마라 너 눈물어린 눈으로는……
소란한 홍소의 正午 天心에
다붙은 내 입술의 피묻은 입맞춤과
무한 욕망의 그윽한 이 전율을……

아—어찌 참을 것이냐!
슬픈이는 모두 巴蜀으로 갔어도,
윙윙거리는 불벌의 떼를
꿀과 함께 나는 가슴으로 먹었노라.

새악시야 나는 아름답구나

내 살결은 수피의 검은 빛
황금 태양을 머리에 달고

몰약 사향의 훈훈한 이 꽃자리
내 숫사슴의 춤추며 뛰어 가자

웃음 웃는 짐승, 짐승 속으로

작품해설

　이 작품에서도 우리는 일차적으로 강한 육정적 호흡을 느끼게 된다. 그러나 좀 더 유심히 살펴보면 이 시인만이 갖고 있는 시적 우주, 그리고 견고하게 거느리고 있는 표현상의 특이성을 또한 발견하게 된다. 말하자면 작품 속에 살아서 꿈틀대는 화자, 그리고 시인의 표현대로라면 "윙윙거리는 불벌" 그대로의 언어를 만나게 되는 것이다. 한편, 이같은 표현을 일컬어 흔히 문단에서는 '인생파生命派'라 이름했고 시문학사적 의미를 찾으려 했던 것인데, 사실 이와 유사한 시의 관행을 우리 시사에서는 일찍이 찾아볼 수 없었다.

　이제까지의 시적 전통으로 보면 생경하게 느껴질 수도 있고 무잡하게 느껴질 수도 있는 이러한 작품을 우리는 어떻게 이해해야 할 것인가? 여기서 조금만 더 애정어린 눈으로 이 시를 바라보면, 그것들은 다름아닌 옷을 벗고 나온 알몸의 말, 즉 아담의 윤리 그대로의 언어임을 알 수 있다. 그의 표현대로 "'사람' 그것 속"에 직핍하고자 했던 언어인 것이다. 그리고 그것은 이 시인의 인간적 진실(육정적 진실), 어쩌면 근원적인 진실을 오히려 대담하게 표현하고 있고, 그의 연치年齒와 함께 젊어 있는 표현이라 말할 수 있는 그러한 언어이다. 다시 말하면, 시의 화자는 "피묻은 입맞춤"을 할 수 있을 만큼의 젊음, "숫사슴의 춤"을 추며 뛰어갈 만큼의 젊음에 진실해 있기 때문에, 그리고 그만큼의 진실을 전혀 옷을 입히지 않은 살결 그대로의 언어로 빚어내고 있기 때문에, 오히려 우리의 살 속에 젖어들고 당연하게도 느껴지는 그러한 언어로 받아들여야 한다.

　정말 이때 시인의 젊은 야생적野生的 고삐는 어느 한 곳에 정착해 있지를 않고, "숫사슴의 춤"을 추며 황야를 질주하려는 의지로 가득해 있었던 것이다. 그리고 그것은 생의 본질 속에 육박하고자 하는 시인의식에서 비롯된 것이었고, 우리들 인간의 생명력을 원색적으로 발현시키려는 강한 의지에서 비롯된 산물이었다고 이해해야 된다.

입맞춤

가시내두 가시내두 가시내두 가시내두
콩밭 속으로만 자꾸 달아나고
울타리는 마구 자빠트려 놓고
오라고 오라고 오라고만 그러면

사랑 사랑의 석류꽃 나무 나무
하늬바람이랑 별이 모두 우습네요
풋풋한 산 노루떼 언덕마다 한 마리씩
개고리는 개고리와 머구리는 머구리와

굽이 강물은 선천으로 흘러 나려……

땅에 긴 긴 입맞춤은 오오 몸서리친
쑥잎을 자근자근 이빨이 히허옇게
짐승스런 웃음은 달더라 달더라 울음같이
달더라.

🔵 **작품해설**

이 작품도 역시 그의 초기시의 색채가 강하게 나타나는 작품이다. 즉,

육정적 호흡이 강하게 느껴지는 그러한 작품인 것이다. 앞의 「正午의 언덕에서」 해설에서 이러한 시의 표현을 옷을 벗고 나온 알몸의 말, 즉 아담의 윤리 그대로의 언어라고 말한 바 있다.

  이 작품도 역시 시인의 인간적 진실, 혹은 육정적 진실이 여과없이 나타나고 있다. 앞에서도 말했지만 이러한 시적 표현은 우리 시사에 없었으며, 이러한 표현을 일러 '人生派(生命派)라 이름했던 이유가 됐던 것이다. "긴 긴 입맞춤은 오오 몸서리친"이라든지, "짐승스런 웃음은 달더라"라고 표현된 '직정적 언어'들은 과거 우리의 시적 관행에선 실로 찾아볼 수 없는 원색적 표현이었다.

  사실 과거 우리의 시인들은 젊은 나이에 일찌감치 정신연령이 늙어 버렸거나, 젊은 나이에 미리부터 달관한 듯한 자세로 유유자적하던 시인들을 많이 보아왔다. 그러나 이 무렵의 미당은 그야말로 젊음의 시인이었고, '짐승스런 웃음'을 좇아 황야를 질주하는 야생마野生馬였다고 할 수 있다. 그만큼 그의 이 무렵의 노래(詩)는 양반적 풍모를 벗어버린 위치에서 시작된다. 일체의 고정윤리를 작파해버린 알몸으로 솔직하고도 대담하게 표현하고 있으며, 바로 그러한 관능적 근원적 생명성의 언어를 통하여 우리는 아담의 윤리를 발견하게 되고, 또 한편으로는 그러한 표현상의 특질에서 시문학사적 의의를 찾으려 했다는 것을 이해해야 된다.

水帶洞詩

흰 무명옷 갈아입고 난 마음
싸늘한 돌담에 기대어 서면
사뭇 숫스러워지는 생각, 고구려에 사는 듯
아스럼 눈감았던 내 넋의 시골
별 생겨나듯 돌아오는 사투리.

등잔불 벌서 키어 지는데……
오랫동안 나는 잘못 살았구나.
샤알·보오드레—르처럼 설스고 괴로운 서울 여자를
아조 아조 인제는 잊어버려

仙王山 그늘 水帶洞 十四번지
長水江 뻘밭에 소금 구어먹던
증조할아버지적 흙으로 지은 집
어매는 남보단 조개를 잘 줍고
아버지는 등짐 서룬 말 졌느니

여기는 바로 十年전 옛날
초록 저고리 입었던 금女, 꽃각시 비녀하야 웃던 三月의
금女, 나와 둘이 있든 곳.

머잖아 봄은 다시 오리니
금女 동생을 나는 얻으리
눈썹이 검은 금女 동생,
얻어선 새로 水帶洞 살리.

작품해설

　시집『花蛇集』에 수록된 시들을 자세히 들여다보면, 그 낱낱의 시들에 '바람'(방황)이 스며 있다고 말할 수 있다. 그리고 그 '바람' 가운데에는 "병든 수캐마냥 헐떡거리며" 치달리던 바람이거나(시「自畵像」), "石油 먹은 듯…… 石油 먹은 듯…… 가뿐 숨결"의 바람도 있고(시「花蛇」), '땀 흘려 땀 흘려' '아편 먹은 듯' 취하던 바람이거나(시「대낮」), '즘생스런 우슴'을 웃으며(시「正午의 언덕에서」) '윙윙그리는 불벌'로 달려들던 바람도 있다(시「입맞춤」).
　또 다른 '바람'으로는 "괴로운 서울 여자를 / 아조 아조 인제는" 잊어버리고 "눈썹이 검은 금女 동생"을 얻어서 '수대동水帶洞'에 살고자 하는 바람도 있다.
　물론 이러한 '바람'은「花蛇集」무렵 뿐만 아니라 그 후에도 끝내 멈추지를 않는 것이었으며, 본질적으로 그것은 멈출 수 없는 것이기도 하다. 그리고 어쩌면 이 시인의 시적 생애 전체를 그 '바람'이 지배하고 있다고 해도 과언은 아닐 것이다.
　다만, 한가지 분명한 것은 그 '바람'의 수위水位가 일정한 높이가 아니라는 점이다. 그 '바람'의 수위가 형이하적形而下的인 것도 있고 형이상적

形而上的 세계를 유영遊泳하는 바람도 있는 것이다.

대체로 강렬한 육욕肉慾을 솔직하게 노래했던 시들이 전자라면, 이 「水帶洞詩」 같은 작품은 후자에 속한다고 할 수 있다.

이 시인에게 있어 이러한 변화의 현상은 보들레르적 방황이나 육정적 방황에 대한 회의로부터 비롯된 것이라 할 수 있다. 즉 본능과 도덕과의 갈등, 혹은 내면적 자아와 현실적 자아의 끊임없는 충돌에서 비롯된 것이라고 말할 수 있는 것이다. 아무튼 이 시의 화자는 이제 "사뭇 숫스러워지는 생각"으로 '넋의 시골'에 돌아가고자 한다. 그만큼 야생적野生的 고삐를 이제는 다스리고 "눈썹이 검은 금女 동생"을 얻어서 '水帶洞'에 정착하고자 하는 것이다.

復活

내 너를 찾아왔다……수나. 너 참 내앞에 많이 있구나 내가 혼자서 종로를 걸어가면 사방에서 네가 웃고 오는구나. 새벽닭이 울때마다 보고싶었다…… 내 부르는 소리 귓가에 들리드냐, 수나. 이것이 몇 만 시간만이냐. 그날 꽃상여 산넘어서 간 다음 내 눈동자 속에는 빈 하늘만 남더니, 매만저 볼 머릿카락 하나 머릿카락 하나 없더니, 비만 자꾸 오고…… 촛불 밖에 부엉이 우는 돌문을 열고가면 강물은 또 몇 천 린지. 한번 가선 소식 없던 그 어려운 住所에서 너 무슨 무지개로 내려왔느냐. 鐘路 네거리에 뿌우여니 흩어져서, 뭐라고 조잘대며 햇볕에 오는 애들. 그 중에도 열아홉 살쯤 스무 살쯤 되는 애들. 그들의 눈망울속에, 핏대에, 가슴 속에 들어앉아 수나! 수나! 수나! 너 인제 모두다 내앞에 오는구나.

○ 작품해설

시집 『花蛇集』 무렵의 육정적 방황의 노래는 곧 이어서 정신적 성장의 언어로 나타나게 된다. 즉, 시적 시선을 현실살이의 이승으로부터 죽음 저편의 저승으로까지 확대시키고 있는 것을 보게 해주는데, 바로 그런 변화의 한 모델로 꼽을 수 있는 작품이 「復活」이다. 말하자면 이 시는, 지금까지의 순나純裸의 미의 형성을 노렸던 작품들이나 육정적 방황의 노래들에서는 전혀 그 유례를 볼 수 없었던 또 다른 일면을 보여주고 있다. "한번 가선 소식 없던 그 어려운 住所"로부터 "鐘路 네거리에" 부활한

'叟娜'를 통하여, 이 시인이 뒷날 많이 보이고 있는 '輪廻' 사상의 전조前兆를 보이고 있는 것이다. 색色이 곧 공空이고, 공이 곧 색이며 '生者必滅, 去者必反'의 불교적 진리를 이 작품에서 보이기 시작한다.

즉, 그가 젊은 어느 때 잃어버린 여인, 슬프고 괴롭고 우울한 사랑 '叟娜'를 상실한 고독으로부터 정신적으로 수습하고 상승시키실 수 있는 진리, 영원히 죽지 않는 만물의 순환원리를 터득하게 되었으며, 그것을 작품으로 보이고 있는 것이 곧 「復活」이라고 할 수 있다.

그러므로 이 「復活」은 그의 작품 변모의 매우 중요한 의미를 띠고 있는 작품으로 볼 수 있으며, 이같은 「復活」에서의 변화의 전조는 뒷날 이 시인의 무한한 시적 가능성을 예감하게 해주는 그런 작품이라고 볼 수 있다.

한편, 이 작품의 정서를 대략 정리해보면 이렇다. 시의 화자는 젊은 날 지극히 사랑하던 '수나叟娜'를 잃었다. 무슨 연유에서인지는 몰라도 꽃다운 청춘에 '꽃喪舆'에 실려서 저승으로 간 것이다. 그러나 시의 화자는 죽은 '叟娜'에 대한 애모의 정이 식기는 커녕 오히려 지극하게 그립기만 하다.

그러던 어느날, 종로 네거리에 나갔더니 이미 저승에 간 '叟娜'가 살아서 온다. 그것도 한 사람이 아니라 "뿌우여니 흩어져서" 무수히 오는 것이다. 너무도 지극히 사랑하고 너무도 지극히 그리워하고 있기 때문에 종로 네거리에 흩어져 오는 "열아홉 살쯤 스무 살쯤 되는 애들"이 모두 다 '叟娜'로 보인 것이다. 이 시의 화자는 비단 종로 네거리뿐 만이 아니라, 그 어느 골목 어귀에서라도 문득문득 '叟娜'를 많이 만났을 것이다. 「復活」한 '叟娜'를.

歸蜀途

눈물 아롱아롱
피리 불고 가신 님의 밟으신 길은
진달래 꽃비 오는 西域 三萬里.
흰 옷깃 여며 여며 가옵신 님의
다시 오진 못하는 巴蜀 三萬里.

신이나 삼아줄 걸 슬픈 사연의
올올이 아로새긴 육날 메투리.
은장도 푸른 날로 이냥 베어서
부질 없는 이 머리털 엮어드릴 걸.

초롱에 불빛, 지친 밤 하늘
구비 구비 은핫물 목이 젖은 새.
차마 아니 솟는 가락 눈이 감겨서
제 피에 취한 새가 귀촉도 운다.
그대 하늘 끝 호올로 가신 님아.

* 육날 메투리는, 신중에서는 으뜸이고 메투리 중에서도 가장 아름다운 조선의 신 발이였느니라. 귀촉도는, 행용 우리들이 두견이라고도하고 솟작새라고도 하고 접동새라고도 하고 子規라고도 하는 새가, 귀촉도…귀촉도… 그런 발음으로서 우는 것이라고 지하에 들어간 우리들의 조상의 때부터 들어온 데서 생긴 말씀이니라.

작품해설

　이 시는 미당未堂의 제2시집 표제시이다. 제2시집을 대표하는 표제시로「歸蜀途」라는 제목을 선택한 것은 매우 뜻깊은 일이었다. 왜냐하면, 제1시집『花蛇集』에서 보였던 정서적 불안정이나 산문적 호흡이 이 시집에서는 정서적인 안정과 형식의 정비 등이 두드러지게 나타나기 때문이다.「歸蜀途」라는 제목이 벌써 동양적인 귀의歸依를 시사해 주고 있는 바와 같이, 동양적 정서 속에서 산출된 시들이 담겨져 있기 때문인 것이다.

　이 시는 왕위를 잃고 유찬流竄의 길에 올랐다가 죽어서 귀촉도(접동새, 소쩍새, 子規, 두견새)가 된 망제望帝의 전설에 기초를 두고 있다. 그러나 망제의 전설에서 제재題材를 취해 왔을 뿐 이 시의 화자는 망제望帝가 아니라 '청상과부'이다. 그러므로 망제의 혼이 화해서 '귀촉도'가 된 것이 아니라, 이 시에서는 청상과부의 망부한亡夫恨을 안고 죽은 청상과부의 혼의 독백으로 나타나게 된다. 그리하여 "피리 불고 가신 님"은 이 시의 화자의 '님'이 아니라 바로 청상과부의 '님'이라 할 수 있다. 그 '님'은 귀환 불능점인 '巴蜀'으로 가버린 것이다.

　한용운의 '님'이 불교적 윤회사상에 뿌리박은 '다시 만날 것을' 믿는 '님'인데 비하여, 이 시의 과부의 '님'은 "다시 오진 못하는" 영원한 연모의 '님'이어서, 김소월의「진달래꽃」에 보이는 '죽어도 아니 눈물' 흘리며 마음속에 영원히 간직하는 '님'과 궤軌를 같이 한다고 할 수 있다. 그러므로 '님'이 없는 과부에겐 윤기 나는 치렁치렁한 머리털도 이내 '부질없는' 것이 되며 "이냥 베어서", "엮어드릴 걸"의 아쉬움으로 나타나게 된다.

　그러나 셋째 연으로 옮겨지며 독자를 갑자기 당혹스럽게 하여준다. 왜냐하면, 그 당혹은 첫째, 둘째 연의 이른바 '과부의 독백'이 셋째 연으로 이어지지 않는 데서 온다. 하지만 좀 더 자세히 관찰하여 보면 그것은 곧 이 시의 화자의 진술임을 알게 될 것이다. 이 시가 최금동의 시나리오에 넣은 작품임을 고려해 볼 때, 그러한 관점을 더욱 확실하게 해준다.

거북이에게

거북이여 느릿 느릿 물살을 저어
숨 고르게 조용히 갈고 가거라.
머언 데서 속삭이는 귓속말처럼
물이랑에 내리는 봄의 꽃잎을,
발톱으로 헤치며 갔다 오너라.

오늘도 가슴 속엔 불이 일어서
내사 얼굴이 모두 타도다.
기우는 햇살일래 기울어지며
나 어린 한 마리의 풀벌레 같이
말 없는 四肢만이 떨리는도다.

거북이여.
구름 아래 푸르른 목을 내둘러,
장고를 처줄게 둥둥거리는
설장고를 처줄게, 거북이여.

먼 山에 보랏빛 은은히 어리이는
나와 나의 형제의 해질 무렵엔
그대 쇠 먹은 목청이라도
두터운 갑옷 아래 흐르는 피의
오래인 오래인 소리 한마디만 외어라.

작품해설

이 작품은 우선 7·5조가 주조主調를 이루고 있는 것을 볼 수 있다. 그러나 여기서 주목할 것은 그러한 7·5조 등의 글자나 헤아려 보자는 데에 있지 않고 "숨 고르게 조용히 갈고"가는 거북이의 걸음걸이에도 눈을 줄 만큼 여유로워진 이 시인의 시적 전환이 더욱 흥미롭다.

"해와 하늘 빛이 / 문둥이는 서러워 // 보리밭에 달뜨면 / 애기 하나 먹고 / 꽃처럼 붉은 울음을" 울던 원죄의식이나, '웃음 웃는 짐승 속으로', "石油먹은 듯", "아편 먹은 듯" 뛰어들던 『花蛇集』무렵의 피의 분출은 이제는 좀 가라앉고, "오늘도 가슴 속엔 불이 일어서"와 같은 내면의 소리를 듣게 해준다는 점이 흥미로운 것이다.

하지만, 『花蛇集』무렵의 가열된 상태에서 표출되었던 시적 격렬성이 겉으로 분출되지 않을 뿐, 아직도 화자의 가슴 속엔 뜨거운 한恨이 남아 있다. '갑옷 속'에 있는 절실한 것을 "한마디만 외어라"는 표현에서 보여주는 것처럼 안으로 연소시키는 호흡을 볼 수도 있는 것이다. 이러한 연소작용은 미당의 20대의 '질주'와 비길 때 단순한 것이 아니다. 그것은 어떻게 보면 내면적이고 사색적인 정신주의적 조짐으로 보일 수도 있으나, 또 다른 일면으로는 미당의 시인의식이 점차로 성숙되어가는 징후로도 볼 수 있다.

특히 「거북이에게」라는 작품이 1942년 6월에 발표된 것이라는 점에서 볼 때, 그의 시인의식이 "기우는 햇살"을 본다거나 "말 없는 四肢만이 떨리는" 자세를 보게 해주고 있으며, 발톱으로 헤치며 갈 만큼 미래지향적인 자세도 엿볼 수 있게 해주고 있다. 이제 "느릿 느릿"하기는 하지만 그의 시선은 땅에 누워있는 '배암같은 계집'이 아니라, '구름 아래' '머언 데'를 지향하고 있었던 것이다.
　이 시가 어둡고 답답하기만 하던 1942년에 발표된 작품이라는 점에서 '머언 데'를 지향했던 시인의식이 어느 일면 수긍되기도 한다.

密語

순이야. 영이야. 또 돌아간 남아.

굳이 잠긴 잿빛의 문을 열고 나와서
하늘가에 머무른 꽃봉오릴 보아라

한없는 누에실의 올과 날로 짜느린
채일을 두른 듯, 아늑한 하늘가에
뺌 부비며 열려 있는 꽃봉오릴 보아라.

순이야. 영이야. 또 돌아간 남아.

저,
가슴같이 따뜻한 삼월의 하늘가에
인제 바로 숨 쉬는 꽃봉오릴 보아라.

○ **작품해설**

이 시가 발표된 1947년 3월이라는 점에서 조국이 해방됐다거나 소생하는 계절과 관련을 맺고 있음을 볼 수 있다. '겨울'이라는 그 절망의 계절을 밀어내고 "굳이 잠긴 잿빛의 문을 열고 나와서 / 하늘가에 머무른 꽃봉오릴" 바라보는 환희 속에 젖어 있음을 보게 된다.

　식민지시대의 그 회색빛 어둠과 절망, 그 '겨울'은 계절의 순환원리에 의하여 이제는 물러나고, 고난을 겪었던 시대로부터 밝은 시대로 전환되던 순간, 그 엄청난 감동을 혼자서는 다 어쩌지 못하여 저승으로 돌아간 사람들까지도 불러내게 된다. 그리고 이제 그것은 자신의 기쁨과 감동만이 아닌 한국인, 온 세상 사람이 공유共有할 수 있는 기쁨이요 감동이기 때문에, 이제 자신만의 노래가 아니라 나와 이웃이 함께 나누는 노래로 확대 승화시키고 있는 것이다.

　그러므로 이 시의 '순이' '영이' '돌아간 남' 이들은 어떤 특정인을 지칭하는 이름이 아니라 우리 민족의 살붙이 모두를 지칭하는 것이며, 바로 그렇듯 화자의 가슴이 따뜻해져 있기 때문에 온 세상이 모두 따뜻하게 보이는 것이어서 "가슴같이 따뜻한 삼월"이 된다 하겠다.

　그리고 이 시에서 한 가지 주의 깊게 살펴야 할 점은, 표현상의 특질이라 할 수 있다.

　여기 쓰인 언어들은 『花蛇集』 무렵의 그 직정언어直情言語가 아니라 이제 상징성과 은유적인 표현들로서, 또 다른 시의 세계로 확대시켜 나가고 있음을 볼 수 있다.

꽃

가신이들의 헐떡이던 숨결로
곱게 곱게 씻기운 꽃이 피었다.

흐트러진 머리털 그냥 그대로
그 몸짓 그 음성 그냥 그대로
옛사람의 노래는 여기 있어라.

오- 그 기름 묻은 머리빡 낱낱이 더워
땀 흘리고 간 옛사람들의
노랫소리는 하늘 위에 있어라.

쉬어 가자 벗이여 쉬어서 가자
여기 새로 핀 크나큰 꽃 그늘에
벗이여 우리도 쉬어서 가자.

만나는 샘물마다 목을 추기며
이끼 긴 바윗돌에 턱을 고이고
자칫하며 다시 못 볼 하늘을 보자.

작품해설

　시 「꽃」에서는 무엇보다도 우선 시적 은유가 두드러지게 나타나는 것을 느끼게 된다. 그리고 그 메타포는 혼과 교섭하는 데서 비롯되고 있다.
　그러므로 이 시에서의 '꽃'은 직서적 의미로서의 꽃이 아니라 시인의 표현대로라면 '無形化된 넋의 세계'에서만이 피워낼 수 있는 그러한 꽃이다.
　그것은 어쩌면 현존現存하는 꽃일 수도 있지만, 어쩌면 현존하지 않는 꽃일 수도 있다. 그러므로 그 꽃은 "가신이들의", "흐트러진 머리털 그냥 그대로 / 그 몸짓 그 음성 그냥 그대로" 어디엔가는 그 흔적이 남아 있을 수도 있지만 이 시인의 영혼의 공간에만 피어있는 그런 꽃일 수도 있는 것이다.
　그리고 또 한편으로 생각해보면 해방의 공간 그 자체가 인고忍苦의 세월 뒤에 현란하게 개화開化한 한송이의 '크나큰 꽃'일지도 모른다.
　아마 그것이 더욱 이 시에 대한 가까운 해답이 될 것이다. 앞에서 해설한 「密語」 등의 내용과 연계시켜 생각해보면 이 무렵 이 시인의 의식 속에 자리 잡고 있는 것을 짐작할 수 있을 것이며, "굳이 잠긴 잿빛의 문을 열고" 나온 꽃봉오리라는 시행詩行과도 연계시켜 생각할 수 있는 그런 「꽃」임을 이해해야 된다.

牽牛의 노래

우리들의 사랑을 위하여서는
이별이, 이별이 있어야 하네.

높았다, 낮았다, 출렁이는 물살과
물살 몰아 갔다오는 바람만이 있어야 하네.

오— 우리들의 그리움을 위하여서는
푸른 은하물이 있어야 하네.

돌아서는 갈 수 없는 오롯한 이 자리에
불타는 홀몸만이 있어야 하네!

직녀여, 여기 번쩍이는 모래 밭에
돋아나는 풀싹을 나는 세이고……

허이연 허이연 구름 속에서
그대는 베틀에 북을 놀리게.

눈썹 같은 반달이 중천에 걸리는
七月 七夕이 돌아오기까지는,

검은 암소를 나는 먹이고
직녀여, 그대는 비단을 짜세.

작품해설

이 작품은 우선 동양적 사유思惟와 관련을 맺고 있는 작품이라고 할 수 있다. 즉 「牽牛의 노래」는 동양의 전설로 내려오는 견우와 직녀의 설화에서 소재를 얻어온 것이다. 그러나 소재를 얻어왔을 뿐 시의 화자는 '견우'가 아니라 작자 자신인 것처럼 진술되고 있음을 유의해야 한다. 말하자면, '견우'와 '직녀'의 설화에 가탁假託하여 작자 자신의 심정을 노래하고 있다는 말이다.

따라서 애틋한 이별을 체험한 화자(작자)임에도 불구하고 '불타는 홀몸'의 자세로 기다리는 여유를 보여주고 있는 주체는 바로 화자 자신인 셈이다.

이 시인의 이러한 수법의 작품은 제2시집 『歸蜀途』 이후에도 더러 나온다. 가령, 제3시집 『서정주 시선』에 들어있는 「추천사鞦韆詞」 같은 작품도 '춘향'의 말에 가탁하여 진술되고 있음을 볼 수 있다.

아무튼, 이 작품에 나타나는 기다림의 '여유'는 『花蛇集』 무렵의 격정에 비하여 너무나 많이 변모한 것이라는 생각을 하게 된다. 『花蛇集』 무렵의 보들레르적(서양적) 방황에 비하여 이 시인이 결국은 동양인일 수밖에 없었구나하는 생각도 하게 되며, 『花蛇集』 무렵의 서양적 야성적 방황을 보여주던 그가 시인의식이 성숙되면서부터는 어쩔 수 없이 귀환할 수밖에 없었던 곳이 바로 그 동양이라는 생각도 하게 되는 것이다.

木花

누님
눈물 겨웁습니다.

이, 우물물같이 고이는 푸름 속에
다소곳이 젖어있는 붉고 흰 木花 꽃은,
누님
누님이 피우셨지요?

퉁기면 울릴 듯한 가을의 푸르름엔
바윗돌도 모두 바스라져 내리는데……

저, 마약과 같은 봄을 지내어서
저, 무지한 여름을 지내어서
질경이 풀 지슴길을 오르내리며
허리 구부리고 피우셨지요?

◯ 작품해설

　이 시인은 「木花」 등의 시를 쓸 무렵 한국인의 근원적인 고향과 한국여성 고유의 아름다움을 생각하기 시작한 것으로 보인다. 이 시인의 다음 시집 『徐廷柱 詩選』에 들어있는 「국화 옆에서」도 한국여성 고유의 아름다움이나 인고忍苦의 세월 뒤에 얻은 중년여인의 원숙미를 상징적으로 표현하고 있지만, 이 「木花」에서도 우리 한국 여인 본래의 순연한 모습과 인고의 여인상을 떠올리게 하고 있다.

그것은 "저, 마약과 같은 봄을 지내어서 / 저, 무지한 여름을 지내어서" 이 시인이 도달한 정신적 세계이다. 말하자면 저 『花蛇集』 무렵의 '마약'과도 같은 육정적 방황의 시간을 지나서, 어쩌면 그 시절 아직 시인의식이 눈뜨지 않은 '無知'한 야생적 질주를 지나서 도달한 세계인지도 모른다. 그는 결국 서구적 육정적 방황으로부터 동양인으로 한국인으로 돌아올 수밖에 없었다. 그리고 그가 돌아온 그곳에 '눈물' 겹고 한스럽고 쓰라린 아름다움으로 '木花'가 피어 있었던 것이다.

한편, 이 「木花」에 나타나 있는 '그림'(회화성)은 너무나 아름답게 구조되어 있는 것을 볼 수 있다. 즉, '눈물' 겹고 한스럽고 쓰라린 아름다움의 여인인 '누님'을, '질경이풀 지슴길' 오르내리던 그 '누님'을, 한국의 가을 하늘과 함께 배치시켜 놓고 있는 것이다. '누님'이 '허리 구부리고' 피워놓은 "다소곳이 젖어있는 붉고 흰 木花" 꽃이야말로 바로 우리의 '누님'의 모습이요, 옛 우리 한국여인의 고유의 모습인 것이다.

行進曲

잔치는 끝났더라. 마지막 앉아서 국밥들을 마시고
빠알간 불 사루고,
재를 남기고,

포장을 걷으면 저무는 하늘
일어서서 주인에게 인사를 하자.

결국은 조금씩 취해가지고
우리 모두다 돌아가는 사람들.

목아지여
목아지여
목아지여
목아지여

멀리 서 있는 바닷물에선
亂打하여 떨어지는 나의 종소리.

미당평전

◯ 작품해설

이 시인의 '直情的 언어'는 어느 시인에게서보다도 리얼리틱하게 나타난다. 『花蛇集』 무렵의 작품에서 더욱 그러했지만, 이 「行進曲」에서도 치열하게 나타나고 있다. 그것은 이 시인이 얼마나 자기 감정에 충실한 태도를 견지하고 있었는가를 말해주는 요소이기도 한 것이다. 이 작품은 일제하의 절망과 함께 새로운 도전으로 가득히 넘치는 시인의 사유의 세계가 잘 펼쳐지고 있는 작품이라고 우선 말할 수 있다.

한편, 조연현趙演鉉은 『花蛇集』 무렵의 미당시를 일컬어 '原罪의 刑罰'이라 표현한 적이 있다. 즉, 그는 미당의 젊은 날의 육정적 방황과 갈등을 아담과 이브로부터 물려받은 '原罪의 刑罰'로 파악하고 있었던 것이다. 시사하는 바가 매우 많은 견해였다고 생각된다.

이러한 견해에 의하면, 이 시에서의 '잔치'란 몸서리치는 형벌의 잔치, 즉 『花蛇集』 무렵의 육정적 방황을 말하는 것이 된다. 그러므로 이제는 그 몸서리치는 형벌의 잔치(육정적 방황)를 끝내고 어디엔가 '돌아' 가야 하는데, 그 돌아가야 할 '行進'의 방향은 '모가지만 남은 自己'란 무엇을 말하는 것인가? 그것은 두말할 필요도 없이 「行進曲」 이후부터의 미당의 작품세계는 이제 '육체'가 아니라 '정신'(목아지) 쪽으로 확대되어야만 한다는 것을 시사해주는 말이었던 것이다.

아무튼, 「귀촉도」 이후의 미당의 작품세계는 육체적인 것이 아니라, 사뭇 정신적인 사유思惟의 세계로 열려 있다고 할 수 있다. 이제 미당이 그의 앞에 "亂打하여 떨어지는" 종소리를 따라서, 그 사유의 공간을 어느 만큼 확대시켜 나갈 것인지 자못 궁금하기도 한 것이다.

푸르른 날

눈이 부시게 푸르른 날은
그리운 사람을 그리워 하자

저기 저기 저, 가을 꽃자리
초록이 지쳐 단풍 드는데

눈이 내리면 어이 하리야
봄이 또 오면 어이 하리야

내가 죽고서 네가 산다면?
네가 죽고서 내가 산다면?

눈이 부시게 푸르른 날은
그리운 사람을 그리워 하자

🔵 **작품해설**

　이 시는 「국화 옆에서」(제3시집 『서정주 시선』)와 함께 가곡歌曲으로 불려지기도 한 작품이다. 특히 이 '푸르른 날'이 가요歌謠로도 불려져서 대중에 어필할 수 있었던 것은, 시가 직설화법으로 돼 있다거나 간절한 호소력을 지닌 시구 때문이 아닌가 생각된다. "내가 죽고서 네가 산다면? / 네가 죽고서 내가 산다면?"과 같은 직설적이고도 격렬한 언어들이 대중에 어필할 수 있었던 비밀이 아닌가 생각되는 것이다.

 그러나 이 시가 직설적이고 직정적이긴 하지만, 『花蛇集』 무렵의 그 육정적(肉情的)인 언어와는 판이하게 다른 그러한 것이다. 이제 이 시에는 안개처럼 피어오르는 '그리움'이 있다거나, 그 젊은 '꽃자리'에 "초록이 지쳐 단풍 드는" 것을 바라볼 만큼의 연륜이 휘감기고 있다. 말하자면 이제 야생적 '질주'가 아니라 동양적 '諦念'의 정서가 그의 연륜에도 아련히 감기고 있는 현상을 볼 수 있게 해준다. 대상을 멀리 놓아둔 채로 그리움의 한(恨)속에 젖어 있는 정서 말이다. 즉, 『花蛇集』 무렵의 "우리 순네는 스물 난 색시, 고양이 같이 고운 입술……스며라! 배암" 등에서 볼 수 있었던 것과 같은 '관능'이 어른거리는 시구가 아니라, "눈이 부시게 푸른 날은 / 그리운 사람을 그리워"하는 정서, 이제 육체가 아니라 '정신' 쪽으로 그 무게중심이 기울고 있다고 하겠다.

石窟庵觀世音의 노래

그리움으로 여기 섰노라
호수와 같은 그리움으로,

이 싸늘한 돌과 돌 사이
얼크러지는 칙넌출 밑에
푸른 숨결은 내것이로다.

세월이 아조 나를 못쓰는 띠끌로서
허공에, 허공에, 돌리기까지는
부풀어오르는 가슴 속의 파도와
이 사랑은 내것이로다.

오고 가는 바람 속에 지새는 나달이여.
땅속에 파묻힌 찬란한 서라벌,
땅속에 파묻힌 꽃같은 남녀들이여.

오— 생겨 났으면, 생겨 났으면,
나보다도 더 나를 사랑하는 이
천년을, 천년을, 사랑하는 이
새로 햇볕에 생겨 났으면

새로 햇볕에 생겨 나와서
어둠속에 날 가게 했으면,

사랑한다고…… 사랑한다고……
이 한마디 말 임께 아뢰고, 나도,
인제는 바다에 돌아갔으면!

허나 나는 여기 섰노라.
앉아계시는 석가의 곁에
허리에 쬐그만 향낭을 차고,

이 싸늘한 바윗속에서
날이 날마다 들이쉬고 내쉬이는
푸른 숨결은
아, 아직도 내 것이로다.

○ 작품해설

   이 작품도 『花蛇集』 무렵 서구적 방황을 보이던 그가 이제 동양적인 것에로 회귀한 증거로 삼을 수 있는 작품이다. 「歸蜀途」를 비롯하여 「牽牛의 노래」, 「木花」, 「石窟庵觀世音의 노래」 등이 특히 그런 반열에 속하는 작품이라 할 수 있다. 즉, 「귀촉도」는 왕위를 잃고 유배의 길에 올랐던 망제望帝의 전설에서 차용하여 쓴 시이고, 「牽牛의 노래」는 동양의 전설로 내려오는 견우와 직녀의 이야기에서 소재를 얻어온 것이고, 「木花」는 동양적이고도 한국적인 정서 속에서 얻어온 것이며, 「石窟庵觀世音의 노래」는 불교와 관련된 사유 속에서 얻어진 산물인 것이다. 특히 이 「石窟庵觀世音의 노래」는 이 시인이 뒷날 『新羅少』, 『冬天』 등의 시집에서 많이 보이고 있는 불교적 사유(특히 인연설, 윤회설 등)의 전조라 할 수 있는 작품으로서, 정신적인 방황, 즉 귀의처歸依處를 지향하는 몸짓이 나타나고 있다. 그 몸짓은 "앉아 계시는 석가의 곁에 / 허리에 쬐그만 향낭을 차고", "싸늘한 바윗속"에 잠시 머무는 몸짓으로 나타나지만, 시의 전편에 흐르는 정서는 아직 정리되지 않은 '숨결'을 느끼게 하고 있다.

아무튼 이 시에서도 『花蛇集』 무렵의 그 '육체'는 볼 수 없고 "호수와 같은 그리움"의 '정신' 속에 있는 화자를 만나게 된다.

누님의 집

바다 넘어 구만리
산 넘어서 구만리
등불 들고 내려 가면,
우물 물이 있느니라.

먹탕 같은 우물 물
千길을 내려 가면
굴딱지 같은,
도적놈의 기와집이 서 있느니라.

대문 열고 中門 열고
돌문을 열고
바람되어 문틈으로 스며들어 가며는
그리운 우리 누님 게 있느니라.

도적놈은 어디 가고
우리 누님 홀로 되어
거울 앞에 흰옷 입고 앉았느니라.

작품해설

이 시는 우선 전설적인 분위기를 느끼게 하고 있다. 이 시에 나타난 '누님의 집'은 현실세계에 있는 집이 아니라 저승에나 있을 법한 상상의 공간이다. 옛 우리 할머니가 명주실을 감으면서 들려주실 법한 옛이야기 속의 공간처럼 느껴지게 한다.

그러나 이 시에 나타나는 정서를 좀 더 밀착해 따라가보면, "거울 앞에 흰옷 입고" 앉아 있는 '누님'에 그 초점이 맞춰지게 된다. 그리고 그 '누님'은 이 시인의 다른 작품에 나타나는 '누님'과 오버랩(Overlap)되는 것을 느끼게 될 것이다.

가령 「국화 옆에서」에 나타나는 '누님'의 이미지나, 「木花」에 나타나는 '누님'의 이미지, 그리고 더 멀리는 시집 『질마재 神話』에 나타나는 「新婦」의 이미지들이 모두 인고忍苦의 여인상이거나 한恨의 여인상인 점과 비슷하다고 할 수 있다. 특히 "거울 앞에 흰옷 입고" 앉아 있는 청상과부가 된 '누님'의 이미지는 「新婦」에 나타나는 기다림의 한恨의 여인상과 유사하다.

이 시인의 작품에 나타나는 '누님'은 대개 가해자가 아니라 피해자로서의 모습이다. 그러므로 그 '누님'은 언제나 한恨의 주인공이며 인고忍苦의 주인공이 될 수밖에 없다.

이 작품에 나타나는 '누님'도 바로 그 한恨의 주인공, 연민의 정을 갖게 할 수밖에 없는, 아프나 그러나 질긴 전통적 한국의 여인상이라 할 수 있다.

菊花 옆에서

한송이의 국화꽃을 피우기 위해
봄부터 소쩍새는
그렇게 울었나보다.

한송이의 국화꽃을 피우기 위해
천둥은 먹구름 속에서
또 그렇게 울었나보다

그립고 아쉬움에 가슴 조이던
머언 먼 젊음의 뒤안길에서
인제는 돌아와 거울앞에 선
내 누님같이 생긴 꽃이여

노오란 네 꽃잎이 피려고
간밤엔 무서리가 저리 내리고
내게는 잠도 오지 않았나보다

◯ 작품해설

이 작품은 시인이 40대 무렵에 펴낸 시집 『서정주 시선』에 담겨 있는 시이다. 이 40대라는 나이는 인생을 겪을 만큼 겪은 나이여서, 지위와 학력의 차이에도 관계없이 한 관조의 거울이 마련되는 나이인 것 같다. 공자孔子는 이 나이를 '불혹不惑'이라 했다. 이 공자의 말이 뜻하는 것도, 햇볕과 바람이 익혀준 자연적 연치年齒로서의 40의 나이는 많은 자각을 가져다주고, 마음공부를 가져다주는 나이여서, 이 나이까지 체득한 힘이 온화한 눈을 만들어 주고, 원만한 눈을 만들어 가지는 나이인 데서 한 말이 아닌가 생각된다. 이 「국화 옆에서」는 바로 그런 나이에 산출된 작품이다.

민족적으로 개인적으로 짭짤하게 겪을 만한 것을 겪은, 그리하여 인생과 사물을 젊은 날의 그것과는 다른 눈으로 바라볼 수 있는 나이에 이르렀기 때문에, 봄의 화사한 어느 꽃보다도 여러 가지 어려운 기상 조건을 이겨내고 피어난 가을날의 국화에서 또 다른 어떤 아름다움을 발견하고 노래한 작품인 것이다.

바꾸어 말하면 '인고의 세월 뒤에 피어난 꽃'인 국화의 아름다움을 발견한 것은, 그러한 인고의 세월을 겪고 난 시인의 눈이기 때문에 가능한 것이었다는 말이다. 그러므로 그 '국화'는 "머언 먼 젊음의 뒤안길에서" 더디고 아픈 생명의 고통을 참고 견디며 "인제는 돌아와 거울앞에 선 / 내 누님같이 생긴 꽃"으로 상징되고 있는 것이다. 말하자면 이 시는 한 인간의 성숙을 노래하고 있다. 그리고 이 '국화'는 상징으로서의 국화이다. 40대 중년 여인의 완숙한 아름다움을 이 국화꽃을 통하여 상징해주고 있는 것이다. 그러므로 젊은 날의 고뇌로운 방황을 통하여서도 발견하지 못하던 '국화'의 아름다움을 탕아蕩兒의 귀향을 통하여 발견하고 있다고 할 수 있다.

그러나 이 시가 넓은 독자층에 애송되고 있는 비밀은, 그러한 중년여인의 외롭고도 아름다운 모습을 '국화'로 표상한 데 있는 것이 아니라,

그 국화가 탄생하기까지의 이 우주의 섭리와 자연의 순환, 그리고 그 많은 기상의 변화들이 이룬 하나의 총체總體로서의 '국화'를 노래하는 데에 있다.

말하자면 중년여인의 아름다움이 아니라, 그 아름다움을 이루기까지의 과정을 노래한 데에 애송되는 비밀은 있는 것이다.

다시 말하면, 한 아름다움의 탄생의 어려움, 한 가지 성숙의 어려움, 그리하여 그만큼 어렵게 탄생하고 성숙한 것에 대한 신비로움과 생명의 존엄성을 노래하고 있는 데에 애송의 비밀이 있다는 말이다.

무등을 보며

가난이야 한낱 남루에 지나지 않는다.
저 눈부신 햇빛 속에 갈매빛의 등성이를 드러내고 서 있는
여름 산 같은
우리들의 타고난 살결 타고난 마음씨까지야 다 가릴 수 있으랴.

청산이 그 무릎 아래 지란을 기르듯
우리는 우리 새끼들을 기를 수밖엔 없다.
목숨이 가다 가다 농울쳐 휘여드는
오후의 때가 오거든
내외들이여 그대들도
더러는 앉고
더러는 차라리 그 곁에 누워라.

지어미는 지애비를 물끄럼히 우러러 보고
지애비는 지어미의 이마라도 짚어라.

어느 가시덤불 쑥굴헝에 누일지라도
우리는 늘 옥돌같이 호젓이 묻혔다고 생각할 일이요
青苔라도 자욱이 끼일 일인 것이다.

* 무등 : 호남 광주의 명산名山.

작품해설

이 시에서 보면 한 생활인으로서, 한 인생의 항해자로서 겪을 만한 것을 다 겪은, 그리하여 그 체험이 밑거름이 되어 얻은 한 달관을 볼 수 있다. 그것은 광주 무등산과의 교감에서 얻은 달관이다. 여기서는 『화사집』 무렵의 열정이나, 『귀촉도』 무렵의 안정은 한 대처자자(帶妻子者)로서의 한 기항지를 마련한 자로서의 안정이었다고 한다면, 이 무렵의 초연은 만고풍상을 다 겪은 자로서 그 바람과 물결을 다 겪고 난 뒤, 다른 가난한 인인(隣人)들에게 들려주는 노래, 그 노래를 부르는 만큼의 초연한 입장에서 쓰여진 시로 받아들여진다. 그리고 바로 그렇기 때문에 이 작품은 가난한 이웃들에게 더 친근감을 주고 대중들에게 애독되는 비밀이 거기 있지 않은가 생각된다.

"청산이 그 무릎 아래 지란을 기르듯 / 우리는 우리 새끼들을 기를 수밖엔 없다"고 한 것은, 청산이 유구하게 생성의 원리를 지니듯, 그와 똑같이 우리 인간도 생성의 원리를 순종할 수밖엔 없다는 그런 깨달음을 매우 담담하게 보이고 있으며, 그러한 담담한 깨달음의 천의 무봉의 언어들이 독자를 더욱 흡수시키는 요인이 되고 있는 것이 아닌가 생각된다.

이 작품뿐 아니라, 이 무렵의 일련의 작품들이 더 많은 공감을 불러 일으켰고, 따라서 대중의 독자층이 더 많이 확보되었다고 생각해볼 때 수긍되는 일면이 있는 것이다.

"아닌게아니라 40이 넘은 어버이의 정이란 그 인생의 한 전기를 이루는 것인가 보다"고 한 이 시인의 술회를 참조해보면 더욱 그런 수긍을 가지게 해준다.

鶴

천년 맺힌 시름을
출렁이는 물살도 없이
고운 강물이 흐르듯
학이 나른다.

천년을 보던 눈이
천년 파다거리던 날개가
또한번 천애에 맞부딪노나

산덩어리 같아야 할 분노가
초목도 울려야할 서름이
저리도 조용히 흐르는 구나

보라, 옥빛, 꼭두서니
보라, 옥빛, 꼭두서니
누이의 수틀을 보듯
세상은 보자

누이의 어깨 너머
누이의 수틀 속의 꽃밭을 보듯

세상을 보자

울음은 해일
아니면 크나큰 제사와 같이

춤이야 어느땐들 골라 못추랴
멍멍이 잦은 목을 제 쭉지에 묻을 바에야
춤이야 어느 술참땐들 골라 못추랴

긴 머리 자진머리 일렁이는 구름속을
저, 울음으로도 춤으로도 참음으로도 다하지 못한 것이
어루만지듯 어루만지듯
저승곁을 나른다

◯ 작품해설

   이 시에서도 우리는 인생의 파도를 겪을 만큼 겪은 자로서의 노래를 생생하게 들을 수 있다. 인생의 한 항해자로서 겪을 만한 것을 겪은, 볼 만한 것을 본 한 사람의 넉넉한 자세를 우리는 이 시에서도 볼 수 있는 것이다. 즉 "누이의 수틀 속의 꽃밭을 보듯" 세상을 보는 그러한 자세, 그것은 추위와 무더위의 수많은 인고의 세월을 읽은 뒤에 얻은 자세이다.
   주지하시다시피 '학'은 흔히 우리 민족의 상징적인 새로 비유되어 왔다. 흰 옷을 입고 목을 길게 늘이어 먼 그리움으로 서 있는, "울음으로도 춤으로도 참음으로도" 다 풀지 못하여, "어루만지듯 어루만지듯" 날아보는 모습에서, 우리 민족의 한恨의 세월을 잘 읽을 수 있다.

따라서 이 시에서도 그러한 민족적 한恨의 상징적 모습으로 '학'을 끌어 들이고 있다고 할 수 있는데, 그것이 마침 시인 자신의 비극적 편력에서 온 한恨과 결부되어 나타나고 있다. 말하자면, 민족적 한의 상징적 모습인 '학'의 분노와 슬픔, 즉 "산덩어리 같아야 할 분노"와 "초목도 울려야 할 서름"은 바로 시인 자신의 분노와 슬픔도 되는 것이어서, 그 분노와 슬픔을 오랜 세월 동안 짭짤하게 겪은 인생의 경륜으로 잘 삭히우고, 정신적으로 수습 상승시켜 '저리도 조용히 흐르는' 초연과 달관과 체념을 시의 화자는 보이고 있는 것이다.

그리고 그렇듯 달관과 체념을 지닌 자에겐 눈앞에 전개되는 세계가 제대로 이해되는 것이며, 아름다움도 터득되는 것이며, "누이의 수틀 속의 꽃밭을 보듯" 세상을 보는 만큼의 여유와 달관이 이 시에는 많이 보이고 있다. 그리고 그러한 인생의 여유와 달관이, 이 시인이 난시亂時의 죽음이나 한恨 등에서 벗어날 수 있었던 요소가 된 것으로 우리는 받아들여야 한다.

상리과원

꽃밭은 그 향기만으로 볼진대 한강수나 낙동강 상류와도 같은 융융한 흐름이다. 그러나 그 낱낱의 얼굴들로 볼진대 우리 조카딸년들이나 그 조카딸년들의 친구들의 웃음판과도 같은 굉장히 즐거운 웃음판이다.

세상에 이렇게도 타고난 기쁨을 찬란히 터트리는 몸뚱어리들이 또 어디 있는가. 더구나 서양에서 건너온 배나무의 어떤 것들은 머리나 가슴패에 뿐만이 아니라 배와 허리와 다리 발꿈치에까지도 이쁜 꽃숭어리들을 달었다. 맵새, 참새, 때까치, 꾀꼬리, 꾀꼬리 새끼들이 朝夕으로 이 많은 기쁨을 대신 읊조리고, 數十萬 마리의 꿀벌들이 왼종일 북치고 소구 치고 마짓굿 울리는 소리를 하고, 그래도 모자라는 놈은 더러 그 속에 묻혀 자기도 하는 것은 참으로 당연한 일이다.

우리가 이것들을 사랑하려면 어떻게 했으면 좋겠는가. 묻혀서 누워있는 못물과 같이 저 아래 저것들을 비춰고 누워서, 때로 가냘프게도 떨어져내리는 저 어린것들의 꽃잎사귀들을 우리 몸 위에 받어라도 볼 것인가. 아니면 머언 산들과 나란히 마주 서서, 이것들의 아침의 油頭粉面과, 한낮의 춤과, 황혼의 어둠속에 이것들이 잦아들어 돌아오는 — 아스라한 沈潛이나 지킬 것인가.

하여간 이 하나도 서러울 것이 없는 것들 옆에서, 또 이것들을 서러워하는 미물 하나도 없는 곳에서, 우리는 섣불리 우리 어린것들에게 설움 같은 걸 가르치지 말 일이다. 저것들을 축복하는 때까치의 어느 것, 비비새의 어느 것, 벌 나비의 어느 것, 또는 저것들의 꽃봉오리와 꽃숭어리의 어느 것에 대해 우리가 항용 나즉히 서로 주고받는 슬픔이란 것이 깃들이어 있단 말인가.

이것들의 초밤에의 완전귀소가 끝난 뒤, 어둠이 우리와 우리 어린것들과 山과 냇물을 까마득히 덮을 때가 되거던, 우리는 차라리 우리 어린것들에게 제일 가까운 곳의 별을 가리켜 보일 일이요, 제일 오랜 종소리를 들릴 일이다.

◯ 작품해설

이 시인의 전기傳記를 참고로 해 보면 이 시는 6·25 전쟁이라는 뼈저린 비극을 겪고 난 뒤에 쓰여진 작품임을 알 수 있다. 그러나 일차적으로 그런 비극성을 전혀 찾을 수 없는 데에서 이 시인의 초극한 자세를 볼 수 있다. 그러면 그러한 초극의 자세는 어디에서 온 것인가? 그것은 산전수전 다 짭짤하게 겪은 불혹不惑의 나이에서 연유한 것으로 볼 수 있다.

그리고 죽음 직전에 임박했던 자가 생에 대한 애착과 갈구가 더욱 뼈저릴 수 있듯이, 6·25 전쟁이라는 그러한 수난의 세월 속에서 겪은 삶과 죽음의 고빗길을 더듬어 온 이 시인에게 있어, 과원에 흐드러져 피어 있는 "굉장히 즐거운 웃음판"은 생의 열락을 보는 순간이 되었을 것으로 믿어진다. 그것은 삶에 대한 이 시인의 긍정적인 자세를 입증해 주는 요소라고도 볼 수 있다. 그러한 '긍정'은 이미 『花蛇集』 무렵의 그 거센 숨결이나, 『歸蜀途』 무렵의 안정을 지나서, 또 앞에서도 말했듯이 6·25 전쟁이라는 비극을 겪고 나서 얻은 긍정이다.

이제 그의 나이는 한 거울을 얻은 것이다. 그 거울은 체득으로 얻은 거울이다. 그것은 관조의 거울이다. 그 거울에 비쳐 오는 인간사는 담담할 뿐인 것이다. 그 담담한 거울 속에 비쳐 오는 이 시는, 한 폭의 그림을 보는 듯한 느낌을 우리에게 준다. 그것은 이 시가 다분히 회화적임을 말하여주는 것이 된다.

그러나 그 회화는 김광균의 「추일서정」 등에서 볼 수 있는 그런 감각적인 회화가 아니라, 생명력을 수반한 회화라고 볼 수 있다. 그리고 그러한 회화를 구어체의 산문시로 성공시키고 있는 수작이라 할 수 있다. 여기서 산문시라 함은 근본적으로는 자유시이지만, 산문적인 문장(幽長調)의 긴 호흡의 시를 뜻하는 것임을 밝혀둔다.

한편, 이 시는 '대가시적 좌표'(고은의 표현)를 획득한 작품이라고 할 수 있다. 마치 과원의 꽃처럼 만발한 이 시의 광활하고 아름다운 묘사를 기점으로 하여 미당시는 이후 천상적天上的이고 미래적인, 혹은 영원의 시간 속으로 상상의 공간을 확대시켜주는 시적 세계를 펼치고 있기 때문이다.

추천사
― 春香의 말 壹

향단아 그넷줄을 밀어라
머언 바다로
배를 내어 밀 듯이,
향단아

이 다소곳이 흔들리는 수양버들 나무와
벼갯모에 뇌이듯한 풀꽃뎀이로부터,
자잘한 나비새끼 꾀꼬리들로부터
아조 내어밀 듯이, 향단아

산호도 섬도 없는 저 하늘로
나를 밀어 올려다오.
채색한 구름같이 나를 밀어 올려다오
이 울렁이는 가슴을 밀어 올려다오!

西으로 가는 달 같이는
나는 아무래도 갈 수가 없다.

바람이 파도를 밀어 올리듯이
그렇게 나를 밀어 올려다오
향단아.

작품해설

　이 시는 우리의 고전소설 「춘향전」의 주인공 '춘향'이 그네를 타는 장면에 그 기초를 두고 있다. 그러나 거기에 기초를 두고 춘향의 말에 가탁假託시키고 있을 뿐, 이 작품이 근본적으로 나타내 보이고 있는 것은, 어쩌면 비극적일 수밖에 없는 인간의 운명을 통찰하고 있는데서 비롯된 작품으로 보아야 한다.

　즉, 여기서 '그네'는 상징의 그네이다. '그네'를 통하여 더는 어쩔 수 없는 인간의 꿈과 욕망의 한계를 보여주고 있다. '춘향'은 우선 "산호도 섬도 없는 저 하늘로", "채색한 구름같이" 올라가 보고 싶다. 무한한 동경과 모험심의 작용으로 "울렁이는 가슴을" 어쩌지 못하며 꿈의 나래를 펼쳐보이고 있다. 지상의 현실적인 고뇌로부터 후련하게 아주 떠나서 또 다른 어떤 세계로 지향하고 싶은 의지를 보이고 있는 것이다. 그러나 그 또 다른 어떤 세계로 지향하고 싶은 의지는, 바로 운명적 한계를 자각하게 됨으로써 내적인 갈등을 빚게 된다. 그러한 갈등은, 지상의 현실적인 질서 속에 있는 '춘향'이, 또 다른 세계 곧 천상天上의 질서 속으로 뛰어들 수 없는 한계를 자각한 데서 오는 갈등이다. 그리하여 "西으로 가는 달 같이는", '아무래도' 갈 수가 없다는 표현으로 나타나고 있는 것이다.

　'달같이' 갈 수만 있다면 가겠지만, '아무래도' 갈 수 없는 운명적 한계와 만나기 때문에, "바람이 파도를 밀어 올리듯이" 영원히 되풀이되는 지상적 현실에 머물 수밖에 없으며, 이 반복 운동이야말로 이 시인이 통찰한 인간의 비극적 운명인 것이다.

　말하자면, '그네'라는 물리적인 것은 동원되었지만, 바로 그 '그네'는 인간의 현세적 운명을 상징하는 그네이며, 현세적 운명 속에서 이상적 운명 속으로 미는 장중한 밀음, "머언 바다로 / 배를 내어 밀 듯이" 밀어 보지만, 그것은 곧 도달할 수 없는 지향임을 알게 된다는 것으로 이 시의 내용을 이루고 있다.

춘향 유문
— 春香의 말 參

안녕히 계세요
도련님

지난 오월 단옷날, 처음 만나던 날
우리 둘이서 그늘 밑에 서 있던
그 무성하고 푸르던 나무같이
늘 안녕히 계세요.

저승이 어딘지는 똑똑히 모르지만
춘향의 사랑보다 오히려 더 먼
딴 나라는 아마 아닐 것입니다.

천길 땅밑을 검은 물로 흐르거나
도솔천의 하늘을 구름으로 날더라도
그건 결국 도련님 곁 아니예요?

더구나 그 구름이 소나기되어 퍼부을 때
춘향은 틀림없이 거기 있을 거예요!

*도솔천 : 불교의 욕계육천의 제사천.

작품해설

이 시는 우리의 고전 속의 '춘향'의 영원한 사랑을 보인 작품이다. '춘향'은 잘 아는 바와 같이 정절의 여인상이다. 사랑의 모랄을 저버리고 사랑 앞에서 변덕을 잘 부리는 현대의 여인들에게 귀감이 될 만한 그러한 여인이 바로 '춘향'이다.

시가 민중의 스승일 수 있다는 점을 고려해 넣는다면, 저승에 가서까지도 '님'을 사랑하고 따르는 '영원한 사랑'의 샘플을 이 시가 보여줌으로써, 넓은 의미의 '교훈'을 오늘의 시공時空속에 던져주고 있다고 볼 수 있다.

춘향의 그러한 영원의 사랑은 제3연에 잘 나타나 있다. 즉 "천길 땅밑을 검은 물로 흐르거나 / 도솔천의 하늘을 구름으로 날더라도 / 그건 결국 도련님 곁"이라는 걸 보임으로써, '지옥'이나 '천국' 그 어디에서라도 '도련님' 곁에서 떠나지 않으려는 굳은 사랑의 의지를 표현해주고 있다. 이러한 사랑의 의지는 불교의 윤회사상에 그 기반을 두고 있음도 또한 이해해야 된다.

그리고 이 시는 옥중獄中에 있는 춘향이가 이도령에게 마지막 남긴 유문遺文처럼 쓰여진 시로써, 시의 화자는 작자가 아니라 바로 춘향이다. 그러므로 고전 속의 내용을 패러디하여 쓰여진 시라는 점도 아울러 이해해야 된다. 즉 이 시의 화자가 우리의 고전 속의 정절의 여인 춘향의 마음으로 돌아가서 쓴 시라는 점을 이해해야 된다는 말이다.

우리의 고전을 현대의 작품으로 재현하여 보인 예는 더러 있는 일이다. 이 시도 춘향전의 여주인공 춘향이 이몽룡을 기다리다가, 변학도의 수청을 거부한 죄로 옥살이를 하며 죽음을 각오한 뒤 썼을 법한 '遺文'이다.

그러나 이 시가 지니는 가치는 그렇듯 고전을 재현한 데 있는 게 아니라, 사랑의 모랄이 자꾸만 무너지는 현대인들에게 이승과 저승을 초월할 만큼의 영원한 춘향의 사랑을 보여줌으로써, 사랑의 모랄을 제기해주고 있다는 점에서 그 의미를 이해해야 되지 않는가 싶다.

내리는 눈발 속에서는

괜, 찮, 타, ……
괜, 찮, 타, ……
괜, 찮, 타, ……
괜, 찮, 타, ……
수부룩히 내려오는 눈발 속에서는
까투리 매추래기 새끼들도 깃들이어 오는 소리, ……
괜찮타, …… 괜찮타, …… 괜찮타, …… 괜찮타, ……
포근히 내려오는 눈발 속에서는
낯이 붉은 처녀아이들도 깃들이어 오는 소리, ……

울고
웃고
수구리고
새파라니 얼어서
큰놈에겐 큰 눈물 자죽, 작은놈에겐 작은 웃음 흔적,
큰 이야기 작은 이야기들이 오보록히 도란거리며 안기어 오는 소리.
……

괜찮타, ……
괜찮타, ……

괜찮타, ······
괜찮타, ······

끊임없이 내리는 눈발 속에서는
산도 산도 청산도 안기어 드는 소리, ······

◯ 작품해설

이 시의 화자는, 한恨의 강물 속에 빠져 있는 자의 모습이 아니라 이미 그것으로부터 헤어 나온 자로서의 모습을 보여준다. 다시 말하면 이 시의 화자는 이미 삶 그것을 관조하는 자로서의 포즈를 보여주고 있는 것이다. 즉 한 시대의 비극, 혹은 그 자신의 비극의 강물 속에 빠져 버둥대는 위치에 그가 서 있는 게 아니라, 그 비극의 강물을 헤어 나와서 이제는 그것을 담담히 바라보는 자리에 서 있으며, 또 한편으로는 그런 비극적 상황이야말로 어쩔 수 없이 받아들일 수밖에 없는 숙명이라는 점도 이해하게 된 시기의 작품이라 할 수 있다.

그러므로 이 시의 화자에 있어서는 "큰 눈물 자죽", "작은 웃음 흔적" 이러한 것들은 모두다 인간의 조건 속에 업고業苦속에 있을 수 있고 치를 수밖에 없는 당연한 것으로 파악될 뿐이며, 그리고 바로 그렇기 때문에 '괜찮타, ······ 괜찮타, ······괜찮타, ······' 가 되는 것이다.

아니 오히려 '괜찮'을 뿐만이 아니라, 그러한 '눈발 속'에 존재하는 "까투리 매추래기 새끼들"이나 "낯이 붉은 처녀아이들", 그리고 특히 산 가운데에서도 '청산' 들과 같은 나이 어린 우주내적宇宙內的 존재들이 "새파라니 얼어서"일망정 그 운명적 현실을 거역할 수는 없으며, '오보록히 도란거리며' 생의 환희 속에 존재할 수밖에 없다. 그리고 그것이 바로 우리들 인간의 참다운 삶의 모습이란 것을 이 작품은 시사해주고 있다.

　한편, 조금 다른 측면에서 생각해보면 이 작품의 화자는 이제 그 비극의 주인공으로서가 아니라, 그것을 관찰하며 해설하는 나레이터의 입장에 서 있다는 사실이다. 다시 말하면, 인생살이 그것에 대한 달관자達觀者의 눈으로 '인생 살이란 바로 그런 것이니라' 라는, 그 나름의 통찰력과 교시성이 발휘되고 있음을 보게 되는 것이다. 그리고 바로 그렇기 때문에 이 작품은, 작품 그 자체의 성패의 면에서보다는 이 무렵 시인의 정신 기반을 보여주는 작품으로서의 가치를 지니고 있다고 볼 수 있다.

無題

오늘 제일 기쁜 것은 고목나무에 푸르므레 봄빛이 드는거와, 걸어가는 발부리에 풀잎 사귀들이 희한하게도 돋아나오는 일이다. 또 두어 살쯤 되는 어린것들이 서투른 말을 배우고 익히는 것과, 聖畵의 애기들과 같은 그런 눈으로 우리들을 빤히 쳐다보는 일이다. 무심코 우리들을 쳐다보는 일이다.

◯ 작품해설

이 시는 우선 건강하고 밝고 그리고 무엇보다 삶에 대한 긍정적인 자세가 두드러지게 나타나는 작품이다. 6·25 전쟁이라는 뼈져린 비극을 겪고 난 뒤의 작품임에도 불구하고 그런 비극성을 전혀 찾을 수 없다는 점에 우리는 주목해야 한다. 아니 오히려 비극성은 고사하고 평화롭기만 한 한 폭의 회화를 보는 것 같은 분위기를 연출해주고 있다.

이렇듯 밝고 긍정적인 세계를 그려낼 수 있었던 것은, 그가 이미 만고 풍상을 짭짤하게 겪었기 때문에, 이제는 자연과 사물을 담담히 관조의 눈으로 바라볼 수 있게도 되었고, 생에 대한 긍정적인 자세를 갖게도 된 것이다.

죽음 직전에 임박한 자가 생에 대한 애착과 갈구가 더욱 간절할 수 있듯이, 6·25 전쟁이라는 수난의 세월과 그 세월 속에서 겪은 삶과 죽음의 고빗길을 더듬어 온 시인에게 있어서, "고목나무에 푸르므레 봄빛이 드는" 것은 살아있음을 확인하는 순간이 되고 그 기쁨을 맛보는 순간이 되었을 것이다. 다시 말하면, 살아 움직이는 생명들을 바라볼 수 있는 그 자체만으로도, 그 자신이 아직 용케도 잘 견디며 살아 있다는 기쁨을 만끽할 수 있었던 것이며, 그 때 거기 눈에 띄는 살아있는 조재의 그 무엇이든 살아있다는 그 점이 바로 아름다움이며 더없는 축복으로 생각되었을 것이라는 말이다.

그러므로 "걸어가는 발부리에 풀잎 사귀들이 희한하게도 돋아나오는" 일이나 "두어 살쯤 되는 어린것들이 서투른 말을 배우고 익히는" 모습들은, 그가 아직 살아 있고, 또 살아있는 생명들을 확인하는 순간이며 열락의 순간일 수 있는 것이다.

나의 詩

어느 해 봄이던가, 머언 옛날입니다.

나는 어느 친척의 부인을 모시고 성안 동백꽃나무 그늘에 와 있었습니다.

부인은 그 호화로운 꽃들을 피운 하늘의 부분이 어딘가를 아시기나 하는 듯이 앉아 계시고, 나는 풀밭 위에 흥건한 낙화가 안쓰러워 줏어모아서는 부인의 펼쳐든 치마폭에 갖다놓았습니다.

쉬임 없이 그 짓을 되풀이 하였습니다.

그 뒤 나는 年年히 서정시를 썼습니다만 그것은 모두가 그때 그 꽃들을 주어다가 드리던 - 그 마음과 별로 다름이 없었습니다.

그러나 인제 웬일인지 나는 이것을 받어줄 이가 땅위엔 아무도 없음을 봅니다.

내가 주어모은 꽃들은 제절로 내 손에서 땅우에 떨어져 구을르고 또 그런 마음으로 밖에는 나는 내 시를 쓸 수가 없습니다.

◯ 작품해설

이 무렵까지의 미당시 가운데서 이 시는 두 가지 면에서 특이성을 지적할 수 있다.

그 하나는 산문적 시행에 경어체로 서술되고 있는 점이요, 둘째로는 이제까지와의 시와는 달리 전기적 사실과 전혀 관련을 맺고 있지 않다는 점이다.

『화사집』무렵으로부터『귀촉도』무렵을 지나오는 동안에 그의 시들은 대개 전기적 사실이나 혹은 그 연치年齒와 관련을 맺고 있었고, 경어체로 서술된 시는 없었던 것이다.

이 시는 화자 자신의 서정시를 헌납할 대상, 즉 서정시를 '받아줄 이'가 없음을 허전해하는 시라고 할 수 있다. "부인의 펼쳐든 치마폭"에 "그 호화로운 꽃들을" 헌납하던 그 마음 그 정성을 쏟을 대상이 없음을 허전해하는 것이다.

사실 이 작품은 어찌 보면 인간주의가 소멸되어 가고 있는 현실을 아쉬워하고 있는 시라고 볼 수 있다. 말하자면 그것은 '사람, 그것 속에 직直逼하고자'(《詩人部落》발간사)했던 그의 시세계가 제대로 수용되고 있지 않은 현실에 대한 아쉬움일지도 모른다.

아무튼 이 시의 화자는 그 자신의 시 작업에 대한 회한과 반성의 시간을 갖고 있는 게 사실이다. 그리고 그러한 회한과 반성은 그가 대가 시인으로 발돋움하게 되는 원동력이었다고 말할 수도 있다.

光化門

북악과 삼각이 형과 그 누이처럼 서 있는 것을 보고 가다가
형의 어깨 뒤에 얼굴을 들고 있는 누이처럼 서 있는 것을 보고 가다가
어느새인지 광화문 앞에 다다랐다.

광화문은
차라리 한 채의 소슬한 종교.
조선 사람은 흔히 그 머리로부터 왼 몸에 사무쳐 오는 빛을 마침내 버선코에서까지도 떠받들어야할 마련이지만,
왼 하늘에 넘쳐흐르는 푸른 광명을
광화문— 저같이 으젓이 그 날개쭉지 위에 싣고 있는 자도 드물라.

상하양층의 지붕 위에
그득히 그득히 고이는 하늘.
윗층엣 것은 드디어 치—ㄹ 치—ㄹ 넘쳐라도 흐르지만,
지붕과 지붕 사이에는 신방같은 다락이 있어
아래층에 것은 그리로 왼통 넘나들 마련이다.

옥같이 고으신 이
그 다락에 하늘 모아
사시라 함이렸다.

고개 숙여 성 옆을 더듬어가면
시정의 노랫소리도 오히려 태고 같고
문득 치켜든 머리위에선
파르르 쭉지 치는 내 마음의 메아리. ……

◯ 작품해설

　이 시의 표현에 두드러지는 것은 우선 '광화문'이나 혹은 '북악산', '삼각산' 등에 인격을 부여하고 있다는 점이다. 그것은 가령 같은 무렵 (1954~1955년 무렵)에 쓰인 「무등을 보며」 같은 작품에 보이는 인격의 부여와 비슷한 일면이라 할 수 있다. 그리고 이러한 표현의 묘妙를 얻고 있는 것도 또한 그 삶의 연조와 관련이 있다고 할 수 있다.
　그동안 만고풍상을 겪어온 시인에게 있어서는 이제 살아 있는 자연이나, 혹은 "소슬한 종교"처럼 "왼 하늘에 넘쳐흐르는" 푸른 빛들은 새로운 미감美感으로 다가오는 것이며, 오누이처럼 친화력으로 사무쳐 오기도 하는 것이다. 말하자면 우주자연이나 삼라만상이 모두다 단란을 이루는 가족처럼 화자에게는 비쳐지는 것이며, 특히 우리의 선인들이 만들어 놓은 '광화문'의 기와지붕, 그 '버선코'의 선線의 아름다움까지도 친화력으로 발견할 줄 아는 정신의 경지에 이른 것이라고 할 수 있다.
　"상하양층의 지붕 위에 / 그득히 그득히 고이는 하늘". ─이와 같은 아름다움의 발견은 그가 바로 조선 사람이며, 한국인이기 때문에 발견할 수 있는 아름다움이며, 특히 '한국의 하늘'을 그 '버선코'와도 같은 기와 지붕의 선의 아름다움과 함께 배치시켜 놓고 있다는 점에 그의 심미안審美眼을 또한 느끼게 된다고 하겠다. 그리고 '광화문'이라는 이름이 말해주듯, '광명의 빛'을 지향하던 우리 조상들의 슬기를 발견하고 있다는 점과 평화를 사랑하는 민족으로서의 그 푸른 빛과 지붕의 곡선미를 아울러 발견하고 있다는 점이 두드러진다고 할 수 있다.

冬天

내 마음 속 우리님의 고은 눈썹을
즈믄 밤의 꿈으로 맑게 씻어서
하늘에게 옮기어 심어 놨더니,
동지 섣달 날으는 매서운 새가
그걸 알고 시늉하며 비끼어 가네.

작품해설

이 시는 미당의 제5시집 『冬天』의 표제가 된 작품이다. 전연全聯으로 된 5행 26어절의 단시短詩이지만, 이 시가 보여주는 상상의 공간은 독자들에게 아름다운 유영遊泳의 시간을 제공해준다.

얼핏 보기에 이 작품은 동요 같기도 하고 연가풍戀歌風의 노랫말 같기도 하지만, 미당시가 이룰 수 있는 완성된 형태의 최상의 언어미학을 창출해내고 있는 작품이라고 할 수 있다.

이 시의 개요를 굳이 말해본다면 시의 화자는 님의 '눈썹'을 하늘에 심어 놓는다. 그 눈썹을 '매서운 새'가 알기라도 한다는 듯이 비껴 날아간다는 것이 이 시의 개요라고 할 수 있다. 말하자면 이 시에서의 눈썹은 하나의 상징물이다. 미당의 초기시에서부터 후기시까지 등장하는 이 '눈썹'은 영원히 다가서지 못하는 그리하여 동경의 대상으로만 있는 이상적인 어떤 대상을 상징한다. 그러므로 '매서운 새' 마저도 '그걸 알고'(화자의 그런 마음을 알기라도 한다는 듯이) '비끼어' 간다는 것이다.

　인간의 숙명적 한계상황을 얘기해 준다고나 할까. 미당 자신의 '비끼어' 사는 삶을 말해 준다고나 할까. 아무튼 영원의 미소로 거기(하늘) 존재하고 있는 연모戀慕의 대상을 한 평생 동안 그리워하고는 있으나, 영영 다가서지 못하는 자리에 시의 화자는 서 있다. 따라서 '매서운 새'는 화자의 그런 마음을 대신(시늉)해주는 지상적地上的 존재로서 분신分身에 불과하다.

　이 시의 '눈썹'은 시인의 젊은 어느 날 만난 신비의 대상인 여성에 그 근원을 두고 있기는 하지만, 화자가 보여주고 있는 그 덧없는 동경과 구도求道는 우리들 인간의 숙명적 한계상황을 회화화繪畫化해주고 있는 것 같기만 하다. 근본적으로 이 작품은 서정시이지만, 다른 일면으로는 서경시로서 한 폭의 동양화를 연상시켜 주기도 한다. 그 동양화는 고도의 상징적 언어비술에 의하여 이룩된 동양화이다. 그리고 궁극적으로는 이 시가 불교의 인연사상에 그 기반을 두고 있다는 점도 잊지 말아야 한다.

　한편, 시의 화자가 "하늘에다 옮기어" 놓은 '님'은 실제로 존재하는 님이 아니다. 화자의 영혼 속에서 갈구(渴求 = 求道)하는 그 극한점에 자리잡은 님이며, "즈믄 밤의 꿈"속에서 동경하여 마지않는 '님'인 것이다. 그 '님'은 이보다 앞서 『鞦韆詞』(『徐廷柱 詩選』)라는 작품에서 보인 "西으로 가는 달같이는 / 나는 아무래도 갈 수가 없다"에서의 그 "西으로 가는 달"과 궤를 같이하는 '님'이다. 왜냐하면 동경하여 마지않는 꿈(이상)의 세계로 날아오르고 싶은 의지를 펼쳐보이지만, 곧 바로 '아무래도' 갈 수 없는 숙명적 한계상황을 자각하고 있다는 점에서 그러하다. 말하자면, 여기서도 "西으로 가는 달"이라는 말이 암시해주는 것과 같이, 그 '님'은 어쩌면 서방정토西方淨土의 세계에나 존재하는 님일 수도 있으며,

바로 그렇기 때문에 "즈믄 밤의 꿈으로 맑게" 도道를 닦아도 그 '님'의 세계에 도달할 수는 없는 것이다. 그리고 바로 그 점이 화자로서는 구도求道의 한계상황인 것이다.

그런데 문제는 이제 '매서운 새'의 존재이다. 이 '매서운 새' 야말로 화자의 그런 숙명적 구도求道의 한계 상황을 알기라도 한다는 듯이 "그걸 알고 시늉하며" 비끼어 간다고 노래하고 있다. 이 '매서운 새'가 '그걸' 알까? 알 턱이 없으려니와 또한 알 필요도 그에게는 없다. 다만, 하늘로 하늘로 치솟아 오르는 '새' 한 마리가 정말 우연의 기회에 시인의 영혼의 렌즈에 찍혔을 뿐이다. 미당의 표현처럼 '새 그것과의 사실의 상봉'을 했을 뿐인 것이다. 그때 거기에는 만월滿月이 뚜렷이 걸리어 있었고, 치솟아 오르던 한 마리 '새'의 그림자는 거기 오버랩 됐으며, 한 폭의 동양화가 이루어진 것이다.

그러면 이제 '매서운 새'의 존재를 얘기할 차례다. 이 '매서운 새' 야말로 이 시의 화자와는 무관한 존재이며, 실로 우연히 얻은 상징물에 불과하다.

마치 『추천사鞦韆詞』에서의 '그네'가 상징물로서의 '그네'일 뿐이며, 시인의 영혼속에서 그리고자 하는 그림(회화)속의 소도구小道具에 불과한 것처럼, 이 '매서운 새'도 또한 '冬天'이라는 그림 속의 한 장치물에 불과한 것이다. 다만, 굳이 의미를 찾는다면 그 '매서운 새'도 또한 하늘로 하늘로 치솟아 오르려다가 숙명적 한계상황에 따라 되돌아오고 마는 존재, 다름 아닌 지상적地上的 존재라는 사실이 무엇보다 중요한 것이다. 바꾸어 말하면, 그 '매서운 새'야 말로 시의 화자와 함께 지상적 그리움과 동경, 그리고 숙명적 한계상황을 공유公有하고 있는 존재라는 말이다.

그러므로 하늘로 하늘로 날아오르던 '새' 한 마리가 '만월滿月'과 함께 시인의 렌즈에 오버랩되는 순간, 실로 '매서운' 시인의 눈에는 시인 자신의 숙명적 한계상황과의 유사성을 발견하게 됐을 것이며, 바로 그렇기 때문에 그 '새'는 다름 아닌 시인 자신의 자화상自畵像으로 인식되었던 것이다.

따라서 그 '새'야말로 숙명적 한계상황을 극복하며 날아오르려는 실로 '매서운 새'일 수 있으며, 시인 자신의 분신分身과도 같이 '시늉하며' 비끼어 갈 수도 있는 것이다.

그러나 한편으로 다시 생각해 보면, 그 '매서운 새'의 현실이야말로 이 시인의 자화상적 현실일 뿐만이 아니라, 우리들 모든 인간의 현실일 수 있다는 점을 생각하게 되며, 또 한편으로는 시인의 영혼의 렌즈에 오버랩된 그 회화를 통하여 숙명적 한계상황을 도출해 낸 이 시인의 상상력이야말로, 정말 "破天荒의 想像들"이라고 표현될 수 있을 것 같다.

연꽃 만나고 가는 바람같이

섭섭하게,
그러나
아조 섭섭치는 말고
좀 섭섭한 듯만 하게,

이별이게,
그러나
아주 영 이별은 말고
어디 내생에서라도
다시 만나기로 하는 이별이게,

연꽃
만나러 가는
바람 아니라
만나고 가는 바람 같이……

엊그제
만나고 가는 바람 아니라
한 두 철 전
만나고 가는 바람 같이……

◐ 작품해설

이 시는 시인의 언어예술이 이룰 수 있는 대표작으로 볼 수 있는 시이다.

그 이유를 두 가지 면에서 찾아보면, 먼저 이 시는 사상면으로 불교의 윤회사상에 그 기반을 두고 있는 작품이다. 이 시인의 첫 번째 시집 『花蛇集』 무렵의 「復活」이란 작품의 고찰에서 '輪廻의 前兆'를 보이고 있다고 한 바 있거니와, 이 시에서 보면 그러한 윤회사상을 더욱 확연하게 나타내 보이고 있다. 즉 현세(이승)에서 내세(저승)까지의 거리를 동질의 관념으로 표현하여 다만 "좀 섭섭한 듯만 하게"나 "다시 만나기로 하는 이별이게" 정도로 처리되고 있다. 그것은 세속적 관념으로는 도저히 상상할 수 없는 관념이다. 십여 년 전 월남의 티치 쾅 둑이라는 중(禪僧)의 분신하는 모습에서 보았듯이, 현세에서 내세로 건너가는 일을 마치 이웃집을 가듯 하던 모습을 이 시에서는 상기시켜 준다. 그것은 부처의 경지에 이르는 지혜를 말해 준 반야바라밀다심경般若波羅蜜多心經의 '色卽是空, 空卽是色, 色不異空, 空不異色'의 진리에 바탕을 두고 있는 관념으로 보인다. 이 시는 그런 관념을 통하여, 죽음의 공포로부터 초극할 수 있는 마음공부를 시키려는 데에 그 기초를 두고 있다. 그런 사상면에서 첫 번째 의의를 둔다.

두 번째 의의는, 이 시의 시적 정서와 언어미학의 면에서 찾을 수 있다.

박재삼朴在森이 미당未堂의 시 「無題」를 논구論究한 글에서 '허두의 典範'을 말한 일이 있는데, 그보다는 이 시의 허두 '섭섭하게'가 보여주는 정서나 언어감각의 시원한 맛을 필자는 일찍이 본 일이 없다. 그리고 그 다음 행과 둘째 연에 쓰인 '그러나'라는 접속어도 앞뒤 관계를 잇는 조사_{措辭}의 묘를 얻고 있어서, 적재적소에 매우 알맞게 쓰이고 있는 것으로 보이며, "연꽃 만나고 가는 바람"의 "만나고 가는"이란 말이 주는 정서나 언어감각도 이 시인만의 언어비술_{秘術}에 의하여 표현될 수 있는 매우 참신한 맛을 주고 있다고 생각된다. 그것은 시상_{詩想}의 전개를 위한 조사_{措辭}를 시인의 독특한 언어 감각으로 잘 처리했고, 구성의 묘를 터득한 데서 온 것이라고 볼 수 있다.

그러나 이 시가 더욱 언어 감각을 새롭게 해주는 것은 각운의 처리이다. 첫째 연(起)과 둘째 연(承)에서는 '하게' '하게' '이게'로, 셋째 연(轉)과 넷째 연(結)에서는 '같이' '같이'로 각각 처리되고 있으며, 그것들은 각각 한정어의 구실을 한결같이 하는데 또 한결같이 서술어가 생략되고 있다. 바로 이 점이다. 서술어가 생략되고는 있지만, 시의 의미차원에서는 어느 하나도 결_缺하고 있지 않은 점에 이 시인만의 언어비술을 재삼 맛보게 되는 것이다.

그리고 이 시에서 하나 더 지적할 수 있는 요소는 매우 잘 짜여졌다고 볼 수 있는 구성을 들 수 있다. 사분법(起, 承, 轉, 結) 구성의 한 전범_{典範}으로 보이는 고려속요 「가시리」에 버금갈 만한 구성으로 필자에겐 보인다. 즉, 첫째 연의 한 마디의 군더더기 수식이 없이 '섭섭하게'라는 한정어로 허두를 이루어 선뜻 들어선 기구_{起句}에서 출발하여, 둘째 연에서 다시 '이별에게'라는 한정어로 시작하여 '이별에게'라는 한정어로 끝난 점층적인 부연(承), 그리고 다음은, 불가의 상징적인 꽃(연꽃)을 '만나러 가는' 바람(자신)을 둘째 연과는 전혀 상상을 바꾸어 표현하고 있고(轉), 끝으로 셋째 연의 정서를 이어받아 여유롭게 이승을 떠나는 모습을 상기시켜 주고 있는 전연_{全聯}의 마무리(結句)에 이르기까지, 매우 간결하면서도 흠잡을 데 없는 구성을 하고 있는 것을 볼 수 있다.

이러한 구성과 언어 미학은 이 시의 주제인 '죽음의 공포로부터의 초극'을 표현하는 데 매우 알맞은 도움을 주고 있는 것 같다.

그리하여 이 작품은 그의 많은 수작들 중에서도 한 압권으로 필자에겐 보인다. "시는 언어의 등가물"이라는 T.S. 엘리어트의 말을 상기할 때, 이 작품의 정서와 언어감각이 그러한 생각을 더욱 뚜렷이 해주고 있다.

추석

대추 물 드리는 햇볕에
눈 맞추어
두었던 눈썹.

고향 떠나올 때
가슴에 끄리고 왔던 눈썹.

열두 자루 비수 밑에
숨기어져
살던 눈썹.

비수들 다 녹 슬어
시궁창에
버리던 날,

삼시 세끼 굶는 날에
역력하던
너의 눈썹.

안심찮아

미당평전

먼 산 바위
박아 넣어 두었더니,

달아 달아 밝은 달아
추석이라
밝은 달아

너 어느 골방에서
한잠도 안자고 앉았다가
그 눈썹 꺼내들고
기왓장 넘어 오는고.

◯ 작품해설

    시인은 그의 자서전 『天地有情』에서, 상밥집의 딸 "하얗게 소복한 계집애"나 혹은 고향 마을 "모시밭 사잇길로 물동이를 이고" 지나가던 계집애의 "그 길던 눈썹"을 못 잊어 회고하고 있다. "평생을 살아오면서 아직도 달관하지 못한 것은 남녀의 연정"이라며 "지금도 설레기 일쑤이고 아흔이 넘어도 아마 그럴 것"이라는 노년老年의 수줍은 고백처럼, 시인의 가슴속에 '아직도 신비한 것'으로 남아있는 "그 계집애의 영상"이 「추석」이라는 작품의 모티브가 되고 있는 듯하다.
    한편, 이 「추석」의 발표 당시(《현대문학》, 제148호) 제목은 '달밤' 이었다. 발표 당시에는 '달밤' 의 7연이 "달아 달아 밝은 달아 / 추석이라 / 밝은 달아"가 아닌, "달아 달아 밝은 달아 / 30년만에 / 밝은 달아"였다. 미당의 『서정주문학전집』에는 발표 당시의 것이 개작改作 개제改題되어 나온 것이다. 분명히 말하자면 필자는 개작 이전의 것을 선호한다. 이 작품이 시인의 젊은 어느 날의 "그 계집애의 영상"과 무관하지 않은 작품이라고 볼 때, 그것은 유독 "30년 만에 / 밝은 달"일 수 있기 때문이다. 달은 날마다 뜨고 또 지는 것이긴 하지만, 그리고 평소에는 그저 그렇게 무관심하게 지나쳤던 달이지만, 특히 어느 날 우연의 시간에 앞집 "기왓장 넘어" 오는 달과의 결정적인 해후를 하는 순간, 바로 거기에는 "그 계집애의 영상"이 클로즈업될 수도 있는 것이며, 뿐만 아니라 윤희로서의 만남, 형이상적 승화의 황홀한 재회再會를 실현하는 순간이 될 수도 있는 것이다. 그리고 그 "30년만에"의 '30년' 이라는 개념도 그것이 꼭 '30' 이라는 숫자대로의 개념이 아니라, 시인 자신의 생애에 있어서의 '반평생' 의 개념이며, 그만큼 독자성을 지닌 개념이기도 한 것이다. 말하자면, 시인의 젊은 어느 날 "멀찍이 지나쳤을 뿐인", "그 계집애의 영상"이 '반평생' 이 지나간 어느 추억의 순간에 되살아났다고 볼 수 있는 것이며, 그것도 "기왓장 넘어"오는 달을 통하여 재현된 것이다. 그러므로 그 '해후' 의 순간이 하필이면 '추석' 이라는 인위적인 명절날의 시간이어서는 부족하며, 진실로 이 시의 화자에 있어서는 어느 날의 우연의 시간, 바로 그 '달밤' 이야말로 반평생동안 "가슴에 끄리고" 온 '눈썹' 과의 황홀한 재회가 가능했던 시간인 것이다.

내가 돌이 되면

내가
돌이 되면

돌은
연꽃이 되고

연꽃은
호수가 되고

내가
호수가 되면

호수는
연꽃이 되고

연꽃은
돌이 되고

◯ 작품해설

이 작품과 같은 기상천외奇想天外의 언어의 유희(?)를 대하게 되면, 우선 독자들은 어리둥절하기도 하거니와 이 시인에게 아예 배반당해버린 것 같은 실소失笑를 머금게 한다. 그러나 잠시 어리둥절했던 마음을 추스르고 이 시인이 받은 인스피레이션을 따라가보면, 실로 거기에는 엄청난 '마법적魔法的' 이미지가 안개처럼 자욱히 흐르고 있음을 느끼게 된다.

그것은 무엇인가? 구두점 하나 쉼표 하나 없이 이루어 놓은 언어의 유희(?) 속에 안개처럼 자욱이 흐르는 '魔法的' 시의 세계는 과연 무엇인가? 그것은 다름 아닌 윤회로서의 영원의 시간의 흐름이다.

일찍이 공초空超 오상순吳相淳은 "흐름 위에 / 보금자리 친 / 오―흐름 위에 / 보금자리 친 / 나의 魂……"(시 「放浪의 마음」)이라고 노래함으로써, 영원의 시간 속에서의 자신의 존재를 바라본 바 있었는데, 여기 이 작품에서는 그와 반대로 시인의 '마법적' 시선이 영원의 시간을 꿰뚫어 보고 있었던 것이다.

시인 자신의 말을 빌리면, 이 작품은 경주慶州 보문 관광단지의 어떤 연꽃 좌대座臺가 있는 석등石燈을 바라보고 있다가 착상된 작품이라고 한다. 말하자면 시인은 아름답게 석조된 하나의 '연꽃'을 바라보면서, '내'가 죽어서 흙이 되고, 그 흙이 굳고 굳어서 '돌'이 될 때까지의 영원의 시간의 흐름, 그리고 또 그 시간은 흐르고 흘러 어느 뛰어난 석공石工의 솜씨를 만나게 되고 그 솜씨에 의하여 드디어 '연꽃'으로 피어나게 되고, 또 그 시간은 흐르고 흘러서 '연꽃'은 다시 '호수'가 되고 그리고는 '호수'에 의하여 생성된 '내'가 다시 '호수'가 되는 시간의 흐름, 그리하여 그 '호수'는 다시 '연꽃'을 피워내는 시간의 흐름, 그리고 '연꽃'은 다시 '돌'이 되는 시간의 흐름과 그 반복 되풀이의 순환원리, 그리고 그 '永遠'을 그는 바라보고 있었던 것이다.

사실, 시詩라고 하는 것이 이쯤 되면 이미 그것은 언어의 '마법'이거나 아니면 '呪文', 혹은 그것도 아니라면 "푸른 하늘 은하수 / 하얀 쪽배엔 / 계수나무 한 나무 / 토끼 한 마리" 와도 같은, 어쩌면 무모하기 짝이 없는 동요童謠가 되어 버린다고나 할까?

 그러나 그 동요는 어린이를 위한 동요가 아니라 어른을 위한 동요, '영원'을 꿰뚫어 보는 오달悟達한 자의 동요요, '破天荒의 想像들'에서만이 빚어질 수 있는 그러한 동요인 것이다.

無의 意味

이것은 꽃나무를 잊어버린 일이다.

그 제각앞의 꽃나무는 꽃이 진 뒤에도 둥치만은 남어
그 우에 꽃이 있던 터전을 가지고 있더니
인제는 아조 고갈해 문드러져 버렸는지
혹은 누가 가져갔는지,
아조 뿌리채 잊어버린 일이다.

어떻게 헐가.
이 꽃나무는 시방 어데 가서 있는가
그리고 그 씨들은 또 누구 누구가 받어다가 심었는가.
그래 어디 어디 몇집에서 피어 있는가?

지난번 비오는 날에도
나는 그 씨들 간 데를 물어 떠나려 했으나 뒤로 미루고 말았다.
낱낱이 그 씨들 간 데를 하나도 빼지 않고 물어 가려던 것을 미루고 말았다.

그러기에 이것은 또 미루는 일이다.

그 꽃씨들이 간 곳을 사람들은 또 낱낱이 다 외고나 있을까?
아마 다 잊어버렸을는지도 모른다.

그렇다면 이것은 외고 있지도 못하는 일.

이것은 이렇게 꽃나무를 잊어버린 일이다.

작품해설

다음과 같은 김구용의 지적은 이 작품 이해에 도움이 될 것 같다.
"서양의 무無는 유有에 대한 무이다. 그것은 생生과 사死와 같다. 그러나 동양의 무無는 존재이전에서 시작되어 존재이후에도 멸滅하지 않는 (先天地卽無期始, 後天地卽無期終) 영원성의 현실이며 미지未知의 존재인 것이다. 그러기에 동양의 무를 절대무絶對無라고도 한다. 서선생徐先生은 이러한 진리를 생명을, 구극究極을 「無의 意味」란 제목으로 작품화하여 우리에게 계시하고 있다. 이러한 중묘衆妙한 오리奧理를 가장 평범한 말로 이루어 놓은 그 오달悟達과 천재를 존경한다. 이 작품은 암만 읽어도 싫증나지 않으며 읽으면 읽을수록 많은 계시를 받을 수 있는 까닭에 애송하는 바이다."

그러나 필자는, 이 작품을 다른 작품들과 동렬同列에 넣어 얘기하고 싶지는 않다. 왜냐하면 다소 진부하다고 할 수 있는 관념적 표현이나, 혹은 「無의 意味」 그것을 해명하는 일에 너무 집착한 나머지 다소 지나치게 서술형으로 처리된 그 문체들이 여타의 작품들보다는 그 질이 떨어진다는 생각을 금할 길이 없기 때문이다.

 그러나 김구용金丘庸의 지적처럼, 「東洋의 無」에 대한 오리奧理를 시적으로 해명해 보려는 그 노력만은 긍정적 측면에서 받아들이지 않을 수 없다.

 이보다 앞서 『新羅抄』에서도 그는, 신라인들의 정신세계를 시적으로 해명해 보려는 노력을 누구보다도 치열하게 전개한 바 있거니와, 뒤에 해설하게 될 『질마재 神話』, 『떠돌이의 詩』, 『鶴이 울고 간 날들의 詩』 등에서도 우리 한국인의 정신세계를 해명해 보려는 노력이 줄기차게 계속되고 있음을 보게 된다.

 그러므로 이 작품은 그 형식적 차원의 문제로서보다는 그 내용(思想)적 차원의 문제로서 살펴야 되리라고 믿으며, 또 그런 의미에서 이 작품의 의의를 찾아야 되리라고 믿는다.

禪雲寺 洞口

선운사 고랑으로
선운사 동백꽃을 보러 갔더니
동백꽃은 아직 일러 피지 않았고
막걸릿집 여자의 육자백이 가락에
작년 것만 오히려 남았읍니다.
그것도 목이 쉬어 남았읍니다.

🔵 작품해설

　이 시는 '禪雲寺 洞口'에 있는 시비詩碑에 새겨진 작품이다. 6행으로 된 소품小品이지만, 시적 재간이나 천부성天賦性의 면에선 오히려 무릎을 치게 하는 작품이라 할 수 있다.
　이 시의 모티브가 된 일화逸話가 있는데 그걸 간략히 소개해보기로 한다. 미당의 자술自述에 의하면, 자신이 어느 해 '禪雲寺'에 갔을 때, 어떤 주막에서 주광酒狂이 난 상태에서 발견한 '이쁜' 주모酒母가 한 사람 있었다 한다. 그런데 해가 바뀌고 6·25 전쟁의 참화가 휩쓸고 간 뒤에 그 주막에 가보니, 그 주막酒幕은 불에 타서 잿더미만 남아 있고, 주모酒母도 간 곳 없고, 마침 그 잿더미 위에 나비 한 마리만 날아다니며 반기더라는 것이다.
　시인은 바로 그 나비 한 마리에 눈의 초점을 박은 것이다.

평소 불교의 인연설因緣說에 익숙해 온 시인에게는 그 '나비'의 반김을 예사롭게 보아 넘기지 않았던 것이다. 그리하여 이 시는 제작된 것으로 보인다.

 사실, 선운사禪雲寺의 동백꽃은 너무 유명하게 알려져 있다. 그러나 이 시에서의 '동백꽃'은 또 다른 꽃의 이름으로 다가온다. 그 '꽃'은 "목이 쉬어" 아직도 한恨어린 모습으로 남아있다. "작년 것만", "육자백이 가락"속에 남아서 아직도 시인의 마음을 흔드는 것이다.

 그러므로 그 '꽃'과의 만남은, 실제의 만남이 아니라 영적靈的 만남이며, 상상의 공간에 환영幻影으로 피어오른 '꽃'과의 극적 해후邂逅인 것이다.

내 영원은

내 영원은
물 빛
라일락의
빛과 향의 길이로라.

가다 가단
후미진 굴헝이 있어
소학교 때 내 여선생님의
키만큼한 굴헝이 있어,
이쁜 여선생님의 키만큼한 굴헝이 있어,

내려가선 혼자 호젓이 앉아
이마에 솟은 땀도 들이는
물 빛
라일락의
빛과 좁의 길이로라
내 영원은.

◯ 작품해설

이 시인에게 있어 소학교 때(당시 13세, 소학교 3학년 때)의 일본인 여선생('요시노')은, 어찌 보면 '永遠'한 그리움의 대상인 듯하다. 시인의 자서전 『天地有情』에도 기술되어 있을 뿐만 아니라, 기회 있을 때마다 그 여선생은 간절한 그리움의 대상으로 등장한다. 특히 최근에 낸 미당의 시집 『80소년 떠돌이의 시』(제15시집)에는 「첫사랑의 시」라는 제목으로 그 '이쁜 여선생님'이 등장하고 있다. 말하자면 그 '이쁜 여선생님'이야말로 '永遠'한 그리움의 이름이다.

이 시에서도 역시 그 '여선생님'은 추억의 공간에 나타나게 된다. 추억의 공간은 "후미진 굴형"과 함께 나타나지만, 그 "후미진 굴형"이 너무 개인사적個人史的인 것이라서, 무엇을 상징하는 것인지, 혹은 실제에 근거하고 있는 장소(굴형 = 골)를 말함인지 알 길이 없다. 알 길이 없을 뿐만 아니고 알려고 할 필요조차도 없다. 왜냐하면 시가 일단 발표되면 이미 그것은 독자의 것이기 때문에 '느낌'을 따라가면 그만이다.

다만, 그 "후미진 굴형"이야말로 '永遠'한 기억의 공간이라는 것만은 확실하다. 바로 그 곳이야말로 "물빛 / 라일락의 / 빛과 香의 길"로 통하는 곳이며, 시인의 의식 속에서 '永遠'히 지워지지 않는 공간이기 때문이다.

바꾸어 말하면, 그 "후미진 굴형"은 "내려가선 혼자 호젓이 앉아 / 이마에 솟은 땀도 들이는" 장소이다. 그만큼 그 곳은 기억의 가장 서늘한 부분을 차지하고 있는 장소이며, 화자에게 있어 '永遠'히 기억하고 싶은 장소인 것이다.

마흔 다섯

마흔 다섯은
귀신이 와 서는 것이
보이는 나이.

참 대 밭 같이
참 대 밭 같이

겨울 마늘 낼
풍기며,
처녀 귀신들이
돌아 와 서는 것이
보이는 나이.

귀신을 기를 만큼 지긋치는 못해도
처녀 귀신 허고
相面은 되는 나이.

◯ 작품해설

 미당시의 많은 작품이 그러하듯, 이 시도 시인의 연치年齒와 관련을 맺고 있다. 40의 나이를 공자孔子는 '불혹不惑'이라 했다. '불혹'이라는 말은 유혹받지(동요되지) 않는다는 뜻이다. 유혹받지 않는다는 것은, 이미 달관達觀의 경지에 이르러서 인생살이에 대한 견해가 확고하다는 뜻도 된다. 말하자면 40이라는 나이에 이르면 '自然'이 가르쳐 준 마음공부가 잘 되어서, 이미 오달悟達한 한 경지에 도달한다는 것이다.

이 시도 그러한 연치年齒의 과정을 참고로 할 때 재미있는 시사를 받을 수 있는 작품이라 할 수 있다. 미당이 이제 드디어 "처녀 귀신 허고 / 相面은 되는 나이"에 도달한 것이다. 오달悟達한 자의 눈이기 때문에 '相面'을 할 수 있었다고나 할까?

이것은 미당에게 있어 굉장한 변화라 할 수 있다.

미당 20대의 이른바 그 보들레르적 방황, 그리고 그 "그리스的 육체성의 重視", "아편 먹은 듯", "배암같은 계집"을 따라 '왼 몸'이 닳아 오르던 그 시절, "짐승스런 웃음"을 따라가서 "피묻은 입맞춤"을 하던 육정적 방황의 20대에 비하면 실로 엄청난 변화라 아니할 수 없다.

이제 그는 『花蛇集』 무렵(20대), 『歸蜀途』 무렵(30대), 『徐廷柱 詩選』 무렵(40대)을 지나서, 50(知天命)의 나이를 바라보는 건널목 '마흔 다섯'에 이른 것이다. 그리고 '마흔 다섯'은 이제 "귀신이 와 서는 것이 / 보이는 나이"인 것이다.

원래 '귀신'은, 한恨 어린 귀신만 나타나는 법이다. 상대적으로 한恨이 맺히지 않는 귀신은 다 하늘나라로 가고, 살(육체)의 일이건 사랑의 일이건 한恨이 맺힌 귀신만 '欲界 第二天' 쯤에 살아남아서 문득문득 나타나는 법이다.

아마 이 시의 화자가 '相面' 하는 그 '처녀 귀신'도 무슨 한恨인지는 모르지만, 아직 완전히 승천하지 못하고 이승의 주변을 맴도는 그런 귀신이 아닐까?

선덕여왕의 말씀

朕의 무덤은 푸른 嶺 위에 欲界 第二天.
피, 예 있으니, 피, 예 있으니, 어쩔 수 없이
구름 엉기고, 비 터잡는 데 — 그런 하늘 속.

피 예 있으니, 피 예 있으니,
너무들 인색치 말고
있는 사람은 病弱者한테 柴糧도 더러 노느고,
홀어미 홀아비들도 더러 찾아 위로코,
첨성대 위엔 첨성대 위엔 그중 실한 사내를 놔라.

살(肉體)의 일로써 살의 일로써 미친 사내에게는
살 닿는 것 중 그중 빛나는 黃金팔찌를 그 가슴 위에,
그래도 그 어지러운 불이 다 스러지지 않거든.
다스리는 노래는 바다 넘어서 하늘 끝까지.

하지만 사랑이거든
그것이 참말로 사랑이거든
서라벌 천년의 지혜가 가꾼 國法보다도 國法의 불보다도
늘 항상 더 타고 있거라.

朕의 무덤은 푸른 嶺 위의 欲界 第二天,
피, 예 있으니, 피, 예 있으니, 어쩔 수 없이
구름 엉기고, 비 터잡는 데 - 그런 하늘 속.

내 못 떠난다.

*선덕여왕은 지귀라는 자의 여왕에 대한 짝사랑을 위로해, 그가 누워 자는 데 가까이 가, 가슴에 그의 팔찌를 벗어놓은 일이 있다.

작품해설

 이 작품도 「老人獻花歌」처럼 삼국유사의 설화에 그 기반을 두고 있는 작품이다. 설화의 내용은, 선덕여왕이 지귀志鬼라는 자의 자신에 대한 짝사랑을 위로하기 위해 그가 누워 잠든 가슴 위에 자신의 팔찌를 벗어 놓았다는 내용이다. 이 내용도 '志鬼'라는 자의 지존至尊의 임금(善德女王)에 대한 강한 사랑의 모습을 보게 해준다. 말하자면 이 '志鬼'라는 자도 관직官職을 전혀 의식하지 않은 혹은 죽음을 초월한 짝사랑의 주인공이다. 또 그러한 '志鬼'의 사랑을 국법國法으로 다스리지 않고 받아들인 선덕여왕의 슬기(불교적 슬기)에서도 국법보다도 더 큰 '사랑'의 의미를 느끼게 해준다.
 이 시는 삼국유사의 설화를 바탕으로 하여 '欲界 第二天'에서 선덕여왕이 말하는 단편斷片인 것처럼 쓰여진 시이다. 따라서 이 시의 화자는 선덕여왕이며 '欲界 第二天'은 불경에서 말하는 '忉利天'을 말한다. '忉

利天'은 선덕여왕이 붕할 때 '忉利天 속에 장사 지내달라'고 유언한 데서 근거를 얻은 것이다.

결국 이 내용은 선덕여왕이 '志鬼'의 짝사랑을 받아들였다는 것인데, 바로 그 점은 여왕의 불교적 슬기에 기인한 것이며, 따라서 '志鬼'의 사랑도 계층을 초월한 것이라고 볼 수 있다. 다시 말하면, 신라의 국법으로 따지면 천부당만부당한 그러한 사랑, ― 그러나 선덕여왕의 슬기로 "빛나는 황금팔찌"를 범부의 가슴 위에 놓아두고, "그래도 그 어지러운 불"이 꺼지지 않는다면 "다스리는 노래는 바다 넘어서 하늘 끝까지" 이르기를 바라는, 그러한 사랑을 보여주고 있다. 그러니까 미당은 이 시를 통하여 "國法보다도" 더 큰 '사랑'을 선덕여왕을 통하여 표현하고 싶었던 것이다. 그리고 그 '사랑'은, 현실적인 성애性愛("살(肉體)의 일")를 넘어서서 영혼("하늘 끝")으로까지 이어지는 완전무결한 사랑을 보여주고도 있다. 그러므로 '欲界 第二天'쯤에 아직도 선덕여왕은 위치하여 '피, 예 있으니, 피, 예 있으니'라고 말하며, 그 '사랑' 때문에 '내 못 떠난다'고 노래하고 있는 것이다.

결국 이 작품도 뒤에 보이는 「老人獻花歌」처럼, 선덕여왕의 슬기(사랑)를 전달하고자 하는 데서 벗어나지 못하고 있는 것 같다.

老人獻花歌

"붉은 바윗가에
잡은 손의 암소 놓고
나ᄅ 아니 부끄리시면
꽃을 꺾어 드리다"

이것은 어떤 신라의 늙은이가
젊은 여인네한테 건네인 수작이다.

『붉은 바윗가에
잡은 손의 암소 놓고,
나ᄅ 아니 부끄리시면
꽃을 꺾어 드리다』

햇빛이 포근한 날 – 그러니까 봄날,
진달래꽃 고운 낭떠러지 아래서

그의 암소를 데리고 서 있던 머리 흰 늙은이가
문득 그의 앞을 지나는 어떤 남의 안사람을 보고
한바탕 건네인 수작이다.

자기의 흰 수염도 나이도

다아 잊어버렸던 것일까?

물론
다아 잊어버렸었다.

남의 아내인 것도 무엇도
다아 잊어버렸던 것일까?

물론
다아 잊어버렸었다.

꽃이 꽃을 보고 웃듯이 하는
그런 마음씨 밖엔, 아무것도 가진 것이 없었었다.

기마의 남편과 동행자 틈에
여인네도 말을 타고 있었다.

"아이그머니나 꽃도 좋아라
그것 나 조끔만 가져 봤으면"

꽃에게론 듯 사람에게론 듯
또 공중에게론 듯

말 위에 갸우뚱 여인네의 하는 말을
남편은 숙맥인 양 듣기만 하고,
동행자들은 또 그냥 귓전으로 흘려 보내고,

오히려 남의 집 할아비가 지나다가 귀동령하고
도맡아서 건네는 수작이었다.

"붉은 바위ㅅ가에
잡은 손의 암소 놓고,
나ㄹ 아니 부끄리시면
꽃을 꺾어 드리리다"

꽃은 벼랑 위에 있거늘,
그 높이마저 그만 잊어버렸던 것일까?
물론
여간한 높낮이도
다아 잊어버렸었다.

한없이
맑은
공기가
요샛말로 하면 ― 그 공기가
그들의 입과 귀와 눈을 적시면서
그들의 말씀과 수작들을 적시면서
한없이 친한 것이 되어가는 것을
알고 또 느낄 수 있을 따름이었다.

작품해설

　이 시는 삼국유사三國遺事의 설화에 근거를 둔 작품이다. 삼국유사 기록에 의하면, 아무도 올라가 꺾을 수 없는 벼랑의 철쭉꽃을 마침 암소를 끌고 곁으로 지나가던 노인이 꺾어서 가사歌詞까지 지어 바쳤다는 내용이다.

　그리고 미당은 그 노인老人의 마음을 "자기의 흰수염도 나이도", "남의 아내인 것도 무엇도" 벼랑의 '높이마저' 도 다 잊어버릴 수 있었다고 받아들이고 있다. 과연 그 초인적인 힘, 자신의 위험을 무릅쓰고 벼랑의 철쭉꽃을 꺾어다 바칠 수 있었던 용기(힘)는 과연 어디에서 솟아나온 것인가? 그것은 다름 아닌 사랑의 힘이 아니었을까 싶다. 그러면 그 사랑은 또 무슨 이유 때문인가? 그것은 삼국유사의 기록에도 보이는 바와 같이, 수로부인水路夫人은 그 용모가 매우 아름다워서 산이나 큰 연못을 지날 때마다 여러 차례 신물神物(龍이나 혹은 龜 = 海神)에게 붙들려 갈 만큼의 미인인 데서 연유한다.

　이 「獻花歌」의 노인도 자신이 유일하게 소유한 것, 즉 '암소'를 놓아버리라고도(破戒하고라도, *필자의 『미당연구』 참조할 것) 꽃을 꺾어 바치겠다는 것은 실로 대단한 정열이 아닐 수 없다. 그것은 그 사랑의 대상(水路夫人)이 어쩌면 소유불가능(강릉태수 純貞公의 아내)한 위치에 있기 때문이며, 거기엔 분명 짝사랑의 비애가 서려 있는 것이다. 말하자면 그는 자기가 소유한 것(암소)을 포기할 정도로 이미 약자의 위치에 있으며, 바로 그렇기 때문에 우리는 여기서 처절한 사랑의 비애를 볼 수 있는 것이다. 그 비애의 마음은 수로부인이 "남의 아내인 것도 무엇도" 이미 망각해 버린 정도의 뜨거운 것이다. 그런 정열이 이 「獻花歌」엔 스며 있다고 할 수 있다. 그리고 그러한 「獻花歌」의 정서를 다시 현대인의 의식 속에 스며들도록 시화詩化한 것이 미당의 「老人獻花歌」라 할 수 있다.

新婦

　신부는 초록 저고리 다홍치마로 겨우 귀밑머리만 풀리운 채 신랑하고 첫날밤을 아직 앉아 있었는데, 신랑이 그만 오줌이 급해져서 냉큼 일어나 달려가는 바람에 옷자락이 문돌쩌귀에 걸렸습니다. 그것을 신랑은 생각이 또 급해서 제 신부가 음탕해서 그새를 못 참아서 뒤에서 손으로 잡아다리는 거라고, 그렇게만 알곤 뒤도 안 돌아보고 나가 버렸습니다. 문돌쩌귀에 걸린 옷자락이 찢어진 채로 오줌 누곤 못 쓰겠다며 달아나 버렸습니다.
　그러고 나서 사십년인가 오십년이 지나간 뒤에 뜻밖에 딴 볼일이 생겨 이 신부네 집 옆을 지나가다가 그래도 잠시 궁금해서 신부방문을 열고 들여다보니, 신부는 귀밑머리만 풀린 첫날밤 모양 그대로 초록 저고리 다홍치마로 아직도 고스란히 앉아 있었습니다. 안스러운 생각이 들어 그 어깨를 가서 어루만지니 그때서야 매운재가 되어 폭삭 내려앉아 버렸습니다. 초록재와 다홍재로 내려앉아 버렸습니다.

◯ 작품해설

　이 시는 우리나라 전통적 여인의 기다림의 한恨을 원형적 심상으로 제기하고 있는 시이다.
　이 시의 소재는, 시인 자신이 젊었을 때 만주 국자가局子街에 가서 생활한 일이 있는데, 거기서 그의 친구(당시 간도성 간부)의 부친으로부터 들은 이야기라고 하니, 그것이 꼭 질마재 마을(미당의 고향마을)의 이야기가 아니라, 한국의 모든 고향에 있을 수 있는 설화說話라는 걸 알 수 있다. 그리고 그러한 한국적 고향의 설화를 시인의 시적 재간에 의하여 산문시로 형상화시킨 작품이다.

이 시에서 보이고 있는 '기다림의 恨' 속에 있었던 여인상은, 옛날 우리나라의 유교적 도덕관에 얽매어 살던 사회에서 많이 볼 수 있었다. 즉, 여필종부女必從夫의 의식은 여자만의 어떤 희생과 굴종을 강요당했었다. '결혼' 했다는 이유 하나만으로 부부간의 애정을 나눌 겨를도 없이 남편은 객지로 떠났거나 아니면 제2, 제3의 여인을 얻어 살고 있는데도 언젠가는 남편이 돌아올 날만을 기다리며 공방空房을 지키고 있었던 한恨 어린 여인, 바로 그러한 여인이 우리 선인들 중에는 많이 있었다.

이 시는 바로 그러한 '기다림의 恨이 어린 여인의 일생', 말하자면 "초록재와 다홍재로", "폭삭 내려앉아" 버릴 때까지의 유교적 도덕관에 얽매인 한 여성의 인고의 세월을 읽을 수 있는 시이다.

그리고 한국적인 고향의 설화를, 한국적 고향의 정서가 어린 소박한 고향의 말 즉, '다홍치마', '돌쩌귀', '오줌 누곤', '안스러운' 등으로 표현되고 있어서, 더욱 고향의 맛을 느끼게 하는 그런 시라고 할 수 있다.

그리고 이 시의 "초록 저고리 다홍치마"는 한국의 전래적인 신부의 의상이다. 그러한 의상을 입은 갓 시집 온 신부가 '사십년인가 오십년'의 기다림의 세월을 보냈다는 표현인데, 여기서 우리는 '사십'이나 '오십'의 숫자 개념으로 받아들여서는 안 될 듯하며, 그것은 '한 여자의 일생'의 개념으로 받아들여야 마땅한 것 같다.

아무튼 이 시는 시인의 제6시집 『질마재 神話』에 담겨 있는 설화시(說話詩 : narrative poetry)로서만이 아니라, 먼 훗날 한국인의 풍속사風俗史를 연구하는 데에도 좋은 사료史料가 되리라 믿는다.

해일

바닷물이 넘쳐서 개울을 타고 올라와서 삼대 울타리 틈으로 새어 옥수수밭 속을 지나서 마당에 흥건히 고이는 날이 우리 외할머니네 집에는 있었습니다. 이런 날 나는 망둥이 새우 새끼를 거기서 찾노라고 이빨 속까지 너무나 기쁜 종달새 새끼 소리가 다 되어 알발로 낄낄거리며 쫓아다녔습니다만, 항시 누에가 실을 뽑듯이 나만 보면 옛날 이야기만 무진장 하시던 외할머니는, 이때에는 웬일인지 한 마디도 말을 않고 벌써 많이 늙은 얼굴이 엷은 노을빛처럼 불그레해져 바다쪽만 멍하니 넘어다보고 서 있었습니다.

그때에는 왜 그러시는지 나는 아직 미처 몰랐습니다만, 그분이 돌아가신 인제는 그 이유를 간신히 알긴 알 것 같습니다. 우리 외할아버지는 배를 타고 먼 바다로 고기잡이 다니시던 어부로, 내가 생겨나기 전 어느 해 겨울의 모진 바람에 어느 바다에선지 휘말려 빠져버리곤 영영 돌아오지 못한 채로 있는 것이라 하니, 아마 외할머니는 그 남편의 바닷물이 자기 집 마당에 몰려 들어오는 것을 보고 그렇게 말도 못하고 얼굴만 붉어져 있었던 것이겠지요.

◯ **작품해설**

이 시도 인고忍苦의 세월을 살아야 했던 한국의 여성상女性像을 원형적 이미지로 제기해주고 있는 작품이다. 그런 면에서 앞의「新婦」와 시창작의 모티프가 같다고 할 수 있으나, 서로 다른 면을 지적한다면, 「신부」는 다만 '기다림'의 한恨을 지닌 여인상으로 표상 되어 있는데 반하여 「海溢」의 경우는 분리와 회귀, 즉 헤어짐(이별)과 만남의 순환원리가 적용되고 있다는 점이 서로 다르다고 할 수 있다.

다시 말하면, 이미 어부漁夫로서 바다에 나가 죽은 '남편'이, 미당의 시창조적 재간에 의하여 '해일'(回歸 = 만남)되어 오고 있는 것으로 서술되고 있는데, 그것은 바로 N. 프라이가 말한 바 있는 회귀의 특징을 갖는 순환원리(= 佛敎의 輪回說)와 서로 통하는 것이라 할 수 있다.

즉, "늙은 얼굴이 엷은 노을빛처럼 불그레해져 바다쪽만 멍하니 넘어다보고" 있는 모습, 그 모습을 통해서는 '헤어짐(이별)'의 한恨에 어려 있는 입상立像을 볼 수 있게 해주지만, "남편의 바닷물이 자기집 마당에 몰려 들어오는 것을 보고 그렇게 말도 못하고 얼굴만 붉어져 있었던" 모습, 그 모습을 통해서는 '만남'(回歸 = 海溢)의 그윽한 기쁨이 서려 있는 입상立像으로 승화되고 있다.

그러나 그 '만남'의 모습은 작자의 시 창조적 능력에 의하여 훨씬 승화된 위치에 올려놓고 있다는 것도 이해해야 된다. 말하자면 "얼굴만 붉어져 있었던" 화자의 외할머니의 모습은, 실제적인 할머니의 모습을 뛰어넘어서, 이미 순환원리를 깨닫고 있는 할머니의 입상立像으로 승화시켜 놓고 있다는 말이다. 그리고 그것은 작자의 천부적 시창조적 역량과 감각에 의하여 이룩될 수 있는 면이라 할 수 있다.

上歌手의 소리

　질마재 上歌手의 노랫소리는 답답하면 열두 발 상무를 젓고, 따분하면 어깨에 고깔 쓴 중을 세우고, 또 喪輿면 喪輿머리에 뙤약볕 같은 놋쇠 요령 흔들며, 이승과 저승을 뺀쳤습니다
　그렇지만, 그 소리를 안 하는 어느 아침에 보니까 上歌手는 뒤깐똥오줌 항아리에서 똥오줌 거름을 옮겨 내고 있었는데요. 왜, 거, 있지 않아, 하늘의 별과 달도 언제나 잘 비치는 우리네 똥오줌 항아리, 비가 오나 눈이 오나 지붕도 앗세 작파해 버린 우리네 그 참 재미있는 똥오줌 항아리, 거길 明鏡으로 해 망건 밑에 염발질을 열심히 하고 서 있었습니다. 망건 밑으로 흘러내린 머리털들을 망건 속으로 보기좋게 밀어 넣어 올리는 쇠뿔 염발질을 점잔하게 하고 있어요.
　明鏡도 이만큼은 특별나고 기름져서 이승 저승에 두루 무성하던 그 노랫소리는 나온 것 아닐까요?

○ 작품해설

　이 작품도 화자의 옛날의 이웃(上歌手)을 소재로 하여 설화시說話詩로 쓰여지고 있으며, 옛날 우리 시골의 어느 곳에서나 흔히 볼 수 있는 '노랫소리'의 주인공을 작품의 모델로 하고 있다. 그러므로 이 시의 화자는 나레이터의 입장에 서서 3인칭 객관자적 서술을 하고 있는 것이다.
　이 시는 문명의 손길이 아직 닿지 않은 때의 본능적 미의식美意識의 소

유자(上歌手)를 그려내고 있다. 시인은 이 '上歌手'를 통하여 한국적 예인藝人의 원형原型을 발견하고 있는 것이다.

그리고 그 예인藝人에 대한 원초적인 모습을 그려내고 있기 때문에 시 작품에 쓰인 언어들도 원초적 정서를 불러일으키는 옛 시골의 토속어들이 많이 쓰여지고 있는 걸 볼 수 있다. 가령, "뒤깐", "똥오줌항아리", "앗세 작파해 버린", "쇠뿔 염발질" 등 많은 토속어들이, 기억 속에서 사라져 가는 원색적 고향을 다시 상기시켜 주고 있다.

미당 자신도 "최근에는 시집 『질마재 神話』와 같은 土俗的인 작품도" 자주 쓴다고 말하고 있고, "내 고향에는 그런 이야기들이 여기저기 많이 굴러" 다닌다고 말하고 있는 걸로 보아도 그 '土俗性'을 다시금 느끼게 하고 있다.

그리고 다른 한편으로 생각해 보면 미당 자신이 '상실된 과거'(N. 프라이의 표현)에 그토록 관심을 기울이는 것은, 그가 바로 회갑의 나이 '耳順'에 이르른 때문이라 할 수 있다. '수구초심(首丘初心 : 여우가 죽을 때 그 머리를 고향언덕을 향해 돌린다는 뜻)'이란 말도 있지만, 바로 그 '耳順'의 나이에 이르렀기 때문에 고향의 자연이나 그 옛날의 고향의 이웃(上歌手 등)들에게 향하는 마음이 지극했으리라고 믿는다.

신발

 나보고 명절날 신으라고 아버지가 사다주신 내 신발을 나는 먼 바다로 흘러내리는 개울물에서 장난하고 놀다가 그만 떠내려보내 버리고 말았습니다. 아마 내 이 신발은 벌써 邊山 콧등 밑의 개 안을 벗어나서 이 세상의 온갖 바닷가를 내 대신 굽이치며 돌아다니고 있을 것입니다.
 아버지는 이어서 그것 대신의 신발을 또 한 켤레 사다가 신겨 주시긴 했습니다만, 그러나 이것은 어디까지나 대용품일 뿐, 그 대용품을 신고 명절을 맞이해야 했었습니다.
 그래, 내가 스스로 내 신발을 사 신게 된 뒤에도 예순이 다 된 지금까지 나는 아직 대용품으로 신발을 사 신는 습관을 고치지 못한 그대로 있습니다.

○ 작품해설

 이 작품에서도 '상실된 과거'에 대한 강한 그리움을 보게 된다.
 이 작품에 보이는 "명절날 신으라고 아버지가 사다주신" 신발에 대한 강한 인상은, 이 작품의 화자가 "예순이 다 된 지금까지" 지워지지 않고 있다.
 그것은 화자가 어릴 적 '명절날' 받았던 신발에 대한 깊은 감동 때문에, 그때의 신발은 한 원형原型으로 작용하고 있는데서 기인한 것으로 볼 수 있으며, 훗날 '예순'이 다 된 지금까지도 그때와 같은 깊은 감동을 받을 수 없는 것이다. 그리고 바로 그렇기 때문에 '상실된 과거'의 그 '신발'은 더욱 아련한 그리움으로 다가오는 것이다.

한편, 여기서는 비록 '신발'을 상실한 것으로 형상화시키고 있지만, '신발'이 아닌 다른 어떤 사물이거나 혹은 인간관계(특히 '사랑'의 인연) 속의 '상실'이라 할지라도 시적 의미는 변하지 않을 듯하다.

왜냐하면, 우리들 인간의 가슴 속에 원형적 심상이 강하게 자리잡고 나면, 그것 밖의 모든 것은 모두 '대용품代用品'일 것이기 때문이며, 한편으로 우리들 인간은 어쩌면 그 '상실된 과거'에 사로잡혀서 사는 존재인지도 모를 일이기 때문이다.

그런 의미에서 볼 때 이 작품(「신발」)은 상징성이 강한 작품이라고 말할 수도 있겠다.

미당평전

눈들 영감의 마른 명태

'눈들 영감 마른 명태 자시듯'이란 말이 또 질마재 마을에 있는데요. 참, 용해요. 그 딴딴히 마른 뼈다귀가 억센 명태를 어떻게 그렇게는 머리끝에서 꼬리끝까지 쬐끔도 안 남기고 목구멍 속으로 모조리 다 우물거려 넘기시는지, 우아랫니 하나도 없는 여든 살짜리 늙은 할아버지가 정말 참 용해요. 하루 몇십 리씩의 지게 소금장수인 이 집 손자가 꿈속의 어쩌다가의 떡처럼 한 마리씩 사다 주는 거니까 맛도 무척 좋을 테지만 그 사나운 뼈다귀들을 다 어떻게 속에다 따 담는지 그건 용해요.

이것도 아마 이 하늘 밑에서는 거의 없는 일일 테니 불가불 할 수 없이 신화의 일종이겠읍죠? 그래서 그런지 아닌게 아니라 이 영감의 머리에는 꼭 귀신의 것 같은 낡고 낡은 탕건이 하나 얹히어 있었습니다. 똥구녁께는 얼마나 많이 말라 째져 있었는지, 들여다보질 못해서 거까지는 모르지만……

○ 작품해설

미당시에 있어서의 토속어土俗語의 구사는, 우리의 그 어떤 시인에게서도 찾아볼 수 없는 고유한 영역과 대표성을 갖고 있다고 확신한다. 그 대표성은 가령 김소월金素月의 투박한 북방사투리나 혹은 김영랑金永郞의 나긋나긋한 남방사투리의 수준을 뛰어넘는 그러한 것이다. 그리고 그의 토속어는 우리 민족 전래의 넋의 시골을 뿌리째 뽑아서 잘 보여주고 있으며, 바로 그 점은 민족의 공동체의식을 심어주는 요소가 될 수 있으리라고도 생각된다.

이 「눈들 영감의 마른 명태」는 미당시의 그런 특징들을 고루 갖추고 있다. 그리고 그의 토속어들은 우리들을 묘한 친화력親和力으로 이끌어주고 있다. 가령 '눈들 영감', '쬐끔도', '우물거려', '똥구녁께는', '째져', '거까지는' 등에서 보여주는 그 원색적 언어감각, 혹은 도시 문명적 현대적 언어관습과는 '앗세' 작파해버린 그러한 언어, 말하자면 여기에는 의상을 잠잖게 갖추었거나 넥타이를 맨 언어가 아니라, 아예 알몸으로 '똥구녁' 까지 다 보여 버린 속어俗語 비어卑語들이 거침새 없이 쓰여지고 있는걸 보게 된다.

그런데, 바로 그러한 언어들이 우리에게 거부감을 주기는커녕 오히려 친화력으로 어필해온다는 점을 우리는 또한 주의 깊게 살펴야 하리라고 믿는다. 미당시의 그러한 토속어들은 볼노프의 말대로 '삶에 있어서의 본질적인 그 무엇' 을 채워주는 요소가 아닌가 생각되기 때문이다.

미당평전

來蘇寺 大雄殿 丹青

　내소사 대웅보전 단청은 사람의 힘으로도 새의 힘으로도 호랑이의 힘으로도 칠하다가 칠하다가 아무래도 힘이 모자라 다 못칠하고 그대로 남겨놓은 것이다.

　내벽 서쪽의 맨 위쯤 앉아 참선하고 있는 선사, 선사 옆 아무것도 칠하지 못하고 너무나 휑하니 비어둔 미완성의 공백을 가 보아라. 그것이 바로 그것이다.

　이 대웅보전을 지어 놓고 마지막으로 단청사를 찾고 있을 때, 어떤 해 어스럼제 성명도 모르는 한 나그네가 西로부터 와서 이 단청을 맡아 겉을 다 칠하고 보전 안으로 들어갔는데, 문고리를 안으로 단단히 걸어 잠그며 말했었다.

　『내가 다 칠해 끝내고 나올 때까지는 누구도 절대로 들여다 보지 마라.』

　그런데 일에 폐는 속에서나 절간에서나 언제나 방정맞은 사람이 끼치는 것이라, 어느 방정맞은 중 하나가 그만 못 참아 어느때 슬그머니 다가가서 뚫어진 창구멍 사이로 그 속을 들여다보고 말았다.

　나그네는 안 보이고 이쁜 새 한 마리가 천정을 파닥거리고 날아다니면서 부리에 문 붓으로 네몸에서 나는 물감을 묻혀 곱게 곱게 단청해 나가고 있었는데, 들여다보는 사람 기척에

　『아앙!』

　소리치며 떨어져 내려 마루 바닥에 납작 사지를 뻗고 늘어지는걸 보

니, 그건 커어다란 한 마리 불호랑이었다.

『大虎 스님! 大虎 스님! 어서 일어나시겨라우!』

중들은 이곳 사투리로 그 호랑이를 동문 대우를 해서 불러댔지만 영 그만이어서, 할 수 없이 그럼 내생에나 소생하라고 이 절 이름을 내소사라고 했다.

그러고는 그 단청하다가 미처 다 못한 그 빈 공백을 향해 벌써 여러 백년의 아침과 저녁마다 절하고 또 절하고 내려오고만 있는 것이다.

작품해설

우리의 문학작품에는 유儒·불佛·선仙 삼교사상三敎思想이 뿌리박혀 있는데, 이 작품은 불교사상이 지배하고 있다는 것을 어렵지 않게 이해할 수 있다. 말하자면 불교의 윤회설輪回說이 이 작품의 골격을 이루고 있으며, 그것은 "내생에나 소생하라고 이 절 이름을 내소사라고" 했다는 부분에 잘 나타나 있다.

그러나 이 작품에는 그러한 불교적 사상 말고도 또 다른 교시적 기능이 작품 제작의 동기가 되고 있음을 알 수 있다. 즉, 이 작품에서 '불호랑이'로 상징된 종교적 과업의 수행자가, 바로 그 종교적 수행의 한 과업으로서 '丹靑'을 하고 있었는데, 뜻밖에 "방정맞은 중 하나"의 경거망동으로 인하여 그 '丹靑'이 실패로 돌아갔다는 내용에 주목해야 된다. 여기에 담겨있는 교훈적 의미는 '조심할 것을 조심하고 경거망동을 삼가야 한다'는 내용을 담고 있는 것이다.

일반 사회에서의 일도 물론 그렇지만, 더구나 종교적 과업의 수행에 있어서야 더 말할 나위 없다고 하겠다.

어찌보면 이 시는 마치 '來蘇寺'라는 절 이름의 유래를 밝혀주고 있는 설화로 보일 수도 있겠으나, 불교적 수행의 교훈을 담고 있다는 점만은 부인할 수 없다고 하겠다.

소X한 놈

왼 마을에서도 品行方正키로 으뜸가는 총각놈이었는데, 머리 숱도 제일 짙고 두 개 앞이빨도 사람 좋게 큼직하고, 씨름도 할라면이사 언제나 상씨름밖에는 못하던 아주 썩 좋은 놈이었는데, 거짓말도 에누리도 영 할 줄 모르는 숫하디 숫한 놈이었는데, 〈소X한 놈〉이라는 소문이 나더니만 밤사이 어디론지 사라져 버렸다. 저의 집 그 암소의 두 뿔 사이에 봄 진달래 꽃다발을 매어 달고 다니더니, 어느 밤 무슨 어둠발엔지 그 암소하고 둘이서 그만 영영 사라져 버렸다. 「四更이면 우리 소 눈깔엔 참 이쁜 눈물이 고인다.」 누구보고 언젠가 그러더라나. 아마 틀림없는 聖人 녀석이었을 거야. 그 발자취에서도 소똥 향내쯤 살풋이 나는 틀림없는 틀림없는 聖人 녀석이었을 거야.

○ 작품해설

이 작품도 불교사상과 접맥되어 있음을 어렵지 않게 알 수 있게 한다. 이 시는 결국 동물(소)과의 성교性交를 한 총각에 대한 설화라고 할 수 있는데, 그 총각이 동물인 소와 성교를 하고, 또 "그 암소의 두 뿔 사이에 봄 진달래 꽃다발을 매어 달고" 다녔다고 한 내용은, 동물(소)에 대한 인간과의 동등한 애정관을 그 바탕에 깔고 있다고 할 수 있다.

그것은 바로 불교사상에서 기인한 것이며, '일체중생실유불성一切衆生悉有佛性'이라 말하는 불교의 평등사상을 받아들이고 있는 관념으로 보인다. 말하자면 동물도 넓은 의미에서 우주적 삶의 동반자일 수 있으며, '佛性'을 지니고 있는 삶의 공동체라고 범박하게 말할 수 있을 것이다. 그렇기 때문에 "四更이면 우리 소 눈깔엔 참 이뿐 눈물이" 고이는 것을 보게 될 만큼, 그 '총각'은 '동물(소)과의 사랑'이 가능할 수 있었던 것이다.

그리고 동물(소)과의 진실한 애정을 나누며 살았던 "영영 사라져" 버린 그 '총각' 이야말로 불교적 진리를 실천하며 살았던 "聖人 녀석"이라고 말할 수 있는 것이다.

결국 이 시도 설화시로서 시의 화자는 역시 나레이터 입장에 있는 시라고 하겠다.

雨中有題

신라의 어느 사내 진땀 흘리며
계집과 수풀에서 그짓하고 있다가
떨어지는 홍시에 마음이 쏠려
또그르르 그만 그리로 굴러가버리듯
나도 이젠 고로초롬만 살았으면 싶어라.

쏘내기속 청솔방울
약으로 보고 있다가
어쩌면 고로초롬은 될 법도 해라.

◯ 작품해설

   신라시대 원효元曉의 정신세계에서 얻은 듯이 보이는 이 시는, 바로 그 불교적 슬기를 얻어서 '고로초롬만' 살고 싶다고 노래하고 있다. 시집 『떠돌이의 詩』의 서시序詩인 것처럼 시집의 부표지副表紙에 수록된 것이어서 견해에 따라서는 이 시집의 정신세계를 반영해주는 작품이라고도 볼 수 있겠다.
   그러면 과연 이 시인이 '고로초롬만' 살았으면 싶은 정신의 경지는 어떤 것인가?
   그것은 첫째로 '그짓'을 하는 일에 대한 의미부여와 '홍시'에 마음이 쏠리는 일에 대한 의미부여를 동일선상同一線上에 놓고 있다는 점에서 시 정신의 요체를 찾아야 할 것 같다. 말하자면 성욕(性慾→'그짓')과 식욕(食慾→'홍시')이 이 시에서는 대등하게 파악되고 있으며, 이러한 정신의 근거는 불가佛家에서 말하는 '布施'의 관념과 어떤 관련성이 있는 것으로 생각된다.

그리고 또 하나의 정신의 요체는, 어느 한 가지 일('그짓')에만 '집착'하지 않고 또 다른 일('홍시')에도 마음을 쉽게 옮길 수 있다는 데에 있을 것 같다. 이러한 것은 '집착을 버리라'는 석가의 가르침이나 혹은 '空思想' 등의 정신적 산물이 아닌가 생각된다.

아무튼 이러한 정신의 경지는 범상인凡常人으로서는 상상하기 어려운 정신의 세계인 것만은 틀림이 없다. 그러한 정신의 경지가 해탈의 경지이든, 공사상空思想에 깊이 젖어 있는 자의 초연한 행위이든, 평범한 우리들 독자에겐 하나의 경이로운 경지임엔 틀림이 없는 것이다. 그리고 또 어떤 의미에서 시의 해석이나 감상을 그렇듯 불교적 이해로 고착시킬 수만은 없을른지도 모른다. 다만, 미당시의 경우, 시적 논리가 언제나 강하게 나타나기 때문에, 그 시적 논리를 따라가 보는 것뿐이다.

하지만 단 한 가지 분명한 것은, 이 시가 불교적 논리에 기반을 두고 있다는 점만은 부인하지 못할 것 같다. 따라서 이 시의 화자는 그러한 불교적 깨달음을 얻고 '고로초롬만' 살고 싶기도 한 것이며, "쏘내기속 청솔방울 / 약으로 보고 있다가" 마음공부 수월하게 잘 되면 "어쩌면 고로초롬은" 될 법하다고 자위하기도 한다.

한편, 조금 다른 의미로는 '性의 열중, 또는 삶의 몰입으로부터 깨어난다는 것은, 단순히 거기에서 벗어난다는 것이 아니라, 보다 넓은 의미에서의 삶의 과정을 완성하는 일이기도 하다. 그러니까 산다는 것은 하나의 미몽迷夢이며 이 미몽에서 깨어남으로써 사람은 진실에 이르며, 또 그렇게 하여 삶이 완성된다는 생각' 이 「雨中有題」의 정신 속에는 들어 있는 것 같다.

曲

곧장 가자하면 갈 수 없는 벼랑 길도
굽어서 돌아가자면 갈 수 있는 이치를
겨울 굽은 난초잎에서 새삼스레 배우는 날
無力이여 無力이여 안으로 굽기만 하는
내 왼갖 無力이여
하기는 이 아무기 힘도 대견키사 하여라.

작품해설

  그 고결한 기품이 '君子'와 같다는 뜻에서 '四君子' 가운데 하나인 蘭, 한낱 풀이긴 하지만 사철 푸르고 그 생명력이 매우 끈질기어서 예로부터 선비들의 사랑을 받아온 蘭, 검劍같이 뽀족하나 거기 알맞게 구부러진 그 곡선의 꺾이지 않는 힘을 일러서 '曲卽全'이라 했던가.
  '曲卽全', 적당히 굽을 줄 아는 풍류의 선비, 한국적 절개와 끈기에도 분명히 한 인간이 사는 방법은 있는 것 같다.
  이 시는 바로 그 '曲卽全'의 지혜를 말해주고 있는 것이어서 우선 교시성이 강한 작품이라고 할 수 있다. 그러나 여기서 한 가지 간과해서는 안 될 점이 있다면 그것은, 이 시의 화자가 "無力이여 無力이여"라고 그 자신을 질타하고 있다는 점이다. 그리고 그 질타는 마지막 연 '이무기'(용이 되려다 어떤 저주에 의해 못 되고 물속에 산다는 전설적인 큰 구렁이)

의 나약한 힘과 무관하지 않다.

한편, 그 '이무기'는 이 시인의 초기시집 『花蛇』에 나오는 일련의 '뱀'과도 전혀 무관한 것만은 아니다. 그러나 그 '뱀'은 강렬한 육정적 호흡의 뱀이 아니라, 이제 파란곡절을 많이 겪은 지칠 만큼 치친 '저주 받은 뱀'(구렁이)이라는 사실이다. 그렇기 때문에 "안으로 굽기만 하는 / 내 왼갖 無力"을 질타하고 있는 것이다.

하지만 그 늙고 저주받은 '뱀'의 힘, 즉 '이무기의 힘' 마저도 '대견'하다고 자위하고 있다.

그러나 좀 더 화자의 마음의 안섶으로 들여다보면, '無力' 하나마 꺾이지 않는 그 힘, '曲卽全'의 슬기를 '대견'하다고 말하고는 있지만, 이 다난한 현실 속에서의 대응논리가 허약한 그 자신에 대한 질타가, 그 안섶으로 깔려 있는 것도 또한 사실이다.

또 그러나 한편으로 생각해보면, 바로 '曲卽全'의 대응자세야말로 이 다난한 현실에서의 도피가 아니라, 현실대응의 한 방법이라는 점을 우리는 또한 간과해서는 안 되리라 믿는다.

福받을 處女

활등 굽은 험한 산 코빼기를
산골의 급류 맵씨있게 감돌아 나리듯
난세를 사는 처녀들 복이 있나니.

추석 달 밝은 밤도 더없이 슬기로워서
어느 골목 건달의 손에도 그 머리의 댕기
잡히지 않고
재치있게 피할 줄 아는 처녀들은 복이 있나니.

밖에 나가서는 남녘의 대수풀 사운거리듯,
방에 들어선 난초마냥 점잖게 앉는
치운 겨울의 처녀 더 복이 있나니.

◯ 작품해설

이 시인은 그의 '永生主義'를 "現實에서 쓰러지지 않고, 다음 世代를 넉넉히 기르면서, 영원에서 가장 끈질기게 안 滅亡하고 사는 것"이라고 개진하고 있다.

이와 같은 미당의 "끈질기게 안 멸망하고 사는" 완곡의 철학에 대하여 김우창金禹昌은 '일종의 以存集'이라고 설명하며 '굽음의 以存集은 절대권력의 세계에서 눌리운 자들이 살아남을 수 있기 위하여 가져야 했던 현실주의'라고 말한다. 그리고 그러한 '以存策'을 가장 잘 나타내고 있는 작품으로 「福받을 處女」를 들고 있다.

이 시는 우선 '약한 자의 살아남은 방법'을 교시적으로 표현해주고 있는 작품이라 할 수 있다. 시인은 그 '약한 자'를 연약한 '處女'로 설정해 놓고 있지만, 그 '處女'는 직서적인 의미의 처녀가 아니라 '절대권력의 세계에서 눌리운 자'라는 것을 암시받게 해준다. 그러므로 그 '처녀'는 '難世'를 "맵씨있게" 대처하기도 하고, "골목 건달"에게서도 "재치있게" 피할 줄도 알며, "치운 겨울" 날에도 "난초마냥" 자기를 다스릴 줄 아는 그런 처녀이다. 이 '처녀'에게 가해加害를 줄 수 있는 외부적 조건은 "험한 산"이나 "어느 골목"이나 "치운 겨울" 등으로 나타나지만, 이러한 외부적 조건들은 피해자(처녀)에 대한 가해자加害者의 의미를 띠게 되거나, 또한 자연스럽게 '절대권력'을 유추하게도 한다.

그리고 이러한 시적 의미는, 군사 문화 시절 우리 민중들이 '눌리운 자'의 의식 속에 살아왔다는 점에서 설득력을 지니고도 있다. 말하자면 "적당히 굽을 줄 아는" 현실대응의 논리나 "끈질기게 안 滅亡하고 사는" '以存의 방책'들은, 시인 자신으로 보면 현실에서 쓰러지지 않고 살아남는 재간이기도 하겠지만, 좀 더 의미를 확대하여 생각해보면, 그것은 시인 자신만의 현실이 아니라 모든 민중이 겪어야 했던 현실이었기 때문에 이 시가 설득력을 배가시켜준다는 말이다.

다시 말하면, 시인 자신의 통찰력으로 시대상황을 탐색한 결과, 바로 그러한 현실적 대응만이 고난 극복의 길이라고 믿었을 것이며, '單生中心'으로만 생각할 것이 아닌 '永生'의 한 방책이라고 생각했다는 말이다.

한 시인의 이러한 대응논리(적극 저항이나 혹은 현실참여가 아닌 논리)

에 대하여 '핀잔' 만을 해서는 안되리라 믿으며, 또 그럴 필요도 없다고 믿는다. 다원주의多元主義시대에 이러한 미당의 '以存策' 이나 '曲卽全' 의 대응 자세도 하나의 가치나 논리로 인정해 버리면 그만이기 때문이다.

제Ⅲ부
부 록

『미당 담론』에 대한 담론
— 고은의 「폐결핵」, 「봄밤의 말씀」과 함께

1

『미당 담론』을 읽고 어쩐지 허전하고 씁쓸하다. 필자와 직접 관련된 글은 아닌데도 한 시대를 지나가는 과객으로서, 대학에서 학생들을 가르치는 한 사람으로서, 우선 씁쓸한 마음을 지울 수가 없다. 가뜩이나 '스승'이 없는 시대에 '스승'의 소멸을 부채질하는 것 같은 느낌이 그 첫 번째의 씁쓸함이요, 고은씨 자신의 "육친적 발심"을 꼭 그렇게 반윤리적으로 끝장내야만 되는 것인지에 대한 씁쓸함이다.

굳이 서고書庫에 넣어두었던 "君子父一體"라든가 "스승의 그림자는 밟지도 않는다"는 말을 끄집어내고 싶지도 않다. 이 땅의 단군의 자손들이 이즈음에는 갈 데까지 가는 세상이고, 오히려 '막가파'들이 판을 치는 세상이니, 『미당 담론』도 그런 부류의 하나로 치면 그만이긴 하지만, 그래도 어쩐지 허전하고 씁쓸한 것은 사실이다.

이 땅의 마지막 양심이요 보루라 할 수 있는 선비(옛 문화대로 시인을 그렇게 부르고자 함)의 한 사람이, 돌아가신 스승의 뒤통수에 대고 돌을 던지는 그림은, 상상하기조차 힘들고 안타깝다. 고은씨의 표현대로라면 "워낭소리 나는 듯한 미당 깊은 눈길이 이따금 떠오르던" 스승이었고, "불가결의 혈연"으로 인식하며 "둘 사이의 진한 피에 이심전심도" 많았다던 스승이었으며, 한 때 미당시를 논구한 글에서 시의 "정부"라고 칭송하기도 했고, "그 누구도 상상할 수 없게 아교질로 응결"되어 있었다던 스승, 그러한 스승을 돌아가신지 "사십구재 이후" 운운하며 영영 배반해 버리는 듯한 진술은, 정말 우리들을 허전하고 씁쓸하게 만든다. "그동안의 강의 끄트머리를" 떠나 스승이 차츰 "무효"로 되어갔다는 식의 진술은, 스승의 선택과 배반을 그렇게 함부로 해도 되는 것인가 하는 생각을 갖게도 한다.

원래 배반이란 내부사정 잘 아는 자가 하는 법이다. 가령 6·25 공산 치하에서 주인을 테러하여 죽인 사람은 다름 아닌 그 집의 머슴이었다. 이번 『미당 담론』의 문제의 핵심은, 이미 죽은(?) 분을 설죽었는가 싶어 하며 확인사살했다는 데에 있다.

이미 미당은 그의 광활한 문학 업적에도 불구하고 상당부분 죽어(?) 있었다. 그의 업적보다는 홀대 받았었다는 얘기다. 그에게 원죄처럼 따라다녔던 '친일시'와 '80년대의 실수'로 인하여, 이미 상당부분 홀대를 받고 저 세상으로 갔다. 그리고 제자였던 고은씨로부터도 1971년 이후 이미 사살(배반)을 당한 셈이었고, 따라서 이번 일은, 그 스승의 주검이 혹시라도 설죽었는가 싶어 그 뒤통수에 대고 확인사살을 단행한 셈이다. 부관참시部棺斬屍라도 하자는 것인가. 이번의 확인사살 행위만을 보면, 아마 그가 사미승沙彌僧 시절 이후 부처님의 자비를 잘못 배운 모양이다.

고은씨에게 묻고 싶다. 왜, 그러한 스승을 애시당초 선택했는가? 그것도 청소년기를 벗어나서 이미 입산하여 사미승 시절을 거쳤고, 세상의 파고波高를 어느 정도 겪은 20대의 방황이 끝나가는 무렵에 왜, 그를 스승으로 선택했는가? 이미 그때는 미당의 '친일시' 행적이 있은 뒤의 일이요,「자화상」과 함께 미당의 초기시에 '심취' 한 뒤의 일이요, 4·19나 5·16 뒤, 그 자신의 표현대로라면 미당의 '보신책'을 두루 살핀 뒤 1970년까지, 그가 스승으로 선택했고 '육친적'으로 받들었고 그 관계를 유지했었다는 점이, 앞뒤가 맞지 않는 것이다.

어찌 보면 이번 그의 『미당 담론』은 그 자신의 '스승 선택' 의 실수를 자인하는 꼴이 되고 있는 것 같다. 다음과 같은 그의 변명은 그러한 '선택' 의 실수를 잘 보여주고 있다.

> 미당을 만난 50년대 후반 나는 그의 초기시 몇 편 밖에 읽은 적이 없었다. 하지만 미당에 대한 육친적 발심과 함께 그의 시에 대한 심취는 그 누구보다도 더한 바 있었다. 김수영이 죽은 뒤 참여문학권 친구들이 와서 동참을 권유할 때도 나는 미당 다음은 몰라도 수영의 다음은 싫다고 말하기까지 했던 것이다.
>
> ―《창작과 비평》 p.307

위의 글에서 "육친적 발심"이란 말이 유독 눈에 띈다. 이런 구절을 대하면 "君子父一體"라는 말을 떠올리게 하는 대목이다. 감히 말하거니와 '스승'의 선택은 장고長考뒤에 해야 할 일이다. 한번 '스승'으로 선택하면 그 스승을 일생동안 추앙하고 따랐던 우리 선대先代의 문화를 생각해 봐야 된다. 못난 스승도 스승은 스승이다. 율곡栗谷을 스승으로 선택한 자는 그 율곡이 일생의 스승이요, 퇴계退溪를 스승으로 선택한 자는 일생

동안 퇴계의 제자였다. '유항有恒'이란 말을 떠올릴 것도 없이, 선비가 변덕을 부리는 건 금물이다. 설사 그것이 악연惡緣이라 할지라도 그 인연을 업장業障처럼 지니고 살았던 것이 우리 선대先代의 미풍美風이었다.

그런데 그가 미당의 「자화상」이나 「귀촉도」 등 일련의 초기시들을 "심취"하여 읽은 뒤이고, 미당에 대한 "육친적 발심"이 있었고, "보신책"을 두루 살핀 뒤, 그리하여 '스승'으로 선택한 뒤의 배반은 사리에 맞지 않다. 더구나 그 '스승'이 살아계실 때가 아닌 돌아가신 뒤에 욕을 해대는 것은 비겁하기 짝이 없다.

고은씨 자신 생애의 변덕 또한 논리적 설명을 불가능하게 만들고 있다. 왜 입산入山을 결행했으면 승려로서의 생활로 일관하지 않았으며, 그 후 '친일시'를 쓴 미당을 왜 스승으로 선택했으며, "미당 다음은 몰라도 수영 다음은 싫다"던 생각을 왜 일관하지 않았으며, 1971년 "긴 벼랑 같은 결별"로 스승을 가슴 속에서 사살(배반)했으면 돼지, 왜 그의 주검 뒤에 대고 확인사살까지 결행하는 것인지? 논리적 설명이 불가능할 정도로 변덕을 부리고 있는 것 같다. 감히 말하거니와 '誠以貫之'라는 말이 있다는 것도 생각해봐야 될 일이다. 중僧 됐다가 환속했다가, 스승 삼았다가 스승 배반했다가, "수영 다음"은 아니라 했다가, 결국 '수영' 뒤의 비슷한 길을 걸었다가, 이 무슨 변덕인가?

고은씨에게 다시 말하거니와, 굳이 미당의 일제 때 행적이나 작품들이 마음에 들지 않았다면, 미당이 살아계실 때 당당하게 말했어야 한다. 미당댁 마당에 멍석이라도 깔고 엎드려 진언進言했어야 마땅하다. 그리하여 스승으로 하여금 채만식蔡萬植이나 윤극영尹克榮처럼이라도 반성의 표시를 할 수 있도록 권유했어야 할 일이지, 비겁하게 죽은 이의 뒷전에 대고 욕을 퍼붓는 건 남자답지 못하다.

미당 시대는 이제 끝났으니, 그를 밟고 튀어보자는 것인가. 문학 비평적인 글과 직격탄을 날리는 것과는 다르다. 그것도 스승에게 직격탄을 날리는 것은 배은망덕한 일이다. 『미당 담론』은 그래서 사리에 맞지 않다. 인생은 다 살고 난 뒤라야 알 수 있다. 마라톤 선수가 완주한 뒤에 돌아봐야지, 완주하기 전에는 어떤 탈이 날지 아무도 모른다. 그러므로 그렇듯 모질게 죽은 자를 욕하는 것이 아니다. 『미당 담론』으로 미당에게 돌을 던진 날은 공교롭게도 '스승의 날'을 전후한 시기였다.

2

"죄는 밉되 사람은 미워하지 말아야 한다"는 김대중 대통령의 논리가 유독 아름답게 들리던 때가 있었다. 그것이 그의 종교적 믿음에서 얻어진 확신인지, 아니면 어디서 차용한 논리인지, 혹은 김대중 대통령의 창조적인 말인지, 과문한 탓으로 알 길이 없으나, 그 말이 매우 감동적이고 확신에 찬 논리로 들렸던 것은 사실이다. 그리고 그런 논리를 설파한 김 대통령이 과거 그의 생애에서, 숱한 비운悲運의 터널을 겪은 분이기 때문에 더욱 그렇게 설득력이 있었던 것도 사실이다.

또한 그런 논리의 결과물로, 자신에게 총부리를 겨눴던(80년대 군부통치하에서 사형언도를 내렸던) 주인공들을 사면 복권시킨 미담美談(?)은 아직도 우리의 기억 속에 남아 있다. 물론 동서화합의 측면도 있고 정치적 이해관계도 없지 않은 것 같으나, 결론적으로 "죄는 밉되 사람은 미워하지" 않는 그의 치적治績은 두고 두고 기억될 만한 일이라고 생각되는 것이다.

여기서 한 가지 분명하게 짚고 넘어가지만, 필자는 미당의 '친일시' 나 혹은 '80년대의 실수'를 두둔할 생각은 추호도 없다. 또한 그럴만한 입장도 아니다. 다만, '사람을 미워한' 흔적이 많이 보이는 『미당 담론』의 부당성을 지적하고 있을 뿐이며, 그것도 돌아가신 스승께 돌을 던진 제자에게 하는 말일 뿐이다.

예수가 간음한 여자를 끌어들이고 대중을 향하여 말했다. "너희 중에 죄 없는 자 있으면 저 여자를 돌로 쳐라"라고. 그러나 그 여자를 돌로 친 사람은 아무도 없었다.

다음과 같은 고은씨의 말은 사람을 미워한 흔적이 역력하다.

> 1980년 5월이 지나갔다. 이미 미당은 8할 이상 부정되었다. 1983년 내가 세상에 돌아왔을 때 어느 회합에서 그와 마주치게 되었다. 10년 가까이 만나지 않은 처지였다. "왜 안 오시는가, 꼭 와, 오란 말이여"라고 그가 말했다. 그때 내 입에서 누가 말릴 겨를도 없이 한마디 대꾸가 튀어나왔다. "선생님 세상 떠나시면 가겠습니다." 한동안 그는 내 하반신을 바라보다가 돌아섰다. 나도 돌아섰다. 그는 1915년 생이고 나는 1933년 생이었다.
>
> ―《창작과 비평》 p.189

글쎄, 이러한 구절들을 어떻게 받아들여야 될는지? '선생님'이라는 호칭에 '님'이라는 존칭어미가 붙어있고, '떠나시면'에 '시'라는 존칭보조어미가 붙어 있기 망정이지, 어쩐지 이 구절은 '당신 죽으면 가겠다'는 식의 막가는 말로 받아들여진다.

도대체 문학적 이상이 무엇이고, 정치적 이데올로기라는 것이 무언인가? 사람이 먼저이지 문학이 우선이라고는 결코 생각할 수 없다. 그리고 문학적 이상 실현에 있어서도 그 문학은 '인간의 溫氣'로 충만해 있을 때 가능한 것이다. 그래서 시인에게 윤리적이고 도덕적인 인간이기를 희망하는 소이도 바로 거기에 있다고 하겠다.

가령, 남북이산가족 찾기를 예로 들면 그 점은 자명해진다. 그 자신의 아버지가 북한 김정일 체제에 부역했다고 해서, 이산가족을 찾아 남한에 온 아버지를 '당신 죽으면 만나겠다' 고 하겠는가? 그 자신의 문학적 아버지인 미당을 면전에서 '당신 죽으면 가겠다' 는 말은 사람으로서는 가능한 말이 아니다. 설사 문학적으로 불만이 있고 정치적으로 문제가 있다손 하더라도 아버지는 끝까지 아버지여야 된다.

또한 필자는, 일제하의 질곡 속을 건넌 "눌리운 자"의 "以存策"(김우창의 표현)을 돌로 치듯이 극단적으로 몰아붙일 생각은 없는 사람이다. 그리고 일제의 터널을 건넌 우리 민족의 대부분이 약한 자의 면모로 살았었다는 점을 믿고 있는 사람이다. 가령, 요즈음 솔솔 불거져 나오는 일제하에서의 우리 언론의 형태를 보라. 막강한 위력을 지닌 언론이 그렇게 약한 면모를 보였던 것을 보면, 하물며 원초적으로 약한 존재인 인간들이야 어떠했겠는가?

가까이는 6·25 전쟁 때 공산치하에서 살았던 3개월간의 우리 민족의 "以存策"을 생각해보라. 공산치하에서 살아남기 위하여 첫 번째의 부류는 '부역'을 했고, 두 번째의 부류는 '협조'를 했고, 세 번째의 부류는 '적응'을 했다고 믿는다. 그 어느 누가 공산치하에서 그 체제를 거부하고 저항했었는가? 이 모두가 굴곡 많았던 우리의 역사가 치유하기 어려운 죄罪를 만들었고, 아픈 벌罰을 만들었을 뿐이다. 일제시대, 창씨 개명하고 친일하고 협조하고 적응하고 살았던 할아버지의 후손들이, 과연 누가 누구에게 돌을 던질 수 있단 말인가? 따지고 보면 굴곡 많았던 역사 속에서 어느 누구도 자유로울 수 없을 것이라고 믿고 있다.

필자는 여러 해 전 광주 망월동 묘지를 다녀온 적이 있다.

모처럼
망월동 묘역에 가서
한 분씩 한 분씩
묘비에 안치된 사진과
수인사를 했네.
전에는 부끄러워
찾지도 못하다가
맘 먹고 찾아가서
사진들과 영혼들과
눈을 맞추었네.
눈을 맞추며 눈물을
씻으며 찾아봐도
낯 익은 얼굴은 한 분도
없었네.

신문에도 나고
얼굴도 꽤나 알려진
흔히 말하는
지식인은 보이지 않았네.
흔히 말하는
저항시인의 얼굴도
민주 투쟁의 정치인도
보이지 않고,

이름 없는 풀꽃만이
슬프게 웃고 있었네
다만 부끄러워
고개를 떨구고 돌아왔네.

— 필자의 「망월동 묘역의 풀꽃」 전문

어찌보면 지식인이란 교활한 존재일지도 모른다. 특히 시인의 경우(일부이긴 하지만) 자신에게 닥치는 생명위협의 순간에는 잠시 비껴 서 있다가, 이름을 드날릴 순간이 오면 칩거하던 동굴에서 재빠르게 뛰쳐나와 얼굴을 내려는, 교활한 면모를 보이는 사람이 있으니 하는 말이다.

그러한 현상을 일제시대는 젖혀두고라도, 6·25 공산치하이건 4·19 학생의거 현장이건 5·16 뒤 유신치하이건, 상황은 비슷하게 나타난다. 물론 80년 광주의 경우도 예외는 아니다.

6·25때 피난 갔던 문사들의 일화는 많이 남아있지만, 공산치하에서 오직 민주이념으로 저항했다는 문인의 일화는 들은 일이 없다. 4·19때 불길 속에 뛰어들어 산화한 학생은 있었지만, 그 불길의 현장에서 이슬로 사라진 시인의 이름을 들은 적은 없다. 5·16 뒤에도 김지하의 「五賊」만이 기억에 있을 뿐, 생과 사의 갈림길에 맞닿아 있었던 문인은 기억에 없다. 80년 광주의 현장엔 보이지 않았던 문인들이 칼날이 지나간 뒤에 얼굴 내려 하던 문인은 소흘찮게 있었다. 사실, 따지고 보면 '내 탓이로소이다' 가 아니라더라도 우리 모두가 죄인일 수도 있다.

물론, 그때 그때마다 현장에 뛰어들었어야 했다는 말은 아니다. 사건의 현장에는 없었는데 마치 자신이 사건의 중심에 서 있기라도 한 듯이, 생색내려는 것을 문제 삼는 것이다.

무당도 진짜 신들린 무당은 칼날 위를 걸을 수 있을 때, 그를 진짜 신들린 무당이라 부를 수 있다. 멍석이 깔려야만 굿을 하고 멍석이 깔리지 않으면 굿을 못하는 무당은 사이비 무당이다. 마찬가지로 사건의 현장에서 비켜 서 있다가, 어느 정도 저항할 만한, 생명의 위협을 받지 않을 만한 분위기가 조성됐을 때, 저항시를 지껄여대는 모습은 뜻있는 이들을 슬프게 한다. 저항시를 쓰지 말라는 얘기는 절대로 아니다. 저항시다운 저항시를 쓰려면, 민중의 앞장에서 등불이 되는 시를 써야 하고 칼날을 무릅쓰고 썼을 때, 그 의미가 두드러질 것이라는 말이다. 굿 뒤에 병풍치는 격은 곤란하다는 얘기다.

미당의 '보신책'을 질타하던 고은씨가 형장의 이슬로 사라질 뻔 했다는 얘기를 들은 일이 없다. 물론 80년 광주의 현장에 그가 앞장 서 있었다는 얘기를 들은 일도 없다. 김대중 사건에 연루되어 잠시 옥살이를 하고 나와 "1983년 내가 세상에 돌아왔을 때"라고 거드름을 피운 정도만 알고 있을 뿐이다. 그가 민주투쟁의 대열에 서 있었고 "민족 전체의 詩인 통일"을 말하며 통일지향적 입장에 있었던 것을 모르는 바는 아니지만, 그런 정도의 이력서로 스승을 밟고 튀어보려는 얄팍한 행보는, 눈을 뜨고 바라보는 대다수 국민들의 박수를 받을 수는 없다.

필자의 고향 마을에 불이 난 일이 있었다. 그런데 그 불이 난 집 안방에 갓난아이가 있는 걸 뒤 늦게 알았다. 동네 사람들이 불길을 잡으려고 몰려왔지만, 갓난아이 일로 갈피를 잡지 못하는 순간, 그 불길 속으로 뛰어 들어가 갓난아이를 보듬고 나온 사람은 뜻밖에도 미천하기 짝이 없는 평소 천덕꾸러기요, 병신 취급당하던 머슴살이하던 친구였.

이 고향 마을의 실화實話는, 80년 광주를 비롯한 일련의 굴곡 많은 우리의 역사적 순간들을 되돌아보게 해준다.

3

필자는 『미당 담론』을 접하면서 눈앞에 어른거리는 그림(사진) 하나가 있었다. 그것은 두말할 것도 없이 김대중 대통령과 김정일 위원장 사이에 끼어 있던 한 시인의 그림이었다. 물론 그것은 통일지향적인 그의 문학적 행보와 동궤同軌의 행동이요. 사진이랄 수 있지만, 그래도 어쩐지 동행한 여러 사람들을 젖히고 두 정치인 사이에 끼어 있던 모습은 바람직스럽게 비쳐지는 것은 아니었다.

왜 한 사람의 시인이 거기 끼어 있어야 하는가? 시인은 본래 야인野人이요, 자유인自由人으로 서 있을 때 아름다운 법이다. 특히 거기 끼어 있던 고은씨 스스로도 "왜 문학이 권력에 종속되는가. 왜 시와 시인이 시대에 대한 저항적 자아를 성립시키지 못 하는가"(《창작과 비평》, p.308)라고 흥분하고 있는 것과는 앞뒤가 맞지 않는다.

또한 그 자신의 말대로 "현실의 여러 과녁으로부터 저만치 소개되어 있기보다, 돌아쳐 맞서는 산짐승의 태세"도 좋은 말이다. '행동하는 지성'이라는 말도 있지만, 그러나 그 '행동'은 시인에게 있어 언어로서의 행동을 말하는 것이어야 한다. 시인이 정치 일선에 나서야 한다는 말은 결코 아니다. "돌아쳐 맞서는 산짐승의 태세"를 말한 분이, 유독 두 정치인 사이에서 축배를 들던 모습은 결코 어울리는 장면은 아니었다. 아마 모르긴 모르되 앞으로 세월이 흐르면 미당의 '원죄'처럼 그 사진은 그에게 따라다닐 지도 모른다.

그리고 한 발 더 나아가서는 그동안의 김정일의 행적에 대해서도 생각해봐야 될 일이다. 만약 먼 훗날, 통일 조국의 역사가 바로 설 때에, 김정일의 행적이 비판을 받는다면, 그래서 거기 두 정치인 사이에 끼어 와인 잔을 부딪치는 장면이 문제가 된다면 어찌하겠는가. 자기 자신의 행보는 언제 어디서나 정당화되고, 그래서 정치적 행보도 정당화되고, 스승인 미당의 정치적 실수만은 비판받아야 한다는 논리는 가능하지 않다.

한편, 거기 세 분 중에서 김대중 대통령의 통일지향적 행보에 대해서는, 국민적 관심과 박수를 받은 일이므로 여기서 왈가왈부할 필요는 없다. 그리고 한 때 민주화 투쟁 과정에서 고행苦行을 같이 하기도 했던 그의 투쟁(?)이나, "민족 전체의 詩인 통일"이라던 그의 통일지향적 신념을 비판할 생각은 추호도 없다.

그러나 민주화 투쟁의 대열에 동참했던 일은 아름답고 정당했지만, 일단 대통령이 되고 권좌에 오른 뒤의 김대통령에 대한 무비판적 추종은, 또 다른 '용비어천가'나 '어용시인'이 탄생될 위험성을 안고 있다는 것을 지적하는 것이다. "자기 성찰 없이 권력의 품에서만 안주"했다고 미당을 꼬집은 분이, "권력의 품"에 들어가 나란히 비행기에 오르는 모습은 결코 바람직스러운 것만은 아니다.

그래서 시인은 영원히 '野人'이기를 희망하는 것이고, 나의 행동은 정의이고 남의 행동은 불의라는 말도 성립될 수 없다고 하겠다.

4

앞에서도 잠깐 말했지만, 『미당 담론』의 진의眞意가 '이제 미당 시대는 끝났으니, 미당을 밟고 그 자신이 튀어보자'는 것인가? 다소 그 의도가 모호한 면이 없지는 않다. 그러나 만약 그런 의도에서 출발했다면, 그건 어림없는 얘기다. 미당에 대한 그간의 찬사들을 생각해보면 그건 자명해진다.

가령 "백년 만에 하나 나올까 말까한 인물"(김재홍)이라든가, "이 나라 시인 부족의 족장"(유종호), 혹은 "인류 역사상 모차르트 음악과 미당시가 가장 아름답다고 생각"(이남호)한다는 찬사들을 생각해 보라. 그리고 고은씨 자신도 "명작은 많고 졸작은 많지 않다"고 말하지 않았던가.

진정으로 미당을 밟고 튀어볼 생각이 있다면, 시(작품)로서 승부를 걸어야 한다. 돌아가신 스승에게 돌을 던져 해결될 일이 아니요, 스승의 작품을 헐뜯는다고 해결될 일이 아니다.

『미당 담론』에서 고은씨는 미당의 초기시 「자화상」과 「귀촉도」를 문제 삼고 있다. 따라서 형평성을 고려해 고은씨의 초기시에 대해서도 대중 앞에 물어야 한다.

잘 알려져 있다시피 「자화상」은 『화사집』의 첫 페이지에 실린 작품이고, 「귀촉도」는 『귀촉도』(제2시집)의 표제시이지만, 「귀촉도」가 최금동崔琴童의 시나리오 「哀戀頌」(1936년도 동아일보 시나리오 공모 당선작)에 넣은 작품임을 고려하면, 시가 쓰여진 시기는 1936년경이다. 그러므로 두 작품 모두 미당의 초기시라 할 수 있다.

따라서 고은씨의 초기시를 여기서 묻는 건 당연한 논리다.

> 누님이 와서 이마 맡에 앉고
> 외로운 파스·하이드라지드 瓶 속에
> 들어있는 情緖를 보고 있다.
> 뜨락의 木蓮이 쪼개어지고 있다.
> 한번의 긴 숨이 창 너머 하늘로 삭아가 버린다.
> 오늘, 슬픈 하루의 오후에도
> 늑골에서 두근거리는 神이
> 어딘가의 머나먼 곳으로 간다.
> 지금은 거울에 담겨진 祈禱와
> 소름조차 말라버린 얼굴
> 모든 것은 이렇게 두려웁고나
> 기침은 누님의 姦淫,
> 한 겨를의 실크빛 戀愛에도
> 나의 시달리는 홑이불의 일요일을
> 누님이 그렇게 보고 있다.
> 언제나 오는 것은 없고 떠나는 것 뿐
> 누님이 치마 끝을 매만지며

化粧 얼굴의 땀을 닦아내린다.

— 「肺結核」(1) 전문

이 작품은 『고은시전집』(민음사, 1993)의 첫 페이지에 실린 작품이고, 첫 시집 『彼岸感性』에도 실린 그의 초기시이다.

이 시는 우선 문패를 잘못 달은 것 같다. 「肺結核」이라는 문패를 보고 집을 찾아들었더니, 주인(肺結核)은 잘 보이지 않고 그 집의 풍경(병원 풍경)만 보인다. 그리고 그 풍경이라는 것도 "파스·하이드라지드 瓶"같은 소도구(폐병 치료약)들을 보여주는가 싶더니, 이내 감상자의 시선을 우롱해버리고 "누님"에다가 그 포커스를 맞추고 있다.

가령 "기침은 누님의 姦淫"이라든가, "한 겨를의 실크빛 戀愛", 혹은 "누님이 치마 끝을 매만지며 / 化粧 얼굴의 땀을 닦아"내린다는 등의 연상작용은 '肺結核'과 무슨 상관성이 있는가 하는 의문을 자아내게 만든다. 폐결핵 환자가 성욕性慾에는 강하다는 속설이 있는데, "누님"을 혹시라도 섹스의 대상으로 연상한 것은 아닌지? 그것은 천부당만부당한 상상이지만, 만약 그렇다면 시인의 윤리성 문제로 비화할 수 있는 소지를 안고 있다.

이 시에는 군데군데 파편적으로 '번뜩이는 재주'가 보이는 구절이 있는 것도 사실이다. 그러나 그 '번뜩이는 재주'라는 것도 시의 유기체적 통일이 전제될 때 빛날 수 있다는 걸 이해해야 된다. 만약 한 편의 시가 유기체적 통일과 조화가 안 되어 있을 때, 시가 피돌기라 할 수 있는 내재율면에서 흠을 보일 수밖에 없으며, 번뜩이는 절창구絶唱句도 그 빛을 상실하게 된다는 말이다.

이 작품뿐 아니라 『고은시전집』 두 권 중 제1권을 통독하던 필자는, 책을 내던져버린 적이 있다는 걸 솔직히 고백한다. 떠들썩한 그의 성가聲價에 비하여 너무도 읽을 만한 것이 없었기 때문이다. 예의 그 '번뜩이는 재주'로 보이는 파편적 절창구絶唱句가 있을 뿐, 대부분 거의 모두가 그의 이름값에 부응하지 못하고 있었고, 역시 그 유기체적 통일성에 문제가 있었다.

고은은 위의 「肺結核」을 제작하면서 이상李箱류의 쉬르리얼리즘 시를 떠올린 것 같은 느낌도 없지 않다. 따라서 이상李箱의 작품에 보이는 '파편적 감정'(조연현의 표현)을 이 작품에 원용하고 있는 것 같은데, 그런 면에서도 이 작품이 독자를 흡수하기에는 함량 미달인 것 같다. 말하자면, 이상의 「오감도」 등 일련의 작품에는, 그야말로 이상한 신비를 감추고 있는 듯, 독자를 끌어당기는 마력적 흡인력이라도 있지만, 그의 작품에는 우선 그러한 마력적 흡인력이 없다. 오히려 "늑골에서 두근거리는 神" 같은 구절을 보임으로써, 독자들을 시적 미로迷路에서 헤어나지 못하게 만들고 있다. 물론 쉬르리얼리즘 시에는 몽환적 세계도 있음을 잘 알고 있다. 그러나 그 '夢幻'과 '迷路'는 결코 같은 것이 아님을 이해해야 된다.

잘 아는 바와 같이 '늑골'은 흉곽을 구성하는 뼈이다. 신神의 음성(계시)은 영감靈感으로 받아들이는 것이고, 그 영감은 가슴이 아니라 머리에서이다. 설사 가슴이라 할지라도 심장에 무게가 실릴 때 그 언어는 가능한 것이지, '늑골'에 무게가 실리면 독자를 우롱하는 속임수에 다름 아니다.

시의 언어는 논리를 초월하는 논리라 해서 그것을 시적 논리라 한다. 시의 진술은, 진술은 진술이되 논설의 진술과는 달라서 '의사진술擬似陳述'이라고도 한다. 그런데 미당의 '자화상'을 논하면서, "체질적인 자기

합리화"라 말함으로써, 시가 마치 논설인 것처럼 착각하고 꼬집던 그가, 실상 그 자신의 시에서는 이러한 파편적 언어로서 독자를 우롱하고 있는 것인지 모를 일이다.

또한 그는 「자화상」을 논하면서 "'죄인', '천지'는 시의 진정성을 이끌어내는 탁월한 은유이지만, 그것은 강력한 수사修辭이지 깊은 자기성찰이나 '회개'의 아픔 같은 것에는 이르지 않는 추상으로 된다"고 꼬집고도 있다.

고은씨에게 묻고 싶다. 자신의 작품 어느 구절에 자기성찰이나 '회개'의 아픔 같은 것이 묻어 있는지 묻고 싶은 것이다. 작품 속에 꼭 '회개'가 있어야 하는지도 의문이지만, 그의 작품 속 어디에도 '회개'는 보이지 않기 때문이다. 또한 "병든 수캐마냥 헐떡거리며"에 대해서도 "주관적 자기설명"이라고 꼬집고 있는데, 시는 자기를 설명하는 것이 아니라도 점도 이해하시기 바란다.

물론 시에는 시적 자아가 있어야 되고, 시적 자아가 노래하는 것이다. 설사 시적 자아가 없는 작품이라 할지라도 시는 결국 자기표현이요, 넓은 의미의 시인의 자화상을 시 속에 그려놓는 것이다. 그리고 그러한 자화상은, 모든 개인들의 '자아'와 관련될 수밖에 없으며, 그리하여 독자와의 영적 만남과 화해가 이루어지는 것이다. 그렇다고 시가 "사생활 언저리"만을 맴돌아야 한다는 말은 결코 아니다.

고은씨는 또한 미당의 그 유명한 "팔할이 바람"을 문제 삼고 있다. 이 문제는 좀 더 중대한 문제이므로 여기 인용해보겠다.

"스물 세 햇 동안 나를 키운 건 八割이 바람이다"라는 유명한 선언은 사실상 그것을 읽는 사람의 심금에 닿는 것에 앞서 시인 자신에게는 과장된 것이다. 왜냐하면 겨우 중앙고보, 고창고보를 다닌 뒤의 경성 '京城' 시대의 첫 걸음이 이십대 초에 해당되기 때문이다. 아마도 이 선언이 과장이 아니기 위해서는 생애 50세 내지 60세쯤 살고 나서 뱉어내는 탄식이 요구될 것이다. 그런데도 기껏 이십대 초의 방황쯤으로 삶의 8할을 바람으로 돌리는 것은 언어자체가 가지는 허상으로서의 감동유발에 다름 아니다.

글쎄, 시가 '선언'이어야 되는 지는 고은식式 문법으로 치더래도, 위와 같은 구절을 대하면 실소失笑를 머금게 할 뿐만 아니라, '번뜩이는 재주'를 지녔다는 말 자체를 철회해야 될 정도로 아연실색啞然失色하게 만든다. 미당 시의 어디에 '삶의 8할'을 '바람'이라 했는가. "스물 세 햇 동안"이라는 숫자개념이 분명히 못박혀 있는데, 왜 "50세 내지 60세쯤" 살고라는 말이 나오는가. '방황'이라는 것도 20대의 문학청년적(보들레르적) 정신적 혹은 육정적 방황을 말하는 것이지, 60대(老年)의 이른바 '떠돌이' 의식을 말하는 것이 아니다.

요컨대, 그는 "겨우 중앙고보·고창고보"쯤 다닌 새파란 애송이가 "50세 내지 60세쯤 살고 나서 뱉어내는 탄식"을 할 수 있느냐는 얘긴데, 바로 이 대목이 실소를 머금게 하는 대목이다. '방황'이라는 것은 한 생애를 통하여 끝나지 않는 것이므로, 20대에는 20대적 방황이 있을 수 있고, 60대에는 60대적 방황이 있을 수 있다. 그 '방황'의 굴곡이 크면 클수록 시적 자아를 만들어 가는데 있어 좋은 보약이 될 수도 있고 독약이 될 수도 있다. 사람에 따라서는 예수적 방황을 할 수도 있고 공자적 방황을 할 수 있으며, 석가적 방황에 도달하는 사람도 있을 수 있다. 미당의 20대적 '방황'은 그의 문학에 '보약'이 되었음을 이미 그의 명작들을 통하여 검증 받고 있는 것이다.

고은씨는 또한 미당의 시 「귀촉도」를 문제 삼고 있다. "황당무계한 작품"이라는 것이다. 이「귀촉도」는 그동안 인구人口에 많이 회자되어 왔고, 대학생들에게 '애송시 감상' 과제를 내면 흔히 그 '애송시' 반열에 오르기도 하는 작품인데 "황당무계한 작품"이라는 것이다.

시는 일단 발표되면 독자들의 것이다. 고은씨의 "황당무계" 발언에도 불구하고 미당의「귀촉도」는 계속해서 인구에 회자되고 '애송시 감상문'에도 오를 것이다.

물론 '귀촉도'의 구조에 대해서는 필자의 저서 『서정주 예술언어』(국학자료원, 2000)에 밝힌 바 있다. 이 작품이 미당의 친구였던 최금동(시나리오 작가)의「哀戀頌」에 넣기 위해 제작된 시이고, 그래서 그 구조도 미시적으로 들여다보면, 시적 화자가 연聯마다 뒤바뀌는 상황이 연출되고 있다. 그러니까 고은씨의「귀촉도」에 대한 폄훼 발언이 어느 면 일리는 있다고 생각된다.

그러나 그의 폄훼 발언에 문제가 있다면 그것은, '스승'의 작품을 난도질하는 자세에 문제가 있는 것이다. '스승'의 작품이라 할지라도 평론가적 자세로 분석하고 평가할 수는 있다. 또 아무리 대가大家라 할지라도 명작이 있을 수 있고 태작駄作이 있을 수도 있다. 시인이 발표한 모든 작품이 명작이 되어야 한다는 것은 세계의 역사에도 없거니와 무리한 주문이다. 유독 미당의 초기 시 두 편만 거론하면서 폄훼하려는 태도는 사리에 맞지 않는 자세이다.

그러면 다시 형평성에 맞게, 고은씨의 초기시(데뷔작) 한 편을 더 살펴보기로 하자.

봄밤임을 알아라.
여자의 음성은 들리지 않더라도

신앙이 없다 하더라도
봄밤임을 알아
저 多島海를 바라보라.

섬마다 등불은 키어 있으며
바다에는
결백한 불그림자가 머물고 있나니,
여자의 음성은 건너오지 않더라도

신앙이 없다 하여도
눈을 감고 서서
유혹에 이끌리듯
인기척을 하여라

봄의 젊은 사람아
봄의 젊은 사공아

多島海
이웃 섬들끼리 서로 밝으며
호수의 마음이 떠오르는 봄바다에
밤은 아주 길게 새이고
고요한 새벽은
모두 얇은 늦은 잠, 봄의 땀 냄새에 껌벅어리나니

여자의 음성은 없더라도
인기척을 보내다가 그 메아리라도 들어보아라.
조용한 물결에 가라앉는
등불을 바라보며
다수굿이 참아 보아라
젊은 사공이여

그렇다 한들 아직 이 밤은 검은 多島海.

적막한 이웃 섬들의 침묵을 대하여
봄밤임을 알아라
젊은 사람들이여

— 고은, 「봄 밤의 말씀」 전문

　이 작품보다 앞서 얘기한 「肺結核」에도 '누님'이 등장하는데, 이 작품에도 우선 그 '여자'가 등장하고 있다. 이 시를 쓸 무렵(1959년 무렵)이면 그가 사미승沙彌僧 시절을 청산할 무렵으로 짐작되는데, '여자'가 자꾸 등장하는 것을 보면 아마 그가 수도修道를 잘못했던 모양이다. 말하자면 수도修道를 잘못한 사이비 중僧이었거나, '여자'에 대한 갈증을 거꾸로 초연한 척 했거나, 둘 중의 하나로 짐작된다. 만약 수도가 잘못된 중僧이었다면, 10년 가까운 사미승 시절(1952년 출가)이 허무한 세월이었다고 볼 수 있고, '여자'에 대한 갈증을 거꾸로 초연했다면, 시적 자아의 진실성에 문제가 있다고 하겠다.
　그러나 그보다 더 본질적으로 중요한 문제는, 이 시가 미당시 「귀촉도」처럼 '애송시' 반열에 오르지도 않았을 뿐만 아니라, 앞의 「肺結核」에서 보였던 '번뜩이는 재주'마저 없어 보이는 태작駄作이라는 데에 있다.
　무릇 시는 언어예술이기 때문에, 언어의 선택에 무리가 있어서는 안 된다. T.S. 엘리어트는 "思想을 장미의 향기로 표현하라"고 말하지 않았던가.
　우선 이 시의 그 제목이 「봄 밤의 말씀」인데, 그 '말씀'의 주체가 시인(화자) 자신인지 아니면 어떤 상징적 존재(절대자)인지 알 길이 묘연하다. 만약 그 화자가 시인 자신이라고 한다면, 아직 사미승 시절을 갓 넘긴 주제에 "젊은 사람들이여" 하고 권하는 어떤 선적禪的 계시적啓示的 발음이 건방기를 생각게 하고, 만약 그 화자가 상징적 존재(절대자)라고 한다면,

"여자의 음성은 들리지 않더라도" 하는 구절들이 속스러워 보인다.

하지만 이 시의 문제점은 그런데에만 있는 것이 아니다. 시적 언어에 너무 많은 문제를 안고 있다. 시가 아무리 논리를 초월할 수 있다지만, 적어도 그 언어가 공감대는 확보되어야 한다. 가령, 이 시의 "결백한 불그림자"라든가, "이웃 섬들끼리 서로 밝으며", "모두 얇은 늦은 잠", "봄의 땀냄새에 껌벅어리나니" 등의 구절들은, 아무리 고은식 문법이라지만, 도대체 이해할 수가 없다. 아마 이러한 구절들을 초등학생에게 물어봐도 그건 잘못 표현된 언어라고 말할 것이다. 아무리 시적 언어라지만 언어의 난삽한 조작은 독자를 우롱하는 속임수에 불과하다. 그리고 이 작품의 문제점은 언어만이 아니다. 시의 유기체적 구조의 면에서는 더욱더 결정적인 흠을 안고 있다.

도대체, 이 시는 누가 누구에게 메시지를 던지고 있는 것인지 아리송하다. 어찌 보면 시인(화자) 자신에게 던지는 메시지 같기도 하고, 어찌 보면, '젊은 사람'이나 '젊은 사공'에게 던지는 메시지 같기도 하다. 그리고 그렇듯 아리송하게 만드는 것은 이 시가 구조적으로 문제가 있기 때문이다. 도대체 '봄밤' – '신앙' – '多島海' – '젊은 사공'들이 무슨 유기적 관련성이 있는가를 고은씨에게 묻고 싶다.

난해시와 난삽한 시는 전혀 다른 것이다. 요즈음 흔히 말하는 현대시의 난해성은, 이를테면 '프리즘'으로 비유될 수 있는 다면적이고 복합적인 사유기능 때문에 발생하는 것이다. 과거의 시가 '노래하는 시'였다면, 오늘의 시가 '생각하는 시'의 속성을 띠고 있는 것은 바로 그런 측면이다.

대개의 경우 흔히 말하는 난해시의 속성은, 우선 그 표현이 평이하고 까다롭지 않다. 인생과 사물에 대한 깊은 사색과 명상에서 터득되는 세계를 노래하기 때문에 독자들을 사뭇 명상과 사색과 침잠의 세계로 안내

하고 상상의 날개를 펼치도록 만들어준다. 대개의 경우 상징과 은유가 그 표현 미학을 이룬다.

거기에 비해서 난삽한 시의 속성은, 우선 그 표현이 까다롭고 파편적 언어를 통하여 재기才氣를 발휘하려 노력한다. 순간적 재치로 촉발되는 세계를 노래하기 때문에, 유머와 위트로 커버하려는 속성을 띠게 되고, 따라서 그것은 독자들을 우롱하는 속임수로 작용한다. 파편적으로 재기 才氣가 빛날 수 있지만, 유기체적 통일성이 결여될 수밖에 없고, 내재율 면에서 흠을 보일 수밖에 없다.

전자(난해시)의 경우, 다소 시적 모호성은 있더라도 공감대가 확보될 개연성이 높다. 그러나 후자(난삽한 시)의 경우는 공감대가 확보되지 못하고 독자들을 헷갈리게 만들 수 있다.

앞에서 논의한 고은씨의 두 편의 시는, 아무래도 후자에 속하는 것 같다. 그리고 앞의 두 작품뿐만 아니라 『고은시전집』(1)에 보이고 있는 작품의 일반적 경향은 바로 그런 난삽한 시에 해당된다는 점도 지적해둔다. 대개의 고은씨의 작품들이 독자들을 사뭇 시적 미로迷路에서 헤매게 만드는 것은 그 때문이다. 『고은시전집』(1)에 나타난 것만으로 보면, 미당시를 실패작이라고 운운할 처지가 아니다.

'섬광적 재주'와 '천부적 영감'은 다르다. 미당시에 나타나는 시적 '천부성' 앞에서, 번뜩이는 '재주' 하나로 미당을 능가하기에는 대단히 미안하지만 역부족인 것 같다.

그리고 이번의 『미당 담론』은 생각하기에 따라서는 '섬광적 재주'가 '천부적 영감'에게 도전한 것으로 비쳐질 수도 있다. 왜냐하면 도전적 글을 쓴 사람의 문맥에선 어쩐지 미당시 산맥의 정상頂上을 탐낸 것 같은 느낌도 없지 않기 때문이다. 그래서 그 '정상'을 탈환해보려는 어두운 욕망을 "한 시대는 미당을 마감하고" 등에서 보여준다.

　필자는 앞에서, '진정으로 미당을 밟고 튀어볼 생각이 있다면 시(작품)으로서 승부를 걸어야 한다'고 말한 바 있다. 초기시 두 편만 예로 들어 말한다면, 승부는 이미 끝난 게임이다.

　미당의 시적 천부성 앞에 약간의 재주를 부리는 것만으로는 안 된다. 미당도 그의 제자 고은을 말할 때 "고은이는 참 재조있지" 했다지만, 그 '재조' 만으로 시와 대면할 일이 아니다. 시적 천부성을 업어야 된다.

　김기림金起林이나 김광균金光均이 회화성의 '재조'를 부렸지만, 그리고 주지적 작풍作風으로 대들어 봤지만, 어디 그것이 가능한 일이던가. 두말할 필요도 없이 고은씨는 만해萬海나 미당未堂의 상징적 은유적 어법을 배워야 한다. 그러므로 시를 쓰는 일에 있어서만은, 미당이 고은씨의 '스승' 이라는 점은 아직도 유효하다. 그리고 고은씨가 스승인 미당의 시와 인생을, 제아무리 폄훼하고 부관참시剖棺斬屍를 한다해도, 미당시는 한국시의 '스승' 으로 오래오래 우뚝 솟아 있을 것이라는 점도 분명하다고 하겠다.

《문예운동》, 2001. 가을호.

『질마재 神話』의 토속성과 설화성
— 백석시白石詩와의 대비적對比的 고찰

1

'思想을 장미의 향기로 표현하라'는 T.S. 엘리어트의 말은 현대시의 기법에 대한 표현으로 널리 알려진 말이다. 이 말은 현대시의 표현기능에 대하여 매우 암시적인 효과를 거두고 있는 말로 보인다. 이 엘리어트의 말에서 물론 '思想'은 심적 형태心的形態인 이미지를 말하는 것이지만, 그 이미지를 '장미의 향기'로 표현하라는 말 속에 함유되어 있는 뜻은 시의 효과적인 표현에 대하여 시사해주는 바가 크다는 볼 수 있다.

그러나 우리가 '장미의 향기'라는 말이 시사해주는 바는 쉽게 짐작할 수 있다할지라도, 그 말이 함유하고 있는 만큼의 효과적인 표현의 성과를 거두기는 그렇게 쉬운 일만은 결코 아니다. 더구나 오늘날처럼 언어가 공해의 요소에 지나지 않는다고 말해도 지나친 과장이 아닐 정도로 언어의 해독害毒을 생각해야 되는 시대에는, 정말 오늘 우리의 삶에 신선한 충격을 줄 수 있는 시적 언어詩的言語의 절제와 조화야말로 지난至難한 일이라 아니할 수 없다.

다시 말하자면, "태초太初에 말씀이 있었느니라"의 그 '태초太初의 말씀'에서 느낄 수 있는 마법성, 그리고 그것이 주는 신통력과 생명력에 비길 때, 해일처럼 넘치는 오늘날의 언어는 너무도 무력한 것으로 전락하고 말았다고 아니할 수 없는 것이다.

우선 우리의 현실만 보더라도 냉전체제의 비극 속에 비법성非法性과 부조리가 판을 치고, 언어매체의 홍수 속에 목소리 큰 자의 언어만이 난무하고 있는 오늘의 현실은, 실로 언어를 통해서만 자아를 실현시킬 수 있는 시인에게 있어서는 정말 겸허한 자기 성찰의 시간이 필요한 때라고 생각된다.

그리고 이러한 때, "시골사람이 쓰는 말 그대로"의 어법으로 우리 민족의 원형적 고향을 시작품詩作品 속에 재현시키려 노력했던 미당의 『질마재 神話』를 다시 살펴보는 일은 결코 무의미한 일만은 아닐 것 같다. 왜냐하면, 미당시未堂詩의 토속성土俗性과 설화성說話性을 통하여 우리의 넋의 시골을 다시 되새겨 바라볼 수 있고, 우리 민족 고유의 주체적 정서를 되새겨보는 거울로 삼을 수 있으며, 나아가서는 시적 언어의 생명력을 다시금 생각해보는 계기가 될 수 있다고 믿기 때문이다. 아울러서 그것은 백석시白石詩와의 대비를 통해서 검토하는 것이 좀 더 효과적으로 접근될 수 있으리라고 믿는다.

백석은 잘 알려져 있는 것과 같이, 일제시대 이른바 한국어말살정책이 심화되던 때에, 민족주체의 정신을 확고히 지니고 '몸으로써의 행동이 아니라 언어로서의 길항'을 했던 시인이다. 그리고 그의 시에 나타나는 토속성과 설화성, 그리고 '방언주의'는 우리 현대문학사 속의 시인 가운데서 유독 미당과 견줄 만한 시인이 아닌가 생각된다.

따라서 본고는 미당과 백석의 시에 나타나는 토속성과 설화성을 대비해보려 하며, 그리고 바로 그러한 대비적 논의를 통하여 시적 언어의 생명력을 다시금 생각해보는 계기로 삼으려 한다.

2

우리의 시인 가운데 방언을 가장 많이 구사한 시인이 과연 누구인가에 대하여 논의하게 될 때, 우리는 우선 그동안 소월素月과 영랑永郎을 떠올리는 것을 당연하게 받아들여 왔다. 그 경우 소월시素月詩에 나타나는 토박한 북녘사투리와 영랑시永郎詩에 나타는 나긋나긋한 남녘사투리의 예를 들어 말하기도 했었다.

그러나 이제 그러한 견해나 논의는 수정돼야 마땅하리라고 생각된다. 미당과 백석의 시를 조금만 더 가까이 접해본 사람이라면, 바로 그 미당과 백석의 방언구사에 이미 압도당하게 될 것이며, 따라서 과거 소월의 방언구사에 대한 인식이나 영랑의 방언구사에 대한 인식을 바로잡는 계기가 되리라 믿는다. 특히 백석이 유일하게 남겨놓은 시집 『사슴』을 중심으로 한 그의 시들과 미당시 가운데서도 유독 방언의 구사가 많이 보이는 『질마재 神話』 등을 텍스트로 하여 살펴보면, 그 점이 더욱 극명하게 집힐 것이다. 그럼 여기서 이들 시인의 작품을 통하여 방언의 쓰임을 확인해보기로 한다.

    승냥이가 새끼를 치는 전에는 쇠메들 도적이 났다는 가즈랑고개
    가즈랑집은 고개 밑의
    山넘어 마을서 도야지를 잃는 밤 즘생을 쫓는

깽제미 소리가 무서웁게 들려오는 집
　　닭개즘생을 못 놓는
　　맷도야지와 이웃 사촌을 지나는 집
　　……(중략)……
　　가즈랑집 할머니
　　내가 날 때 죽은 누이도 날 때
　　무명필에 이름을 써서 백지 달아서 구신간시렁의 당즈깨에 넣어 대감님께 수영을 들였다는 가즈랑집 할머니
　　언제나 병을 앓을 때면
　　신장님 단련이라고 하는 가즈랑집 할머니
　　구신의 딸이라고 생각하면 슳버졌다.

—백석白石, 「가즈랑집」에서

　　'눈들 영감 마른 명태 자시듯' 이란 말이 또 질마재 마을에 있는데요. 참, 용해요. 그 딴딴히 마른 뼈다귀가 억센 명태를 어떻게 그렇게는 머리끝에서 꼬리끝까지 쬐끔도 안 남기고 목구멍 속으로 모조리 다 우물거려 넘기시는지, 우아랫니 하나도 없는 여든 살짜리 늙은 할아버지가 정말 참 용해요. 하루 몇십 리씩의 지게 소금장수인 이 집 손자가 꿈속의 어쩌다가의 떡처럼 한 마리씩 사다 주는 거니까 맛도 무척 좋을 테지만 그 사나운 뼈다귀들을 다 어떻게 속에다 따 담는지 그건 용해요.
　　이것도 아마 이 하늘 밑에서는 거의 없는 일일 테니 불가불 할 수 없이 신화의 일종이겠읍죠? 그래서 그런지 아닌게 아니라 이 영감의 머리에는 꼭 귀신의 것 같은 낡고 낡은 탕건이 하나 얹히어 있었습니다. 똥구녁께는 얼마나 많이 말라 째져 있었는지, 들여다보질 못해서 거까지는 모르지만…….

—미당未堂, 「눈들 영감의 마른 명태」

　　위의 두 작품은 시집 『사슴』과 『질마재 神話』에서 별 의도 없이 뽑은 것이지만, 어떤 의미에서는 두 시집의 작품세계를 가장 특징적으로 나타내주는 작품 같기도 하다.
　　김기림의 표현대로 '시인의 기억 속에 쭈그리고 있는 동화와 전설의

나라'라는 의미에서 말이다. 그리고 두 작품이 한결같이 '고향'을 소재로 하였으며, 타향에 살면서 고향 회귀의 정서를 보이고 있다는 점, 강한 회화성과 설화를 담은 내용으로 한국인의 원형적 고향의 면면들을 가시화해주고 있다는 점, '시골 사람이 쓰는 말 그대로'의 어법과 토속어 비어들을 거침없이 사용했다는 점 등이 이들 시의 특징적인 면모들이라 할 수 있다. 특히 그 중에서도 방언의 구사는 남과 북의 그 어떤 시인에게서도 찾아볼 수 없는 그들만의 고유한 영역과 대표성을 갖고 있다고 확신한다. 그 대표성은 앞에서도 전제했듯이 김소월의 투박한 북방사투리와 김영랑의 나긋나긋한 남방사투리의 수준을 뛰어넘는 그러한 것이다. 그리고 이들의 시는 그러한 방언을 통하여 우리 민족 전래의 넋의 시골을 뿌리째 뽑아서 잘 보여주고 있으며, 바로 그 점은 민족공동체의식을 심어주는 요인이 되고 있다고 말할 수 있는 것이다. 그러면 여기서 이들 시의 방언 가운데 '가즈랑고개'와 '질마재'에 대하여 잠깐 생각해보기로 한다.

우선 '가즈랑고개'의 '가즈랑'은 우리들 남한사회의 방언 상식으로는 잘 모르는 말이어서 이동순李東洵 편, 『백석시전집白石詩全集』 부록에 수록돼 있는 낱말풀이를 찾아보니, "가즈랑집 : '가즈랑'은 고개 이름, '가즈랑집'은 할머니의 택호를 뜻함"이라고만 풀이돼 있었다. 그래서 필자는 백석의 출생지와 혹시라도 관련이 있는가 하여 확인해보니, 출생지인 '평북 정주군 갈산면 익성동平北 定州郡 葛山面 益城洞'의 '익성益城'과 잘 어울린다는 것을 알게 되었다.

즉 한자인 '익성益城'은 '중첩重疊되어 있는 고개'를 뜻하는 것으로 생각되어, 그것이 '가도가도 고개'(갈수록 고개)→'가즈랑 고개'가 된 것이 아닌가하고 생각해보았다. 말하자면 겹겹이 둘러싸인 산중에 '익성동益

城洞이 있을 것이라고 생각한 것이다. (*방언풀이에 무리가 있다면 양해 바람) 그리고 '너와 함께 나와 함께' 보다는 '너랑 나랑' 이 주는 어감이 더욱 친근하게 다가오듯이, 이 '가즈랑' 이 주는 어감도 '갈수록' 보다는 더욱 감칠맛이 난다는 생각이다.

다음으로 '질마재' 는 미당의 출생지인 전북 고창군 부안면全北 高敞君 富安面에 있는 마을 '선운리仙雲里' 의 속칭으로서, '길마' (수레를 끌 때 마소의 등에 안장같이 얹는 제구, '질마' 는 구개음화가 안된 상태)와 같은 형국으로 된 고개, 즉 '길마' + '재' → '질마재' 가 된 것이다. 그리고 사실이 '질마재' 라는 이름도 '가즈랑' 이 주는 친근한 어감과 마찬가지로 매우 토속적이고도 정감이 넘치는 고향 마을의 이름으로 다가오며. 그런 의미에서 우리네 고향의 설화를 담은 시집의 제목으로 알맞게 어필해오는 게 아닌가 생각된다.

아무튼 '가즈랑고개' 는 어쩌면 산이 많은 우리나라 북방의 고개를 대변해주는 이름인 듯하고, '질마재' 는 어쩌면 들이 많은 우리나라 남방의 돌출한 산어귀를 대변해주는 이름인 듯하다.

'가즈랑고개' 와 '질마재' 사이, 북방언어와 남방언어 사이에는 숱한 방언들이 널려 있겠지만, 이들 두 시인의 시집에 산재散在한 방언, 토속어, 비어들을 다음에 열거함으로써 북방과 남방의 방언을 음미해보는 기회로 삼는다. 『사슴』의 토속어를 열거하면 다음과 같아.

가즈랑집, 쇠메, 즘생, 깽제미, 막써레기, 구신집, 구신간, 시렁, 당즈깨, 수영, 신장남단련, 아르데즘퍼리, 마타리, 쇠조지, 가지취, 고비, 회순, 물구지우림, 둥글레우림, 광살구, 당세, 집오래, 아배, 고무, 매감탕, 토방돌, 오리치, 반디젓, 안간, 송구떡, 차떡, 끼때, 숨굴막질, 아르간, 조아질, 쌈방이, 바리깨돌림, 호박떼기, 제비손이, 화디, 사기방등, 텅납새, 무이징게국, 고방,

질동이, 집난이, 송구떡, 임내, 말쿠지, 갓신창, 개니빠디, 너울쪽, 갓사둔, 몽둥발이, 노나리군, 날기명석, 니차떡, 청밀, 조마구, 샅귀, 쇠든밤, 밝어먹고, 광대넘이, 천두, 쥔두기송편, 밤소, 팟소, 내빌날, 내빌눈, 앙궁, 곱새담, 버치, 대냥푼, 눈세기, 내빌문, 갑피기, 동말랭이, 시악이, 대님오리, 엄지, 매지, 새하러, 무감자, 돌덜구, 시라리타래, 눞, 붕어곰, 팔모알상, 장고기, 울파주, 산국, 히근하니, 선장, 그느슥한, 섭구슬, 무연한, 하누바람, 자빌기, 이스라치, 수리취, 양지귀, 홧대, 개방위, 금덤판, 섭빌, 머리오리, 싹기도, 츠고, 달궤, 소라방둥, 오금덩이, 녀귀, 탱, 나물매, 비난수, 벌개늪, 피성한, 눈숡, 이즉하니, 누굿이, 아즈내, 샛덤이, 말군, 삼굿, 햇츩방석, 갈부던, 뎅치, 디롱배기, 북덕불 등등.

백석은 평안도 사투리로 소박한 시골 풍경을 많이 그리고 있었기 때문에 '민속호벽民俗好僻'이라는 평을 받기도 했는데, 위에 열거한 방언을 통하여 느낄 수 있는 것도 바로 그 민속적인 것, 즉 토속미각土俗味覺을 상징하는 음식명을 비롯하여 시골 사람들의 생활과 얽힌 갖가지 물건들, 심지어는 민담民談이나 미신迷信, 야담野談 등과 관련된 지극히 향토적이며 민속적인 데에 뿌리를 두고 있는 방언들이라는 것이 그 특색을 이루고 있다. 그리고 이 시인이 그토록 민속적인 것에 고집스레 매달렸던 것은 그의 치열한 시인의식에서 비롯된 것이라고 받아들이지 않을 수 없다. 잘 알다시피 1930년대는 일제의 질곡 속에서도 외래적인 것이 판을 치고 있던 때여서, 시인이 그처럼 잃어져가는 우리것에 대한 향수에 집착을 했던 점은, 성숙된 시인의식과 시대현실에 대한 시적 대응이었다고 받아들이지 않을 수 없는 것이다. 『질마재 神話』의 토속어는 다음과 같다.

누곤, 망둥이, 알발로, 뒤깐, 앗세, 밑둥거리, 대가리, 하도나, 눈들, 쬐금도, 여러직, 널찍한, 등때기, 퍽으나, 시방도, 땡삐, 몸써리, ~허고, 데불고, 오양깐, 꼬마둥이, 읊어먹는, 누렁지, 찌끄래기, 사람마닥, 이쿠는, 쌍판, 요렇게, 홰딱, 괜스리, 씨월거러쌌능구만, 그리여, 차차로히, 하누님, 어쩡거리고, 덩그랗게, 보고싶기사, 분지러, 불칼, 쏘내기, 멀찌감치, 숭내, 애기, 머웃잎, 하로낮, 파다거리다, 아닌갑네, 왜장치다, 아조, ~입지요, -ㄹ갑쇼, 시시껄렁한, 뻔보기, 하드래도, 까물거리다, 가든히, 마당房, 낮바닥, 오구라져 나자빠지다, 알묏집, 개피떡, 그득한, 번즈레한, 이뿌다, 소망, 실천, 쏘내기, 웅뎅이, ~거여, 시푼, 한물댁, 배때기, 엣비슥한, 사운거리다, 일어나시겨라우, 모롱에, 쬐그만큼, 고러초롬, 걸궁배미, 논배미, 고오고오, 앵기는대로, 눈아피, 즈이집, 뿌사리, 쑥버물이, 못가리, 끄니, 에우기도, 소눈깔, 똥구녁, 개구녁, 디려다보고는, 뭇헐레, 알탕갈탕, 막가지, 우아랫두리, ~랑게, 느이, 애솔나무, 알큰하게, 시악씨, 어따, 뜨시한, 다모토리, 오동지 할아버님, 또드락거리는 등등.

"『질마재 신화』는 산문시散文詩로서 토속적土俗的이고 주술적呪術的이기까지 한 세계가 눈치를 살피지 않는 대담한 언어구사를 통하여 파헤쳐지고 있다"고 한 박재삼씨의 지적처럼, 기존의 시어 패턴을 '앗세' 작파해버리고 대담하게 속어·비어들을 구사하고 있는 특징을 보이고 있는 것이 미당시집未堂詩集『질마재 신화』의 일련의 시들이다.

위에 열거한 토속어들에서도 볼 수 있는 바와 같이, 전혀 시적 의장詩的 意匠을 거치지 않은, 전라도 시골티 그대로의 육성적 언어가 미당의 시집『질마재 신화』에는 예사로 쓰여지고 있는 것이다. 그리고 그러한 원색적 육성原色的 肉聲은 '토속적이고 주술적'이기까지 한 이야기시(설화시說話詩: narrative poetry)의 분위기와 맞물려서 한층 더 효과를 거두고 있다고 할 수 있으며 한편으로는 그러한 그의 시세계도 오늘날의 시대현실과 비추어 볼 때 하나의 시적 대응일 수 있다고 보여진다. 그것은 그의 시가 오늘날의 우리네 삶을 성찰할 수 있는 계기를 만들어준다는 면에서 그러하다. 그리고 또 한편으로는 그러한 시인의 토속어들이 우리를 묘한 친화력親和力으로 이끌어 준다는 점도 부인할 수 없다.

그러한 고향 사투리는 옛날부터 이러한 친밀한 분위기를 아주 잘 만들어 낸다. 그러므로 고향 사투리를 모르고 자라난 사람들에게는 삶에 있어서의 본질적인 그 무엇이 결핍되어 있다. 이 결핍은 다른 어떤 방식으로 보상하기 어렵다. 고향 사투리가 지닌 특수한 말소리의 억양은 어린 시절의 분위기를 다시 불러일으키기 때문에 생면부지의 낯선 사람도 공감하게 만든다.[1]

백석의 『사슴』과 미당의 『질마재 신화』에서 보여주고 있는 토속어들은, 볼노프의 말대로 '삶에 있어서의 본질적인 그 무엇'을 채워주는 요소가 아닌가 생각된다. 그리고 그것은 가족으로부터 이웃, 이웃으로부터 민족에 이르기까지, 그 어떤 친화력과 공동체의식共同體意識으로 끈끈하게 이어줄 수도 있고, 조금 다른 표현으로는 동족의식同族意識으로 이어줄 수도 있다고 믿는다.

3

다음으로 두 시인에 있어 동일하게 집히는 요소는 설화나 신화, 혹은 민속 야담의 세계를 시에 수용하고 있다는 점이다. 이 경우 앞에서도 말했듯이, 『질마재 신화』에는 '신화(myth)'라는 말이 전제되어 있어서 쉽게 이해할 수 있지만, 시집 『사슴』의 경우도 「가즈랑집」, 「삼방」, 「여우난곬족族」, 「나와 지랭이」, 「고방」 등에 수용되고 있는 설화적 요소들은, 그것이 단순히 소재 차원에 머무르고 있다고는 할지라도 1930년대 모더니즘 시의 유형과 결부시킬 때 특이한 일면이라고 지적하지 않을 수 없다. 백석의 시에 수용되고 있는 설화적 골격은 물론 미당의 경우처럼 시적 논리가 강하게 나타난다거나 메시지(특히 교시성)나 주제와 밀착되어 있는

---

[1] 볼노프(Bollnow), 『현대철학現代哲學의 전망』, p.167.

건 아니지만, 민속 야담이 서술시의 형식을 빌어서 자연스럽게 스며들고 있다고 하겠다.

> 백석의 전통지향성傳統志向性은 소월시의 설화채용, 만해시의 진술적인 방법을 적극적으로 확대시킨 서술시의 전형성 확립 등으로 요약할 수 있다. 특히 서술시는 서정주徐廷住의 이야기시, 1960년대 이후의 신동엽申東曄, 신경림申庚林의 시와 연결되며, 김지하金芝河의 담시譚詩에 의해서 계승되고 있다.2)

위의 인용문에도 지적되고 있는 바와 같이, 백석시의 설화채용은 일단은 전통지향성에서 비롯된 것이라고 보여 진다. 특히 1930년대 모더니스트들이 도시지향적인 소재를 회화화하려던 노력에 비하여, 토속미각土俗味覺이나 민담民譚, 야담野談의 줄거리를 채용하여 향토적이며 민속적인 세계에 그 뿌리를 박으려 했던 점은 우선 그러한 전통지향성을 실감케 한다.

그리고 그 같은 전통지향성은 그가 김소월金素月을 사숙私淑했었다는 점에서 연결시켜 생각해보면, 소월의 「접동새」 등 일련의 시와 어떤 합일점을 만나게 해준다. 그러나 여기서 특히 간과해서는 안 될 점은 백석의 전통지향성은 막연한 의미의 지향이 아니라 우리의 세계, 우리 민족만의 공간을 되찾아 확인하려는 노력의 일환이었으며, 우리만의 공간으로부터 민족의 동질성을 회복하고 민족공동체의식을 되찾으려는 노력 속에 그의 지향점이 있었던 것이다. 다음 두 작품을 통하여 그러한 전통지향성과 설화시로서의 차이점을 대비해보기로 한다.

---

2) 이대규李大揆, 「백석의 시세계」, 《한국언어문학》27집, p.339.

낡은 질동이에는 갈 줄 모르는 늙은 집난이 같이 송구떡이 오래도록 남아 있었다

오지항아리에는 삼촌이 밥보다 좋아하는 찹쌀탁주가 있어서

삼촌의 임내를 내어가며 나와 삼촌은 시큼털털한 술을 잘도 채어 먹었다.

제사ㅅ날이면 귀먹어리 할아버지가에서 왕밤을 밝고 싸리고치에 두 부산적을 깨었다.

손자아이들이 파리 떼같이 모이면 곰의 발 같은 손을 언제나 내어 둘렀다.

구석의 나무 말쿠지에 할아버지가 삼는 소신 같은 집신이 두둑이 걸리어도 있었다.

넷말이 사는 컴컴한 고방의 쌀독 뒤에서 나는 저녁끼 때에 불으는 소리를 듣고도 못 들은 척 하였다.

— 백석, 「고방」

신부는 초록 저고리 다홍치마로 겨우 귀밑머리만 풀리운 채 신랑하고 첫날밤을 아직 앉아 있었는데, 신랑이 그만 오줌이 급해져서 냉큼 일어나 달려가는 바람에 옷자락이 문돌쩌귀에 걸렸습니다. 그것을 신랑은 생각이 또 급해서 제 신부가 음탕해서 그새를 못 참아서 뒤에서 손으로 잡아다리는 거라고, 그렇게만 알곤 뒤도 안 돌아보고 나가 버렸습니다. 문돌쩌귀에 걸린 옷자락이 찢어진 채로 오줌 누곤 못 쓰겠다며 달아나 버렸습니다.
그리고 나서 사십년인가 오십년이 지나간 뒤에 뜻밖에 딴 볼일이 생겨 이 신부네 집 옆을 지나가다가 그래도 잠시 궁금해서 신부방문을 열고 들여다보니, 신부는 귀밑머리만 풀린 첫날밤 모양 그대로 초록 저고리 다홍치마로 아직도 고스란히 앉아 있었습니다. 안스러운 생각이 들어 그 어깨를 가서 어루만지니 그때서야 매운재가 되어 폭삭 내려앉아 버렸습니다. 초록재와 다홍재로 내려앉아 버렸읍니다.

— 미당, 「신부」

위의 두 작품은 한결같이 '방房'에서의 사건을 소재로 하고 있다. 백석시의 '고방庫房'은 세간이나 온갖 잡동사니를 보관하는 장소로 옛날 우리네 한옥韓屋에는 대개 갖추어져 있던 방이고, 미당시의 「신부」의 방도 '돌쩌귀'와 창호지를 바른 문살이 있는 전래의 우리네 시골방이다. 그리고 두 작품의 화자는 잊혀져가는 과거에 사로잡혀 있다는 면에서 동궤同軌를 유지하고 있다.

그러나 한편으로는 「고방」에 나타나 있는 사건들은 리얼리티가 강하고, 「신부」에 나타나 있는 사건은 허구(fiction)의 내용이라는 점이 서로 다른 일면이다. 다시 말하면 전자는 과거 우리네 시골의 공간에서 흔히 볼 수 있었던 아련한 기억 속의 한 폭의 사실화이고, 후자는 우리네 과거 선인들의 사회에 어쩌면 있었을 것도 같은, 있었음직한 한 폭의 추상화라고나 할까. 전자를 동화적童話的 분위기라고 말한다면 후자를 전설적 분위기라고 할 수 있을 정도로 회화적 색채가 짙게 드러나는 점도 유사한 특징의 하나라 할 수 있다.

하지만 좀 시각을 달리하여 생각해보면, 바로 이 두 작품의 '리얼리티'와 '픽션' 사이에서 우리는 현격한 차이를 느끼게 된다. 그것은 다름 아니라 전자前者는 의도성이 적고 후자는 의도성이 강하게 깔려 있다는 점인데, 후자後者의 그 의도성은 메시지(특히 교시성) 전달 기능이 강한 데에 기인한 것이다. 말하자면 전자의 무작위성無作爲性은 과거회상적 회화성 차원에 머물러 있는 것이고, 후자의 작위성作爲性은 그것을 한 단계 뛰어넘어 어떤 공리적功利的 기능(교시성)을 의식하고 의도적으로 제작하였다는 말이다. 미당의 「신부」에서는 여필종부女必從夫라는 남자 중심의 유교적 윤리관을 그 바탕에 깔고 있으면서도 한편으로는 영원한 기다림의 여인상女人像을 그 원형적 심상原型的 心象으로 제기해줌으로써 과거 우리의 의식 속에 면면히 이어져 오는 변절하지 않는 사랑의 모랄을 보여주고 있다. 그리고 그것은 바로 오늘날과 같이 전통적 사랑의 모랄이 파괴되어가고 있는 현실 속에 하나의 교시적敎示的 기능으로 제기되고 있다고 말할 수 있기 때문에, 백석시의 회화성 차원에 머물러 있는 시세계와는 기본적으로 제작의도가 다르다고 할 수 있다.

한편 이와 같이 백석시와 미당시에 나타나는 설화성은 몇몇 작품에만 한정되지 않는다. 여기서 일일이 열거하지는 않지만, 백석시에 나타나는 '설화'의 세계는, 마치 우리들 자신을 오래 잊혀졌던 고향에 다시 돌아가게 하여 아직 아련히 살아있는 옛날의 고향의 사물들과 구수한 식욕과 잔잔한 인정미들을 만나게 해주는 그러한 설화시들이라 할 수 있으며, 미당시에 나타나는 '설화'의 세계는 우리네 한국인이면 누구나 간직하고 있을 원형적 고향의 심상들을 재구성해놓고, 그것을 통하여 오늘 우리들의 삶을 성찰해 볼 수 있는 계기를 만들어 주는 그런 설화시들이라고 요약할 수 있다.

아무튼 이들 두 시인의 설화시들이 앞으로 우리 문학사文學史 속에 '어떤 의미로 남을 것인가' 하는 문제는 적지 않은 관심사라고 생각된다. 좀 더 다른 측면에서 얘기해본다면, 앞으로 세기世紀가 바뀌고 나서의 이들의 설화시는, 20세기를 산 선대인先大人의 풍속사를 연구하는 자료로도 활용될 수 있으리라는 기상천외奇想天外의 생각마저 해본다. 왜냐하면 이들 두 시인의 설화의 세계는 '시인의 기억속에 쭈그리고 있는 동화와 전설의 나라'(김기림의 표현)이기 때문에 그런 생각을 해보는 것이다.

4

지금까지 본고는 백석과 미당에 대한 대비적 논의를 해왔다. 그것은 무엇보다 백석시의 북방사투리와 미당시의 남방사투리, 그리고 이들의 설화시가 대비될 수 있으리라는 전제하에 이루어진 것이다. 그리고 이들 시를 대비하기 위하여 백석시에서는 시집『사슴』을, 미당시에서는『질마재 신화』를 텍스트로 선택하여 논의해왔다. 결과적으로 이들 시에 나타나는 북도방언과 남도방언 사이에는 상당한 거리가 있음을 확인하였다.

'민속호벽民俗好癖'이라는 평을 받기도 했던 백석시에는 바로 그 민속적인 것, 즉 토속미각을 상징하는 음식명을 비롯하여 촌사람들의 생활에 얽힌 갖가지 물건들, 심지어는 민담이나 미신, 야담에 이르기까지 지극히 향토적이며 민속적인 데에 뿌리를 두고 있는 방언들이라는 점을 확인하였으며, 미당시에서는 토속적이고 원색적이며 주술적呪術的이기까지 한 세계가 기존의 시어詩語 패턴을 '앗세' 작파해버린 채 대담하게 구사되고 있었으며, 전혀 시적 의장詩的 意匠을 거치지 않은 전라도 시골티 그대로의 육성적 언어가 예사로 쓰여지고, 속어·비어들마저도 예사로 쓰여지고 있다는 것을 확인하였다.

그리고 다음으로는 백석시와 미당시에 나타나는 설화적 요소를 서로 대비하는 일이었는데, 이 점에서도 상당한 거리를 만나게 해주었다. 즉 백석의 설화시는 리얼리티가 강하고 미당의 설화시는 허구성虛構性이 강했으며, 따라서 전자를 아련한 기억 속의 고향을 그린 한 폭의 사실화이거나, 아니면 동화적 분위기의 설화시라고 한다면, 후자는 과거 우리네 선인들의 사회에 있었음직한 일이나 인물을 그린 한 폭의 추상화이거나 아니면 전설적 분위기의 설화시라고 정리할 수 있을 것 같다. 그리고 한편으로는 백석시가 과거회상적 회화성 차원에 머물러 있었던 데 비하여, 미당시는 그런 회화성을 뛰어넘어 메시지(교시성) 전달기능이 강하게 작용하고 있으며, 의도성 있게 제작된 설화시라는 점을 확인하였다. 또한 백석시에 나타나 있는 '설화'의 세계는, 마치 우리들 자신을 잊혀졌던 고향에 다시 돌아가게 하여, 아직 아련히 살아있는 옛날의 고향의 사물들과 구수한 식욕과 잔잔한 인정미들을 만나게 해주고 있으며, 미당시에 나타나 있는 '설화'의 세계는 우리네 한국인이면 누구나 간직하고 있을 원형적原型的 고향의 심상들을 재구再構해놓고, 그것을 통하여 오늘 우리의 삶을 성찰해 볼 수 있는 계기를 만들어 준다고 할 수 있다.

이제 본고는 여기서 마무리하기로 한다.

이제까지 본고는 두 시인의 기억 속에 '쭈그리고 있는 고향' 그리고 그 고향의 방언과 설화들을 더듬어 보았다. 이들 남南과 북北의 두 시인이 창조한 '고향'은 다름 아닌 우리 민족의 영원한 의식의 고향일 것임에 틀림없다. 조국 분단의 현실 속에서도 우리의 영원한 의식의 '고향'은 둘일 수 없다. 그런 의미에서 북의 해금解禁시인 백석과 남의 대표시인代表詩人 미당을 한자리에서 만나게 한 것을 이 글의 의의로 삼으며, 이 논의를 끝맺는다.

《문예연구》, 1998. 여름호

독자적 관점의 세심한 미당 연구서

이보영(문학평론가, 전북대 명예교수)

미당 서정주의 시 세계에 대한 연구가 꾸준히 이어져 오고 있다. 송하선이 말한대로 그의 시작품은 '보배로운 우리의 정신문화 유산'으로 자리를 잡았으니 당연한 일이다.

송하선만 해도 첫 저서 『시인과 진실』에 수록된 「서정주론」을 비롯하여 『미당 서정주 연구』를 펴냈고 이번에 다시 역저 『서정주 예술언어 – 그의 삶과 문학 그리고 대표작 해설』을 상재하기에 이르렀다. 이만큼 집요하고 열심히 서정주 문학을 연구한 예는 달리 없을 것 같다.

이 새로운 저서에서 우선 주목되는 것이 독자적인 관점인데, 그것은 서정주의 시를 전체적으로, 그 발전과정을 따라서 검토하는 관점이다. 그리고 이런 연구를 위한 모델로 삼은 것이 '吾十有五에 而志于學하고'로 시작하여 '七十而從心所欲하여 不踰矩호라'로 끝나는 공자(『논어』)의 유명한 말이다.

여기서 잠깐 돌이켜 본다면, 이제까지 한국에서의 작가연구는 해당 작가의 문학사적으로 유명한 작품들 중심으로 또는 기껏 해서 그 작가의 잘 알려진 어떤 시기의 작품 중심으로 이루어져 온 일이 많았다. 그 결과 그 작가의 문학세계의 전체적 파악은 뒷전으로 밀려나고 만다. 여기에는 그 작가에 대한 어떤 비평가의 권위적 연구가 거의 결정적 장해물이 되곤 했다. 가령 李箱의 경우만 해도 정명환의 「부정과 생성」은 李箱의 문학을 발전적 생성이 불가능한 것으로 간주하고 있는데, 이 중요한 평론의 영향력은 매우 커서 실지로는 李箱에게 내면적 발전이 있었다고 보는 견해는 맥을 못 추고 있는 실정이다. 이와 같은 폐단은 시정되어야 하며, 그런 의미에서도 송하선이 이번 서정주 연구에서 보여준 관점은 정당하고 유익하다고 본다.

서정주의 시인으로서의 발전과정을 추적해보는 것은 여러가지 이점利點이 있다. 먼저, 시인도 역사적 존재인 만큼 시대와 환경의 압력을 면할 수 없지만 그때그때 그 난관을 헤쳐 나오는 과정에서 그의 내면적 발전이 이루어진다. 서정주의 경우, 그의 '정신주의'나 무애적無礙的인 '자유인'의 경지란 하루아침에 이루어진 것이 아니다. 『질마재 신화』도 이 시인의 후기에, 그러니까 그것이 나올만한 때가 되어서야 햇빛을 본 것이다. 이와 같은 발전과정의 연구는 동시에 시인의 언어적 표현이 발전적이거나 필연적 변화의 연구와 병행된다. 또한 시인의 생애에 걸친 작품의 전체상을 조망하고 검토할 수 있게 해준다.

우리는 이와 같은 관점에서 입각한 연구상의 특징들을 저서의 곳곳에서 볼 수 있지만, 여기서 덧붙이고 싶은 것은 서정주의 발전과정의 큰 줄기에 대한 검토에서는 그 접근이 학술적이지만, 그 검토에 반드시 필요한 미당적인 시어詩語의 의미 분석에서는 섬세한 직관이 자주 작용하고 있다는 점이다. 이것은 여러 권의 시집을 가지고 있는 송하선의 시인적 감성에 연유할 것이다.

그러면 『서정주 예술언어』에서 발견되는 중요한 논점을 알아보기로 하자.

『서정주 예술언어』는 내용 구성이 잘 되어 있다. (그렇다고 해서 그 구성이 기계적으로 잘된 것이라는 뜻은 아니다.) 〈서론〉을 제외하고, 1장부터 7장까지 시기별로 정리되어 있는데 그때그때 나온 시집(들)이 그 시기의 성격을 말해준다. 제1시집 『화사집』은 20대代의 시인의 내면세계의 성격을 증언해주고 제2시집 『귀촉도』는 시인의 30대, 제3시집 『신라초』와 『동천』은 50대, 제6시집 『질마재 신화』는 60대, 끝으로 제7시집 『떠돌이의 시』 등 네 권의 시집은 70대에 접어든 시인의 심경을 말해준다.

이렇게 시기를 따라서 열거된 시집들은 장수를 누린 서정주의 시세계를 일목요연하게 개관할 수 있도록 해주어 이 저서를 매우 적절한 서정주 문학 안내서로 만들어주고 있는데, 나는 그 점을, 각 장章마다 그 시기 대표작의 꼼꼼한 읽기와 분석이 곁들여져 있기 때문에 이 저서의 장점이라고 본다.

송하선은 앞에서 인용한 공자의 정신적 성장 단계와 대응시키면서 각 시기에 속하는 작품들의 분석을 통하여 그 시기에 처한 시인의 내면세계의 성격을 해명하고 있다.

가령 『화사집』의 시기인데 「자화상」, 「화사」, 「대낮」 등을 통해서 가장 잘 알려진 이 초기 작품의 성격과 그 시사적詩史的 의미가 해명되고 있다. 문학사적으로 소위 '생명파' 시인에 속했던 이 무렵 서정주의 시어에 대하여 송하선은 다음과 같이 논평한다.

> 그의 [이 시기의] 언어는 단순히 언어감각적 차원에서 끝나는 그런 언어가 아니라, 좀더 생명적이고 근원적인 차원으로 독자들을 사뭇 끌고 들어가는 그런 언어이다.

이 시기의 언어가 야성적 언어감각의 차원에 머무르지 않고 근원적 생명적인 인간 문제를 반성시키는 차원의 언어라는 것이다. 송하선은 더 나아가『화사집』시들이 보다 육정적인 '형이하적' 차원에서「부활」이 바로 말해주는 '형이상적' 또는 불교적인 차원으로 벌써부터 이동하는 경향을 지적하고 있기도 하다.

한 가지 아쉬운 것은 고열에 들뜬 듯하고 때로는 악마적이기도 한 그 초기시에 대해 시인 자신이 고백한 보들레르의 영향이라는 문제를 역시 초기에 그 영향을 받았다는 '고대 그리스' 문학의 영향이라는 문제와 함께 검토해주지 않은 점이다.

이번에는『서정주 시선』의 시기인 '불혹'(공자)의 나이에 쓴 유명한 시 『국화 옆에서』에 대한 논평을 들어보기로 하자.

송하선은 이 시가 애송되는 비밀을 '한 아름다움의 탄생의 어려움, 한 가지 일의 성숙의 어려움, 그리고 그만큼 더디고 아프게 탄생하고 성숙되는 것에 대한 신비로움과 생명의 존엄성을 노래' 했고 그리고 이 꽃이 탄생하기까지의 '우주의 섭리와 자연의 순환, 그리고 그 많은 기상의 변화들이 이룬 하나의 총체總體로서의 국화를 노래' 한 점에서 찾는다. 따라서 '인고忍苦의 세월 뒤에 피어난 꽃'에 비유된 '중년 여인의 아름다움 그 자체가 아니라 그 아름다움을 이루기까지의 과정을 노래' 한 점에 이 시의 보다 중요한 의미가 있다고 한다.

이것은 「국화 옆에서」에 대한 세심하고 심도 있는 논평으로서, 서정주의 대표적인 시에 대한 이런 논평이 계속되고 있다. 그런데 여기서 주목해야 할 것은 이 작품은 '민족적으로 개인적으로' 고난을 겪음으로써 젊은 시절보다 현명해진 나머지 "봄의 화사한 어느 꽃보다도 여러 가지 어려운 기상조건을 이겨내고 피어난 가을날 국화에게서 또 다른 어떤 아름다움"을 시인이 발견하여 노래했다고 말한 점이다. 송하선은 '국화'의 아름다움에서 역경을 이겨낸 여인의 아름다움을 보았고, 그것은 곧 서정주의 내면적 발전을 의미하는데, 그런 발전은 그 의미를 달리하여 시인의 50대와 60대, 70대에도 이루어진다.

그러면 50대('知天命'의 나이)에 발표된 서정주의 역시 유명하지만 난해한 「동천」에 대한 논평을 들어보기로 하자.

이 작품에서 먼저 문제가 되는 것은 "우리님의 고운 눈썹"인데, 송하선은 그 '눈썹'을 '불교적인 은유로서의 만월滿月'로 본다. 따라서 화자(시인)가 "하늘에다 옮기어" 놓은 '님'은 시인의 '영혼 속에서 갈구渴求-求道'하는 그 극한점에 자리잡은 '님', '즈믄밤의 꿈'에서 그리워하는 '님'이다. 이것은 '님'과 '고운 눈썹'에 대한 송하선 나름의 종교적 해석으로서 수긍되는 바가 있지만, 어떤 플라톤적인 사랑의 대상으로 보는 해석도 불가능한 것은 아니다.

이 시의 또 하나의 문제인 '매서운 새'의 의미도 송하선은 불교적으로 해석한다.

> 그러므로 하늘로 하늘로 날아오르던 '새' 한 마리가 만월과 함께 시인의 렌즈에 오버랩되는 순간, 실로 '매서운' 시인의 눈에는 시인 자신의 숙명적 구도求道의 한계상황과의 유사성을 발견하게 되었을 것이며, 바로 그렇기 때문에 그 '새'는 다름 아닌 시인 자신의 자화상으로 인식되었던 것이다.

「동천」의 '새'가 왜 '매서운 새'인가 라는 의문은 송하선의 예리한 관찰에 의하여 풀린다. 그 '새'는 시인의 분신分身이었던 것이다. 시인의 계속할 수밖에 없는 '숙명적 구도의 한계상황'에 대한 지적도 경청할 만하다. 송하선의 논평은 다음과 같이 이어진다.

> 따라서 그 '새'야 말로 숙명적 한계상황을 극복하며 날아오르는 실로 '매서운' '새'일 수 있으며, 시인 자신의 분신分身과도 같이 '시늉하며' 비끼어 갈 수도 있는 것이다.

송하선은 끝으로 그 '새'의 정신상황은 '시인의 자화상적 현실'인 동시에 '우리들 모든 인간의 현실일 수 있다'고 말했는데, 적절한 지적이다. 「동천」은 상징적인 시이다. 따라서 이 시의 중요한 시어를 어느 한 쪽으로 치우쳐 해석하지 못하도록 한다. 송하선의 종교적 해석은 「동천」에 대한 설득력을 갖춘 해석의 하나로 보고 싶다. 그런데 '매서운 새'가 "그걸 알고 시늉하며 비끼어 가네"에는 시인의 기지로 인한 유머의 여유도 있다. 따라서 송하선처럼 이 작품을 처음부터 끝까지 엄숙하게만 해독할 필요는 없다고 본다.

송하선이 「동천」에 대한 논평에서 말한대로 '매서운 새'의 비상飛翔은 '숙명적 한계 상황'의 극복을 위한 것이다. 이는 서정주의 50대의 정신상황을 대표적으로 보여준 한 예였지만 그처럼 이 시인의 정신적 발전은 70대에 이르도록 멈추지 않았고, 70대에 이르러 마침내 송하선에 의하면 '자유인'의 경지(공자의 '不踰矩'의 경지)에 이르렀다고 볼 수 있다. 그리고 그런 발전의 과정은 민족적, 개인적인 한恨의 마지막 지혜로운 극복의 결과인데, 그 슬기는 '영생주의'(서정주)와 '적당히 굽을 줄 아는 풍류風流'(서정주)에 나타나며, 이를 바로 말해주는 작품이 각각 「상리과원」

계통의 50대 시「내 영원은」과 70대의「곡曲」이다.

그런데 서정주가 노년에 이를수록 더욱 뚜렷하게 보여준 경향이 있으니, 그것은 한국인의 '원형적 고향'(송하선)으로의 회귀이다. 여기에는 두 가지 길이 있다. 하나는 미당이 태어난 고향으로의 회귀로서 이를 말해주는 60대 서정주의 기념할만한 시집이『질마재 신화』로서 고향의 설화와 토속어의 자유로운 상상적 사용이 그 매력이다.

다른 하나는 한국민족의 원형적 고향인 신라시대로의 회귀로서, 이를 말해주는 70대 서정주의 시는「학이 울고 간 날들의 시」로서 그 소재의 원천은『삼국유사』이다. 원형적 고향으로서의 회귀 경향은 3·40대 서정주의「석굴암 관세음의 노래」나 춘향春香과 관련된 시들을 통하여 이따금 내비치곤 했지만, 노년기에 아주 현저해진다. 그리하여 서정주의 시는 명실 공히 '실로 보배로운 우리의 정신문화 유산'이 되었다는 것이다.

송하선이 면밀하게 입증한 것처럼, 장시일에 걸친 시인의 정신적 발전을 한국에서는 서정주에게서만 볼 수 있다는 것은 분명 놀랍고도 마음 든든한 일이다. 그 발전과정을 추적한『서정주 예술언어』는 서정주 연구를 위한 또 하나의 유익한 디딤돌이 되리라고 확신하다.

— 송하선,『시적 담론과 평설』

서정주 문학 연구의 한 결정

조명제(시인·문학평론가)

1

『花蛇集』 50년, 미당문학未堂文學 55년이 되던 1991년 가을, 당시 그에 대한 본격 문학연구서가 출간되어 『花蛇集』 50년의 의미를 한층 뜻 깊은 것이 되게 한 적이 있다. 시인 송하선宋河璇 교수의 『未堂 徐廷柱硏究』(鮮一文化社 刊)가 그것인데, 그 후 8년의 세월이 지난 새 천년 벽두에 『서정주 예술언어』라는 이름으로 또 다른 책이 출간되었다. 이 또 다른 증보판에는, 그간 저자로서 늘 아쉽게 여겨오던, 미당의 대표시에 대한 평설이 곁들여졌다. 시집 출간의 시기별 단위에 따라 미당의 시편들을 정선하여 하나하나에 해설을 덧붙인 이 책은 초학자는 물론 미당문학 전문 연구자들에게도 알찬 자료가 될 것이다.

살아 있는 동안 자신이 쓴 시의 한 생애를 보다시피 한 경우도 드물지만, 미당未堂의 경우 이렇듯 장족의 시력詩歷에도 불구하고 이제껏 그에 대한 본격적 연구서가 나오지 못했다는 아쉬움이 있었던 게 사실이다. 그간 김윤식金允植 교수 외 여럿의 글을 모은 『徐廷柱硏究』와 김화영金華榮 교수의 단행본 『未堂 徐廷柱의 詩에 대하여』가 있긴 했으나 단편적 혹은 일면적 고찰들이어서 미당문학未堂文學에 대한 전면적이고 본격적인 연구는 못 되었던 것이다. 이번 송하선 교수의 『서정주 예술언어』가 미당의 문학과 인생에 대한 전면적이고 본격적인 연구서라는 사실 자체만으로도 저자의 노력과 공로는 높이 평가되어 마땅할 것이다. 하지만 송교수의 이번 저술은 단지 그런 외형적인 찬사나 고무에 그치고 말 성질의 것이 아닐뿐더러 그것은 순전히 저자가 바라는 바도 아닐 줄 안다. 중요한 것은 바로 그 저서가 잘 입증해 주듯, 면밀한 작품 분석과 심사숙고한 논조와 치밀한 문체와 그리고 시인에 대한 진지한 인간적 접근이 낳은 알찬 연구성과 그 자체이다.

2.

『서정주 예술언어』의 체제는 미당의 처녀 시집 『花蛇集』(미당 20대)으로부터 『떠돌이의 詩』, 『鶴이 울고 간 날들의 詩』 등 미당 70대에 이르기까지의 간행 시집들을 10년 단위로 구분하여 그 정신적 변모와 발전과정을 추적, 고찰한 것으로 되어 있다. 그리고 「白石의 『사슴』과 未堂의 『질마재 神話』 對比考」를 미지막장으로 마련하여 북방정조北方情調와 남도정서南道情緖의 시적 특질과 공통적인 시인의식의 측면을 밝혀내고 있다. 이 개략적인 체제의 소개만으로도 우선 본저가 미당 문학연구에 있어서 본격 저작물이며 총제적 연구의 한 결정체結晶體임을 짐작할 수 있을 것이다.

저자는 제12시집 『山詩』를 제외한 제1시집 『花蛇集』으로부터 제10시집 『노래』에 이르기까지의 시집 중에서 특히 주목할 만한 것들, 이를테면 『徐廷柱 詩選』, 『冬天』, 『질마재 神話』 같은 시집들의 작품들을 가장 값진 것으로 놓고 시적 성과와 정신적 발전과정을 유기적 전체로서 논의하되, 시사적詩史的 의미를 크게 부여해야 할 시집과 아예 논의 자체에서 생략해야 할 시집들을 구분한 것이다. 논의에서 실제로 제외시킨 시집은 『西으로 가는 달처럼』, 『노래』, 『안 잊히는 일들』 그리고 『山詩』이다.

주요 시집에 액센트를 쳐가며 논의를 전개해나간 저자의 연구 방법은 전기적 방법傳記的 方法과 분석적 방법分析的 方法을 날과 씨로 결합시킨 종합적 방법을 선택한 것이다. 한 장수 시인의 문학세계에 대한 본격 연구로서 이 같은 방법의 채택은 불가피한 것이라고 할 수 있다. 특히 저자는 미당의 전기적 사실과 시적 발전과정을 공자가 이른 '인간정신의 발전과정(吾十有吾而志于學~七十而從心所欲不踰矩)'과 결부시켜 논구함으로써 한 시인의 다양하고도 명징한 시세계와 정신발전의 과정을 흥미롭게 파악해보이고 있다. 공자운孔子云에 따라 전개해 나간 논의는 골격을 보면, 먼저 제1시집 『花蛇集』 무렵, 곧 시인 미당이 20대였을 때로 정신적 육체적 방황의 결과에 초점을 맞추고 있다. 공자가 학문에 뜻을 두었다는 시기에 관련된 나이의 미당은 그리스의 신화적 육정적 방황과 보들레르적 갈등을 치열하게 겪으면서, 미성숙하나마 그의 문학청년기를 화려하게 출발하고 있다는 것이다. 저자는 시집 『花蛇集』의 출간을 "선천적으로 시인일 수밖에 없었던 서정주의 기질과 후천적으로는 시에 뜻을 둔 한 사람의 문학청년적 방황이 낳은 필연적 산물"이라고 말한다. 그리하여 육정적 갈등은 결국 생명적이고 본질적인 가치로 연결되는 것인 만큼, 1930년대 당시 세련된 감각적 기교주의

나 경향파의 이데올로기적 병폐에 대립하여 새로운 충격을 가했던 것에 유념한다.

암울한 시대와 기교적 냉철주의에 대항하여 직정적이고 원색적인 육성으로서 인간의 생명적 현실을 일깨워 충격한 사실에 대해 저자는 "이 시인에 이르러 드디어 피와 살의 음악을 보게 되"고 "유유자적하던 시조의 가락이 아니라 목줄기 저 깊은 핏대 속에서 뽑아내던, 아니 전신으로 울던 우리의 〈판소리〉로 비교될 수 있"게 되었다는 날카로운 지적을 하고 있다.

저자는, 시인의 이『花蛇集』시기를 작품적 성과보다는 문학사적 의의와 문학적 출발의 의미에 크게 무게를 두고 있다. 사실 초기의 견줄 데 없이 철저한 방황이야말로 장차 大詩人이 될 수 있는 자질의 한 징후가 되는 법이다. 흔히 거론되는 터이지만, 저자도『花蛇集』첫머리에 나오는「自畫像」의 그 '八割이 바람'에 주목한다. 어쩌면 미당의 문학적 생애와 발전과정을 지배하고 관통하는 것이 '바람'(방황)이듯, 저자의 미당문학 연구도 그 '바람'의 실마리를 찾기로 시작하여 그것이 관류하는 체계와 특성 파악을 매듭으로 하고 있다 할 것이다. 다만 그 '바람'의 수위水位가 일정한 높이가 아니라, 시인의 정신연령의 연치를 더해감에 따라 변모하는 그 성숙도를 고찰할 것이다. 말하자면 강렬한 육정적 방황의 형이하적形而下的인 것으로부터 점차 생명적 고열성 및 치열한 정신적 방황의 형이상적形而上的인 것으로 변모됨을 추적한 것이다. 이러한 논구과정에서 이미 그 속에 내재해 있는 미당의 제반 특질들, 이를테면 이미 말한 떠돌이 정신 외에 불교적 윤회사상과 동양정신의 시적 형상의 전조前兆를 캐고 있다.

제2시집『歸蜀途』무렵, 곧 공자의 '立'에 해당하는, 시인의 나이 30

대의 시적 특질과 정신적 변이를 저자는 정서적 안정과 형이상의 동양적 사유로 시세계를 확립해 간 것으로 파악해 보여준다. 20대 문학청년 시절의 질주와는 달리 가정적 정서적 안정 위에, 기항지를 들락거리는 배[船]와도 같은 것으로 비유될 시인의 정서 또한 『花蛇集』시절의 거센 산문적 리듬에 비하여 7·5조調 계통의 가라앉은 톤과 형식적 정비를 통해서 그 점을 확인시켜 준다는 것이다. 말하자면 이 시가 미당의 시인의식이 "배암 같은 계집"(『花蛇集』)에 머무르는 것이 아니라, 해방 공간의 "아득한 하늘"로 확대되고 있는 중요한 변화를 읽어내고 있는 것이다.

공자가 말한 '不惑'을 미당은 광복 직후의 혼란과 6·25 전쟁 같은 쓰라린 고초의 역정을 겪고서, 1955년 제3시집 『徐廷柱 詩選』을 세상에 내면서 맞는다. 남한의 주요 도시를 두루 피난하며 서울로 오가야 했던 냉엄한 역사적 현실 속에서 "인고의 세월 뒤에 피어난 꽃"(「국화 옆에서」)의 발견과 달관, 융융한 현세적 흐름의 통찰과 한恨의 초극, 그리고 채색한 구름의 천상적 세계를 노래한 특징적 시기로 저자는 불혹의 미당 연구를 규정한다. 시인의 유장한 산문율의 가락이 발현된 것도 이 무렵으로 「내리는 눈발 속에서는」, 「無等을 보며」, 「上里果園」, 「春香遺文」 등 그 원숙한 체험적 통찰력과 달관의 경지를 드러낸다는 것이다. 저자는 또한 지상과 천상, 현실과 미래, 이승과 저승으로 그 시적 공간을 확대해 나간 이 무렵부터 미당의 大家的 징후를 발견하게 된다고 지적하고 있다.

미당 50대의 시, 특히 시집 『冬天』의 세계를 저자는 미당시의 압권으로 평가하여 최고의 예술적 가치를 인정한다. 이 단계에 함께 포함시키고 있는, 미당이 45세 때 출간한 제4시집 『新羅抄』는 물론, 지금까지의 모든 방황과 시적 천착은 바로 『冬天』의 세계를 탄생시키기 위한 하나의 준비과정이었다고 말한다.

제5시집 『冬天』의 경우는, 이 시인의 이제까지의 문학적 성과 중에서 가장 뛰어난 압권으로 보인다는 점을 전제해 두고자 한다. 그 동안 이 시인은 『花蛇集』에서 출발하여 『歸蜀途』, 『徐廷柱 詩選』 등 그때 그때 마다의 필연성을 유지하면서 많은 시적 변화를 보여 왔는데, 드디어 『冬天』에 이르러 그 화려한 개화를 보이고 있다고 말할 수 있다. 어떻게 보면 이제까지의 네 권의 시집들은 이 『冬天』에서의 화려한 개화를 위한 예비 과정이었거나, 아니면 우회의 과정에 불과했던 것인지도 모른다. 말하자면 "한 송이 국화꽃을 피우기 위해 / 봄부터 소쩍새는 그렇게 울었"던 것처럼.

未堂詩의 맥락을 웬만큼 짚어내고 있는 사람이라면 저자의 이러한 관점이 매우 정확하다는 것을 인정할 것이다. 사실 未堂詩의 긴장된 예술적 절창은 시집 『冬天』의 세계라는 것을 未堂 스스로도 어떤 TV 대담에서 표명한 바 있다.

'知天命', 未堂의 표현으로는 "귀신허고도 / 相面은 되는 나이"의 시인의 시적 원숙성을 저자는 영생적 개안永生的 開眼이라는 말로 요약한다. 그리고 그것의 기반을 '계층을 초월한 사랑'과 '불교적 파천황破天荒의 상상력'이라고 강조한다. 미당 40대 중반의 시집 『新羅抄』를 50대의 『冬天』과 함께 묶어 다루되, 작품으로서의 성공보다는 그것의 詩史的 의의를 찾는다. 「老人獻花歌」나 「善德女王의 말씀」 같은 작품을 예로 들어, 비록 작품으로서는 그다지 성공적이지는 못하다 할지라도, 연령이나 신분을 초월한 사랑의 형상화 정신은, 격조 높은 『冬天』의 전 단계로서 좋은 토대가 되었음을 지적하고 있다. 그리고 『徐廷柱 詩選』 무렵의 안주로부터 또 다른 모험-강렬한 구도적 개안求道的 開眼(永生主義)을 얻어가는 과정의 한 중요한 작품으로 이해하고 있다.

시집 『冬天』 중에서도 저자가 백미白眉로 꼽아 면밀히 분석과 감상을 전개하고 있는 작품은 「연꽃 만나고 가는 바람같이」이다. 傅達素 '죽음의 공포로부터의 초극'이 완전 용해된 이 작품에 대해 저자는 '섭섭하게'라는 부사어로 시작한 것으로부터 서술어의 생략과 부사성 각운의 처리, 措辭의 妙 등 시인의 천부적인 언어 비술에 의해 일체의 군더더기가 없는, '더 보탤 수도 더 뺄 수도 없는 긴밀한 구성'의 수작으로 평가하고 있다.

특히 이 단계에서 저자의 비판적 필치도 한층 두드러지는데, 가령 「秋夕」 같은 작품은 改作 이전의 것이 훨씬 시다운 작품이라는 예리한 통찰을 보여주는 경우가 한 예이다. 그 작품의 제목도 처음 발표 당시의 「달밤」이 훨씬 잘 어울릴 뿐 아니라, 본문 중 기왓장 넘어오는 달을 보는 순간 눈썹이 아름다운 "달아 달아 밝은 달아 / 30여년만에 / 밝은 달아"가 시적 정서의 면에서 압도적임을 확인해주고 있다. 기왓장 넘어오는 달을 보는 순간 눈썹이 아름다운 30여년 전의 그 "계집애의 影像"이 떠오르는 그리움을 담아내는 데는 분명 "30년만에 / 밝은 달아"라는 표현이 절묘한 것이라 할 수 있다. 시에 있어서는 이 경우 "秋夕이라"보다는 고도하게 객관화된 주관적 표현인 "30년만에"가 오히려 보편적 정서에 등가等價된다고 해야 할 것이다.

인간의 숙명적 한계상황과 불교적 인연생기의 윤회사상과 그 순환원리의 생명적 현실인 '영원永遠'을 꿰뚫어 오달悟達한 파천황의 상상력으로 특징지어지는 『冬天』의 계절을 지나 이순耳順의 미당이 상도한 시적 현실은 제6시집 『질마재 神話』의 세계이다. 우리의 시골 마을 어디서든 만날 수 있고 들을 수 있었던 설화적 모티브를 미당 특유의 유장한 산문조의 가락과 토속적 어투로 천착한 일련의 '질마재 이야기'는 구체적 시공詩空의 한 마을 '질마재'를 통해 가장 아름다운 것의 원형적 심상과 설화적 정서의 보편성을 획득해낸 예로 꼽힌다.

저자는 이 시기의 미당시를 '原型的 고향의 說話詩'로 개관하고, 상실한 과거(고향 : 원형)에 대한 회귀의식과 공동체적 민족의식의 뿌리를 확인하는 시인의 이 같은 작업은 오늘 우리들의 삶을 성찰해 볼 수 있는 계기를 만들어 준다고 그 의의를 말한다. 또한 '이『질마재 神話』는 유신통치가 심화되고 산업화가 가속되던 70년대, 우리 고유의 전통이 자꾸만 매몰돼가던 시점에서 이루어진 노력이라는 점에서, 그의 시인의식이나 시대현실에 대한 시적 대응의 자세도 파악되어져야' 한다는 견해를 내보이고 있다.

미당에 대한 저간의 적잖은 비난과 역사의식의 부재 운운에 대한 저자의 분석적 해답은 제7시집『떠돌이의 詩』와 제9시집『鶴이 울고 간 날들의 詩』등을 묶어 논의한, 미당 70대의 시세계 탐구에서 보다 구체적으로 주어진다. 공자의 이른바 '從心所欲 不踰矩'를 미당은 떠돌이 '自由人'과 완곡 고결한 난초蘭草의 그것 같은 '曲卽全'의 지혜로(그 시적 삶을) 실현한다는 것이다.

미당의 떠돌이 의식은『花蛇集』속의「自畵像」의 그 '八割이 바람' 이래 줄곧 이어지고 혹은 심화된 것이지만, 70대 노년의 떠돌이 의식은 '20대의 서구적이고 정열적인 거센 방황'이 아니라 사뭇 그 '바람'을 잠재우고 '한눈팔이' 정신으로 설 만큼의 가라앉은 세계이며, 동양 혹은 한국적 정신주의의 형이상적形而上的 세계에 대한 천착 및 산책이라고 풀이한다. 장자莊子의 이른바 '소요유逍遙遊'의 경지에 부합될 이런 정신의 산책은 '삶의 현장에서 비껴 선 정신주의'라는 비방을 받게도 되었던 것인데, 저자는 문단 일각의 그 같은 비판에 대해 일종의 곡해라는 입장을 취한다. 미당의 몇몇 散文과 시 「曲」이라는 작품을 인용해 '自然과의 融和를 통한 得力'의 '殊勝한 힘'을 강조하고, '曲卽全'의 현실 대응적 슬기를 간과해서는 안 되리라는 점을 분명히 하고 있다. 그것은 미당이 밝힌 바 "現實에서 쓰러지지 않고, 다음 세대를 넉넉히 기르면서, 永遠에서 가장 끈질기게 안 滅亡하고 사는 것"에 대한 해명이며, 모든 시인이 획일적 대응자세를 갖도록 요구할 수 없는 한 미당의 '以存策'이나 '曲卽全'적 대응자세도 일면의 가치로 인정함이 마땅하다는 견해인 것이다. 저자는 '굽음의 以存策은 절대권력의 세계에서 눌리운 자들이 살아남을 수 있기 위하여 가져야 했던 현실주의'라고 한 김우창金禹昌 교수의 견해를 인용하고, 이는 미당 자신만의 현실이 아니라 60년대 이후 80년대까지 군사문화 속에서 '눌리운 자'의 대다수인 모든 민중이 겪어야 했던 현실이었으며, 따라서 그 같은 현실적 대응만이 고난 극복의 길이며 '單生中心'을 뛰어넘은 '다음 세대를 넉넉히' 기르는 방책이라고 거듭 천명한다.

저자는 本論의 끝 章에서 백석의 시집 『사슴』과 미당의 시집 『질마재 神話』를 텍스트로 하여 북녘의 '가즈랑 고개'와 남녘의 '질마재' 사이의 시적 거리를 대비, 조정해 보여주고 있다. 우선 그들이 갖는 일정한 시간적, 공간적 거리에도 불구하고 설화와 신화, 혹은 민속, 야담의 시적 수용이라든가 토속어의 과감한 구사라든가, 시대에 대응하는 시인의식의 성숙도 등에서 공통된 사항을 집어내고 있다.

좀 더 일찍이 이 두 시인의 대비 연구가 이뤄지지 않은 점을 아쉬워한다고 밝힌 저자는 오늘 우리 현실을 감안한 본고의 의의를 다음과 같이 말하고 있다.

 '시골 사람이 쓰는 말 그대로'의 어법으로 우리 민족의 원색적 고향을 詩作品 속에 재현시키려 노력 했던 白石과 未堂을 살펴보는 일은 결코 무의미한 일만은 아닐 것 같다. 왜냐하면 이들 두 시인의 方言을 통하여 우리는 넋의 시골을 다시 바라볼 수 있고, 우리 민족 고유의 주체적 정서를 되새겨 보는 거울로 삼을 수 있으며, 나아가서는 詩的 言語의 생명력을 다시금 생각해 보는 계기가 될 수 있다고 믿기 때문이다.

 그러나 이러한 유사성에도 불구하고 저자는 두 시인의 텍스트에 내재해 있는 이질적 특성들을 충분히 대비해 그 본질을 밝혀주고 있다. 먼저 이들 시에 나타나는 북도방언과 남도방언 사이의 차이를 확인하고 향토적이며 민속적인 방언(白石)과 토속적이며 원색적·주술적 방언(未堂)을 대비한다. 다음으로 이들 시에 나타나는 설화적 요소의 대비에서는 白石의 설화시가 한 폭의 사실화 같은 강한 리얼리티를 특질로 하는 데 반해, 미당의 그것은 원형적 고향의 심상을 재구한 강한 허구성을 그 특질로 한다는 것이다.

 이들 시에 관류하고 있는 시인의식의 대비에서는 '민족주체의 정신'의 모색(白石)과 '민족의식의 뿌리와 한국인의 원형'의 발견(未堂)으로 정리한다. 이 경우 그 차이야 어떻든 '일제 탄압이 가중되고 민족의 본질적 가치보다 서구적 외래적 가치가 더욱 기승을 부리던 1930년대에, 민족 고유의 토착적 언어와 정서로 대응했던 백석이나, 유신통치가 더욱 고질화되고 다급하게만 추진됐던 산업화 추세에 인간 소외가 그 어느 때보다 심화되던 무렵, 우리 민족의 원형적 모습을 토속어로 시화하고 아울러 강한 교시성을 던져주려 했던 미당의 시적 대응은 비슷한 일면을 지녔다'는 저자의 논평에 주목하지 않을 수 없다.

3

미당문학의 이해를 위해 저자는 「『三國遺事』와 未堂詩」라는 자료를 말미에 보태어 놓고 있다. 주지하다시피 『三國遺事』는 미당의 詩精神이나 文學的 想像力의 원천이 된 문헌으로 未堂詩 이해에 있어 필요 불가결한 자료이다. 저자는, 미당문학 研究者는 물론 일반 독자들의 그러한 필요성을 의식한 듯, 未堂詩 가운데 특히 『三國遺事』에서 시적 재료(동기)를 얻은 작품들을 뽑고 일일이 갈피를 잡아 그와 관련된 『三國遺事』의 해당 부분(번역분)들에 붙여 친절히 정리해놓고 있다. 예를 들며, 『三國遺事』의 「智哲老王」과 관련된 시로 「小者 李생원네 마누라님의 오줌기운」(『질마재 神話』), 「智大路王 夫婦의 힘」(『鶴이 울고 간 날들의 詩』)을 대비시키고, 『三國遺事』의 「水路夫人」과 관련된 시로는 「水路夫人은 얼마나 이뻤는가?」(『鶴이 울고 간 날들의 詩』), 「老人獻花歌」(『新羅抄』), 「水路夫人의 얼굴」(『冬天』)을 짝지은 것 등이다. 이러한 짝짓기 자료만도 적잖은 분량을 차지한 이 부분은 이미 언급했듯 서정주문학의 이해나 감상을 위해서는 물론, 그 연구에도 친절한 길잡이가 될 것이다.

시론을 강의하며 『다시 長江처럼』을 비롯한 다수의 시집과 『詩人과 眞實』, 『韓國現代詩理解』 등의 저서를 낸 바 있는 송교수의 이번 力著『서정주 예술언어』를 필자는 소설 읽듯 읽어 내렸다. 말하자면 미당의 시가 갖는 마력처럼 그것은 처음부터 끝까지 눈을 뗄 수 없게 하는 그 어떤 흡인력이 있었다. 아마도 그것은 미당문학을 유기체적 질서로 파악하여 전개해 나가되, 논의의 대상 작품을 정선하였으며, 작품의 분석 및 문체가 명료한 때문이라고 판단된다. 요컨대 송교수의 『서정주 예술언어』는 미당문학 본격 연구의 礎石은 물론 미당문학 연구의 새로운 기폭제가 될 것이 분명하다.

— 송하선, 『시적 담론과 평설』

■ 미당연보

1915년 5월 18일 전북 고창군 부안면 선운리 578에서 서광한徐光漢의 장남으로 출생.
1924년 전북 부안군 줄포공립보통학교에 입학, 6년 과정을 5년 만에 수료.
1929년 상경하여 중앙고등보통학교에 입학.
1930년 11월 광주학생운동 주모자 4명 중의 하나로 57명 퇴학자와 함께 퇴학당하여 구속되었으나 나이가 어리다는 이유 때문에 기소유예로 석방됨.
1931년 고창고등보통학교에 편입학하였으나 이내 권고 자퇴(해방 후 중앙·고창 두 학교 모두 명예교우 대우를 하고 있음.)
1935년 교장인 박한영朴漢永 대종사의 권고로 중앙불교전문학교에 입학.
1936년 동아일보 신춘문예에 시「벽壁」으로 당선. 가을, 중앙불교전문학교를 휴학. 11월, 《시인부락詩人部落》 편집인 겸 발행인(동인으로는 김동리, 이용희, 오장환 등).
1938년 방옥숙方玉淑과 결혼
1939년 만주로 가 양곡주식회사 간도성間島省 연길시延吉市 지점에 경리사원으로 입사. 겨울, 용정龍井 출장소로 전근.
1940년 봄에 고향으로 돌아옴. 고창읍 노동에서 장남 승해昇海 출생.
1941년 부인, 승해와 함께 상경. 동대문여학교 교사 부임. 첫시집 『화사집』 출간 (남만서고).
1946년 부산 동아대학교 전임강사.
1948년 제2시집 『귀촉도歸蜀途』 출간(선문사). 봄에 동아일보 사회부장으로 입사 후 문화부장에 전임. 정부수립과 동시 문교부 초대 예술과장(서기관 3급 갑). 11개월 후 휴직.
1951년 전주 전시연합대학 강사 겸 전주고등학교 교사.

1953년　환도와 함께 상경.

1954년　예술원 회원(창립 이래 현재까지). 문학분과위원장 역임.

1954~1960년　서라벌예술대학 교수. 동국대 강사.

1955년　미국 아세아재단 자유문학상 수상.

1956년　제3시집 『서정주 시선』 출간(정음사).

1957년　2월 4일 서울 공덕동에서 차남 윤潤 출생.

1960년　제4시집 『신라초新羅抄』 출간(정음사). 동국대학교 교수.

1966년　대한민국 예술원상 수상.

1968년　제5시집 『동천冬天』 출간(민중서관).

1972년　『서정주 문학전집』 전5권 출간(일지사).

1974년　고향인 전북 고창의 선운사 입구에 '미당 시비' 건립(고창 라이온스 클럽 주관).

1975년　제6시집 『질마재 신화神話』 출간(일지사).

1976년　제7시집 『떠돌이의 시詩』 출간(민음사).

1977년　11월 한국문인협회장 취임.

1978년　9월 타이완 정부출판 여명문화사업공사黎明文化事業公司에서 『서정주 시집』 (고려대 허세욱 교수 역) 출간.

1979년　8월 동국대학교 교수직을 정년 퇴임.

1980년　세계 여행기인 『떠돌며 머물며 무엇을 보려느뇨?』 2권 출간(동화출판공사). 제8시집 세계기행시집 『서西으로 가는 달처럼…』 출간(문학사상사). 10월, 중앙일보사가 주는 문화대상본상 개인상을 받음.

1981년　미국 뉴저지의 《Quarterly Review of Literature》지 여름호 『세계 시선』에 58편의 시가 번역 수록됨. 역자는 뉴욕 코넬 대학교 교수인 데이비드 맥캔(David R.McCann)이 맡음.

1982년　제9시집 한국역사시집 『학鶴이 울고 간 날들의 시詩』 출간(소설문학사). 일본의 동수사冬樹社에서 김소운金素雲, 백천례白川豊, 홍야영이洪野映二의 일역으로 『朝鮮タンポポの歌(조선 민들레꽃의 노래)』 출간. 불역 시집 『La fleur rouge(붉은 꽃)』(민희식 역)를 룩셈부르크의 Euroeditor사의 문고판(No. 16)으로 출간.

1983년 3월 동국대학교 명예교수가 됨. 5월 『미당 서정주 시전집』 출간(민음사). 5월 제10시집 『안 잊히는 일들』 출간(현대문학사).

1984년 3월 제11시집 『노래』 출간(정음문화사). 범세계한국예술인회의 이사장 취임. 제2차 세계여행을 부인 방옥숙 여사와 함께 다녀옴.

1986년 시사영어사에서 데이비드 맥캔의 영역시집 『Unforgettable Things(안 잊히는 이들)』 추간. 일본 가도가와(角川書店)에서 『新羅風流』(홍양영이·백천례 역, 시로 더듬은 한국사 오천년) 출간.

1987년 프랑스 파리의 생제르맹 데 프레(Saint germain despres)사에서 불역 시집 『Poemes du vagabond(떠돌이의 시)』(김화영 역) 출간.

1988년 스페인의 마드리드 대학교 출판부에서 스페인어역 시집 『Junto al crisantemo(국화 옆에서)』(김현창 역) 출간. 서독본의 'Bouvier' 『Granatapfelblute(석류꽃)』(조화선 역) 출간. 제12시집 『팔할이 바람』 출간(혜원출판사).

1989년 미국 콜럼비아 대학교 출판부에서 영역 시선집 『Selected Poems of So Chongju(서정주 시선집)』(데이비드 맥캔 역) 출간.

1991년 1월 제13시집 『산시山詩』 출간(민음사). 4월 『서정주세계민화집』(전5권) 출간(민음사).

1993년 제14시집 『늙은 떠돌이의 시詩』 출간(민음사). 영국유네스코 발행 《Forest Books》의 『Midang(미당)』(서강대 영문과 교수 Anthony Teague 역) 출간.

1994년 시베리아 여행. 부인 방옥숙 여사와 함께 바이칼 호수와 캄차카 반도를 다녀옴. 12월 『미당 시전집』(전3권) 출간(민음사).

1995년 아일랜드 '디달루스(Dedalus)' 사에서 시집 『Poems of a Wanderer(떠돌이의 시)』 출간.

1997년 제15시집 『80 소년 떠돌이의 시詩』(시와시학사) 출간.

2000년 10월 부인 방옥숙 여사 별세. 미당 시문학관 건립. 12월 24일 향년 86세로 별세.

미당 평전
연꽃 만나고 가는 바람같이

인쇄 2008년 10월 15일
발행 2008년 10월 25일

지은이 · 송하선
펴낸이 · 한봉숙
펴낸곳 · 푸른사상사

등록 제2-2876호
서울시 중구 을지로3가 296-10 장양B/D 701호
전화 02) 2268-8706(7) 팩스 02) 2268-8708
이메일 prun21c@hanmail.net / prun21c@yahoo.co.kr
홈페이지 //www.prun21c.com
ISBN 978-89-5640-650-3-03800
ⓒ 2008, 송하선

값 23,000원

*21세기 출판문화를 창조하는 푸른사상에서는 좋은 책 만들기에 노력하고 있습니다.